U0828183

TopBook
饕书客

一个人，遇见一本书

特战典争 010

毅品文

隐藏之刃

日本自卫队·武器

是对“周边大国”的防备还是死灰复燃的狼子野心？

全彩图文、海量信息、新鲜数据
全方位解密日本三大自卫队
武器、战术、战略

THE JAPANESE SELF DEFENSE FORCE **JSDF**

它的武器装备已站在国际前沿？
它的战术战略水平已不容小觑？

这支“军队”是隐藏于和平外衣下的尖刀利器

华 丹○著

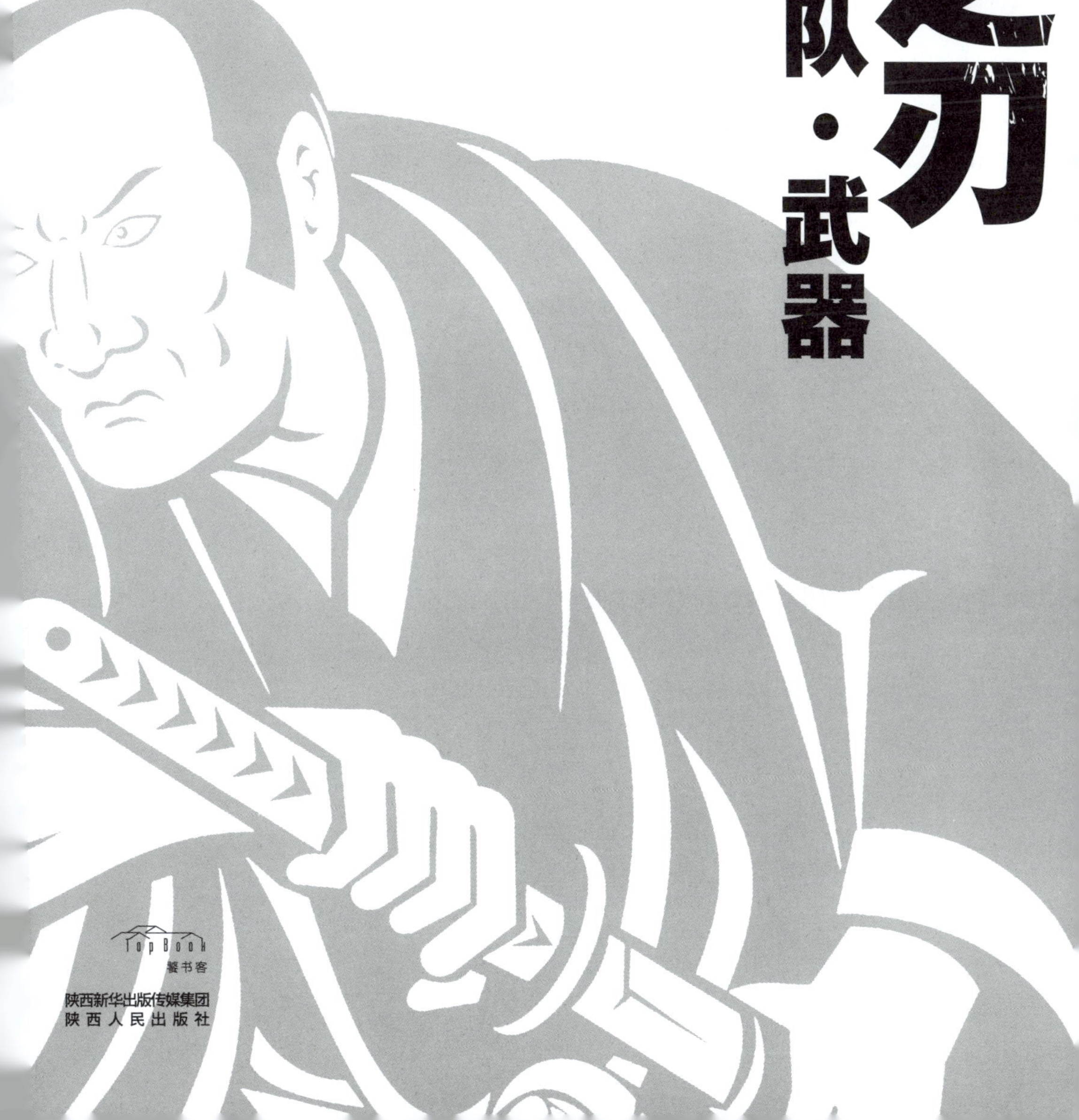

TopBook 馨书客

陕西新华出版传媒集团
陕西人民出版社

图书在版编目（CIP）数据

日本自卫队·武器：隐藏之刃 / 华丹 著. --西安：

陕西人民出版社，2017（战争特典）

ISBN978-7-224-12409-5

Ⅰ.①日… Ⅱ.①华… Ⅲ.①自卫队－武器装备－概况－日本 Ⅳ.① E313.447

中国版本图书馆CIP数据核字(2017)第215997号

出 品 人：惠西平

总 策 划：宋亚萍

出版统筹：关　宁

策划编辑：韩　琳　张启阳

责任编辑：王　倩　王　凌

设计制作：毛小丽　唐懿龙　李　静　杨　博　王　芳　张英利　任晓强

张玉民　符媛媛　张　静　任敏玲　张　斌　任海博

日本自卫队·武器：隐藏之刃

作　　者　华　丹

出版发行　陕西新华出版传媒集团　陕西人民出版社

（西安北大街147号　邮编：710003）

印　　刷　陕西金和印务有限公司

开　　本　787mm×1092mm　16开　21.75印张

字　　数　295千字

版　　次　2018年3月第1版　2018年3月第1次印刷

书　　号　ISBN 978-7-224-12409-5

定　　价　69.00元

目录

JAPAN

引言

对日本军事动向的关注，是关乎 21 世纪东亚乃至世界和平与稳定的重大现实问题。第二次世界大战，日本从逞威一时的“大日本帝国”被打回石器时代。战败的苦果以及麦克阿瑟五星上将君临日本的事实，使得日本人深深认识到，在绝对的实力面前，一切挑起战火的行为无异于玩火自焚。差点亡国灭种的日本人如梦方醒，昨天还在恨不得杀尽“英美鬼畜”，今天立马对美国无条件“跪添”，日本政府不惜“量东瀛之物力，结美国之欢心”，天皇的弟弟甚至提出要把自己的宫殿送给麦克阿瑟居住。从解散陆海军到惩办战犯，从建立民主政治体制到推行经济结构改革，从日常饮食到影视作品，日本社会几乎所有领域全盘接受美国文化，日本政府对美国占领军的指令可谓言听计从，这种瞬时的两极转换居然没有引起日本人思想上的丝毫不适，在此不能不叹服岛国人民的柔软姿态。翻开日本近现代史不难发现，日本总是擅于在最适当的时机与世界上最强大的国家结盟，从而助推自身发展。1902 年，日本梦寐以求的《日英同盟》尘埃落定，从此跻身世界强国之列。整整 50 年后，日本恢复国家独立并与美国签订《日美安全保障条约》而与其正式结盟，为“大和丸”第二次扬帆起航奠定了坚实基础。1947 年 5 月 3 日《日本国宪法》（也称“和平宪法”）的颁布，使得无论是平头百姓还是政治精英都强烈地感觉一个崭新的时代到来了！

战败并没有让日本国民意志消沉，在“和平宪法”的指引下，日本开启“脱亚入欧”的第二春，日本人在一夜之间褪去了对武士刀的疯狂，转而开始了对尼龙丝袜和巧克力的追求。令人意想不到的是，被打得满地找牙的东瀛武士从废墟中爬起，在没有硝烟的经济战场上异军突起，到1968年明治维新100周年之际，日本的GDP超过联邦德国，跃升至世界第二。不过，这些巨大收益的代价就是日本从此在法理上不再保有军队，而是顶着“不战国家”“无害国家”的招牌示人，于是，美国几乎包办了战后日本的国防乃至外交事务，在国际政治舞台上很少能听到日本的声音，也导致了日本代表在国际会议上以“3S”（Smile、Silent、Slpeey）著称。

然而繁华如烟，70年弹指一挥间，随着美国综合国力的相对衰退，其在西太平洋的军事力量有逐步退潮的迹象，这一定程度上需要日本这个盟友来填补美军撤退导致的军事真空，而日本也强烈地表现出了希望利用这个良机重建政治军事话语权的企图，自卫队自然成为重要砝码。在很多日本政治精英看来，不战而屈人之兵的“和平宪法”已经完成了韬光养晦的历史使命，以日本“人民的名义”把自己再次打造成政治军事大国乃至强国才是未来的方向。国际局势的变动使日本想摆脱“重经济、轻军事”的“吉田路线”而成为正常国家的欲望越来越强烈。

另一方面，日本的军事装备研发和部署能力使其拥有一定自信。百年的科技积累使得日本在战后一步一个脚印地重新打造形成了完整的军工产业体系，从1955年第一艘自造舰艇“津轻”号服役，到已经下水的“加贺”号直升机航母；从T–4教练机到X–2隐形战机；从第一款74式自行榴弹炮到16式机动战斗车；从战后第一艘潜艇“亲潮”号（目前新型潜艇“亲潮”级与此重名）到现今的“苍龙”级AIP潜艇，日本已经数十年如一日地在大国眼皮底下一步一步掌握了很多黑科技。

自卫队看似是“无刃之刀”，实则是“隐藏之刃”，它除了没有军队的名分，其决策机制、指挥与保障体系、装备研发机制、战争动员体系和正常国家别无二致，而且相当精良。日本决策当局据此认为其具备在未来“打一仗”的资本，可以说，这个岛国正在从其所宣称的“未发一弹、未死一人”的“不战”国家逐步蜕变为“能战”国家。

自卫队到底真是“人畜无害”国家，还是已经摇身一变成为“能战”国家呢？这牵涉到日本作战指挥体系这一战术性、技术性内容的探讨，主要出于两方面的考量，一方面有利于吸收外军建设的合理因素为我所用，另一方面，“当那一天真的来临”，提前做好信息情报层面的积累，有助于为我军在信息化战场制敌先机提供有益的参考。孙子曰：“知可以战与不可以战者，胜，识众寡之用者，胜，以虞待不虞者，胜……知彼知己，百战不殆，不知彼而知己，一胜一负，不知彼，不知己，每战必殆。”大意是说，能准确判断仗能打或不能打的，胜；根据敌我实力强弱灵活采取对策者，胜；以周密准备来对付毫无准备的，胜。要知道在发动全面侵华战争之前，日本可是把中国放在了显微镜下研究了千百遍。那么也让我们用放大镜来仔细观察自卫队的作战指挥体系，特别是掌握当前及未来一段时间日本的防卫战略、编制体制、战术要则、作战平台的优势与不足。

拙著《日本自卫队》和《无刃之刀》曾介绍战后日本武装力量诞生发展的前世今生，特别是突出了自卫队与战后政治的互动关系、较多涉及自卫队的社会属性，而疏于对其军事层面细节的描述。从某种意义上而言，本稿的撰写也是推动自卫队研究从宏观表象向作战指挥领域逐步深入的一次尝试，尽管很不成熟。

作战指挥体系非常庞杂，小到舰艇呼号、值班记录，大到后勤保障、教育训练均可被纳入作战指挥体系的范畴。由于学识浅薄，加上篇幅有限，笔者重点选取当前至未来10年内日本主战兵种的编制调整情况、攻防战术要则，以及运用的主要作战平台进行分析探讨。

第一章　韬光养晦的高手

第一节
帝国陆海军的末日

“一亿玉碎”的“决”号作战

1944年底，随着战火日益逼近日本本土，日本当局的处境已朝不保夕。据当时大本营最“乐观”的估计，鉴于同盟国今后将迅速地直接加重对本土及其在中国占领区的压力，日本今后能够有组织地进行战争的时间大概只能以1945年中期为极限，以后的作战方式及战争指导将不得不转为“游击战争”。上述研判表明，日本当局已经预感到其末日即将到来。困兽犹斗，充斥着军国主义疯狂的本土决战计划的魔鬼出笼了。

1945年2月，盟军突破日本所谓的“绝对国防圈”，以迅雷不及掩耳之势攻占了菲律宾大部分地区，随即把进攻的矛头指向日本本土。日本当局承认在太平洋上扭转败局已经无望，本土决战势在必行。大本营于3月制定了本土决战计划，即《“决”号作战准备纲要》。其基本思想是：灵活运用本土的有利地形条件，“在奋起的一亿国民配合下，以残存的海、空军进行特攻作战，争取把登陆敌军消灭在海上；地面部队集中在本土重要地区，进行纵深部署，对登陆敌军实施连续反击，一举决定战争胜负”。大本营一厢情愿地认为，只要充分发挥全体国民的“特攻进取”精神，采取拼刺刀的白刃格斗战法，就能令英美“鬼畜”不寒而栗，“最终取得战争的胜利”。

帝国陆军指挥官的装束

佩戴短剑的海军兵学校学员

当时帝国军队残存的海空力量只能充当最后决战的诱饵和炮灰，地面战才是“决”号作战的核心关切，其作战指导强调，“应迅速判断敌军主力的进攻方向，抢先以尽可能多的兵力向该方面机动集中，乘敌军向纵的方面或横的方面分散兵力时，力求神速地进行决战；当敌军同时从几个方面进攻时，针对敌军主力实施主要突击；当敌军主力方位不明时，则对我主要战斗力容易指向的方面，寻求决战”。

从决战需要出发，大本营的作战纲要将本土（含朝鲜、库页岛和千岛群岛）划分为 7 个决战区域，分别进行最后的准备。纲要规定，决战准备从 4 月开始，分三个阶段进行，在 9 月以后完成。大本营判断，美军可能于 1945 年 9 月过后大举对日本本土实施登陆作战，为此决心孤注一掷在本土与美军决战，直到一亿国民全部拼光。

为实施“决”号作战计划，日本当局不但从中国战场抽调精锐部队回国，而且还疯狂地进行全国总动员，召集国内大部分退伍军人归队，广泛搜罗“炮灰”。从 1945 年 2 月至 5 月，经过两次“兵备动员”后，本土的帝国陆军数量增加到

火力羸弱的日本步兵

315 万人，包括第 1 总军、第 2 总军、关东军（驻中国东北的精锐皆已调回国内）、航空总军和第 5 方面军，共计 53 个普通师团、2 个坦克师团、4 个防空师团、22 个混成独立旅团、3 个警备旅团、7 个独立坦克旅团。

帝国海军虽然主战舰艇几乎全军覆灭，全部家当只有 19 艘幸存的驱逐舰和 38 艘潜艇，不过海军地面部队达到吓人的 170 万人，仍是史上最多的。7 月中旬，帝国陆军终于将其控制下的航空部队和海军航空队合并，此时陆军在本土约有 1000 架普通飞机和 1600 余架自杀飞机，准备全部用于九州、四国的防御。另外大本营直属的“航空总军”还掌控着 5225 架海军飞机，其中含 1000 架战斗机和 4000 架专用的自杀式轰炸机。

除了正规军外，日本本土还有 2800 万“国民义勇队”可供“玉碎”，他们的武器从机关枪到祖传宝刀应有尽有。日本政府和军部此时能做的，只有不断号召国民用血肉之躯对抗盟军的钢铁、炮火和原子弹，而且绝对不许投降。当局还通过了《志愿兵役法案》，野蛮规定 15—60 岁的所有男性、17—40 岁的所有女性必须服兵役。

到 1945 年夏季，日本已经被打得奄奄一息，此时的国民经济形势和战略物资储备状况已经恶化到无以复加的程度。比如海军仅剩的油料只能供所有驱逐舰出动两次，而且不可以超出日本领海的范围。而仅存的两艘战列舰只能停泊在吴港内。陆军航空队飞行员被告诫，油料是比鲜血还要宝贵的东西。于是异想天开的日本科学家们充分发挥主观能动性，发明了形形色色的生产代用燃油的方法，其中有一种被广泛推广的方法就是从松树的树根中提炼燃油。

上帝欲使其灭亡，必先使其疯狂，这就是军国日本的末日。

五流国家的“实力”

美国占领军8月29日进驻日本后的头等大事就是解散一切军事组织，勒令日本政府“自废武功”，这一命令被迅速贯彻落实，至1945年9月底已完成80%，至10月底基本完成。大本营于9月15日被废止，海军军令部、陆军参谋本部、陆海军两省也分别于10月至12月间被解散。为达到解除军事武装和实现非军事化的目的，除解散军队和军事机关之外，占领军还着手废止秘密警察、逮捕战争罪犯、解散在乡军人会等军国主义团体、排除军国主义流毒等工作。

在一连串非军事化行动过程中，影响最大的是开除军国主义分子的公职。自1946年1月4日麦克阿瑟发出开除公职的指令后，褫夺军国主义领导人的公职作为非军事化的一环而被抓紧推行，开除对象分为战犯、职业军人、民间极右组织干部、占领地区的地方行政长官等四类，其中职业军人包括陆海军所有将校级军官，被开除公职的人数达到了惊人的20万，堪称世界之最。

以麦克阿瑟为首的联合国占领军登陆日本

转眼间，帝国陆海军军装就由权力的象征沦为不祥之兆，那些战后还披着那身军装的人往往是被开除公职的落魄鬼。

类　　别	被剥夺公职的人数	百分比（%）
军　　人	167,035	79.4
官　　僚	1,809	0.9
政 治 家	34,892	16.6
超国家主义者	3,438	1.6
企 业 家	1,898	0.9
传媒工作人员	1,216	0.6
总　　计	210,288	100.0

1945 年 9 月，陆军参谋本部和海军军令部废止，10 月底，帝国陆海军彻底解散，曾自我标榜“不可战胜”的日军灰飞烟灭。首先来看陆军。到日本投降为止，发动并实施战争的陆军高层骨干有的自杀、有的战死，很多策划主导战争或犯有战争罪行的那些没死的又不肯自杀的前领导人和高级军官都遭到逮捕和审判。曾显赫一时的陆军领导层及其部属自此从历史舞台上消失，灰飞烟灭。那些曾经风光一时、叱咤风云的前高级将领都抬不起头来，一些人意志消沉，也有一些人进行了反思[①]。还有极少数人仍活跃在舞台上，他们中有的担任日本政府与 GHQ 的联络员，有的进行战时编撰工作，有的变成日本政府的智囊团，如前陆军中将辰巳荣一后来幸运地成为吉田茂首相的顾问。而且这些人为不同的组织服务，彼此之间几乎没有横向联系。虽然也有特例，如参谋本部原作战处长服部卓四郎大佐得到了 GHQ 所属参谋二

① 如前陆军第 8 方面军司令官今村均大将在战后自己搭建了一个小房子，命名为“反省小屋”，终生在里面闭门思过。

部部长威洛比的支持而全力参与恢复军备工作，而且在警察预备队创设之际，正是他的努力使得该组织吸纳了部队前陆军军官加入。但不管怎么说，战败后旧陆军军人已是苟延残喘，失去了根基，陆军的整个组织也处于彻底瓦解状态。

和战前战后海上部队的一脉相承不同，现在的陆上自卫队（以下简称“陆自”）和帝国陆军已经没有什么纵向联系，因为它早已被“开除军籍”。战后日本民众没有忘记，以陆军为主导的军部信奉“精神至上”，为了自身利益置国家于不顾，肆意挑起事端，插手国家法度，将整个国家和民族的命运绑上了战争机器；民众没有忘记，从 1928 年至 1937 年接连发生的暗杀张作霖事件、“九一八”事变、“一·二八”事变、卢沟桥事变等一系列不断升级的侵略行为的主谋都是陆军，是陆军先斩后奏把日本一步步拖入战争的深渊；民众也没有忘记，在震惊世界的“二二六兵变”之后，日本政局把持于陆军之手，完全不受文官政府控制，使国家和民族一步步走向不归路……对于战败 10 年后创建的陆上自卫队而言，不管其本身是否愿意，都必须接受帝国陆军已被国民抛弃的事实。

日本无条件投降

帝国海军指挥官装束

除了陆军的非理性，它和海军相比还有一个劣势，就是规模太过庞大而且派系众多、斗争激烈，虽然后来有极少数人也图谋于恢复陆军，但已是曲高和寡、应者寥寥，没有像前海军人员那样东山再起。以朝鲜战争的爆发为契机，日本陆上部队的创建是在占领军当局指令之下被动推进的，由于背负沉重的历史负担，部队建立至今一直都行事低调，小心翼翼。不能说警察预备队以及后来的陆自与旧陆军没有任何血缘关系，但这种关系已经很远、很淡，至少可以说，这个组织没有继承战前陆军最毒的那部分血液。

那么海军呢？人们通常认为，日本作为纯粹的战败者，唯一能做的就是唯唯诺诺地服从美国的一切指令，这种看法并不确切，因为海军并不像陆军那样对战前战时的行为有多少负罪感。推行德意日三国同盟的是陆相板垣征四郎和驻苏大使大岛浩，推动全面侵华战争的是陆军参谋本部，发动太平洋战争的还是参谋本部，而海军恰恰在这个问题上与陆军有着无法调和的分歧。考虑到日美两国实力悬殊，时任海相米内光政、海军省次官山本五十六等海军高层坚决反对与美国开战。虽然反对没有奏效，而且还被陆军拉下水参与战争，但海军的态度决定了战败后美军对海军的处置与陆军截然不同，加上美国也有“敌人的敌人就是朋友”的心态，使得战后美国把战争罪责全部推到了陆军身上，对前海军高层却网开一面未予深究，相当部分人还在战后实现了“再就业”。当今的海上自卫队（以下简称“海自”）仍然流淌着帝国海军的血液，最大限度地保存了它的传统。

从现实情况看，海军的人员与装备都还有存在的价值。战败后，散布在中国大陆、南洋和太平洋诸岛的数百万投降日军亟须遣返回国，这个责任必须由战败国来承担，这件事情自然就摊到了“帝国海军”头上，前海军人员和遗留的部分舰船正好有了用武之地。1945 年 12 月，掌管这些事务的威洛比干脆把陆军省和海军省改为第一和第二复员省（这两个机构后来被整合缩编为“复员厅”，最后成为“复员局”，转隶到“厚生劳动省”），托他的福，数百名前海军精英有了栖身的场所，而正是这些人成了未来恢复海军军备的“旗手”，如果没有他们的存在，也许今日的海自将不复存在。

同时，在日本周边海域大量散布的水雷严重威胁了航行安全，需要立即清除，这也有赖于拥有专业知识的原海军人才。军人复员和海上扫雷是一项长期的业务，1948 年海上保安厅成立后幸运地接手了这一工作。说它“幸运”，是因为虽然这项工作所需人员和装备的规模不大，但它使得部分前海军人员、装备和传统这些火种得以保留，为海自的最终诞生奠定了基础。在这个从事扫雷作业、后加入海自的前海军军人群体中，曾走出过代表海自最高职务的海上幕僚长。

另外，海军是高技术军种，是个技术活，也是尖端科技的集合体，如何操纵军舰、如何指挥舰队需要具备极其高深而丰富的专业知识。在技术与传统的传承这一点上，海军与“大老粗”陆军大相径庭。事实上，战后旧海军所拥有的人员与技术证明了他们存在的价值。而且，因为前海军军人仍在执行公务的关系，战败后他们仍然保持着畅通的联络网和较强的凝聚力。

除了解散军队，销毁武器装备也是美国要把日本塑造成“和平国家”的重要举措。日本战败后遗留下来的各型武器装备被相当彻底地销毁或转用，装甲车上的武器被拆除后“大材小用”地转型为城市垃圾清理车，硕果仅存的“长门”号战列舰被送到比基尼岛当了核试验的靶子，部分驱逐舰作为赔款被中国国民政府拉回国内，潜艇被送到深海凿沉，而战斗机则干脆被集中到一起焚毁。一夜之间，图谋“开拓万里波涛，布国威于四方”的“天皇之国”沦为军事上无足轻重的五流国家。战争的惨祸让日本人猛醒，对于这些“自废武功”的行为，日本国民带着轻松的心情予以大力配合，也就在一夜

战后日本警察在与工人对峙过程中通常落于下风

之间，普通人对武士刀的狂热陡然转变为对白米饭、巧克力和尼龙袜的追求，而日本政府也如履薄冰地按照美国占领军的指示，不折不扣地拆卸销毁了所有武器装备。作为非军事化的一环，占领军还彻底收缴了民间武器，他们利用日本警察严密搜查民间所有的枪炮刀剑。这些措施对军部企图保存部分军事力量的计划不啻为一个沉重的打击。

于是到了 1947 年，在日本政府所掌握的暴力机构中，最有实力的只不过是装备警棍、手铐和哨子的治安警察而已，以致在罢工引发的各种冲突中，警察往往打不过工人。当年，因为劳资纠纷和制片理念的冲突，数千名东宝映画公司（日本最大的电影公司）的演员与警察发生大规模对峙与冲突，警察三次发动攻击都被打得落花流水而回，成为当时的笑柄。当时日本全国都被解除了武装，警察连刀都不许带，只能用警棍，而演员们却拥有角铁、铁锹等“制式武器”，而且军事素养极佳。这些演员不仅是电影中的武士，还是真正的战士，甚至在中国战场与八路军拼过刺刀。日本政府对此一筹莫展，最终，美军不得不出动坦克等重型装备才算冲入制片厂，镇压了演员罢工。

精神原子弹：“和平宪法”降临

日本有着世界上独一无二的“和平宪法”，而这一宪法也成了日本的“防波堤”。实际上，从战败以来的70年间，日本虽偶有政治家口吐狂言或参拜靖国神社，却没有发动过一次战争，“和平宪法”可以说“功不可没”。麦克阿瑟对日本最大的影响正是替日本政府制定了这部宪法。如何消除日本民族的好战本性，使之从仇敌转变为美国的忠实盟友，始终是麦克阿瑟苦苦思索的难题。美国人认为通过指令日本政府接受和颁布《日本国宪法》也许是极好的选择。1946年11月3日，《大日本帝国宪法》这部“永不磨灭的大典”磨灭了，取而代之的是凸显和平与民主精神的《日本国宪法》，这部宪法以和平主义为主基调，为战后日本应成为什么样的国家、如何发展指明了基本方向。虽然新宪法名义上是由日本政府公布的，但实际上是在GHQ的刺刀下出台的，是日本政府在被占领状态下被动接受的别无选择的结果。

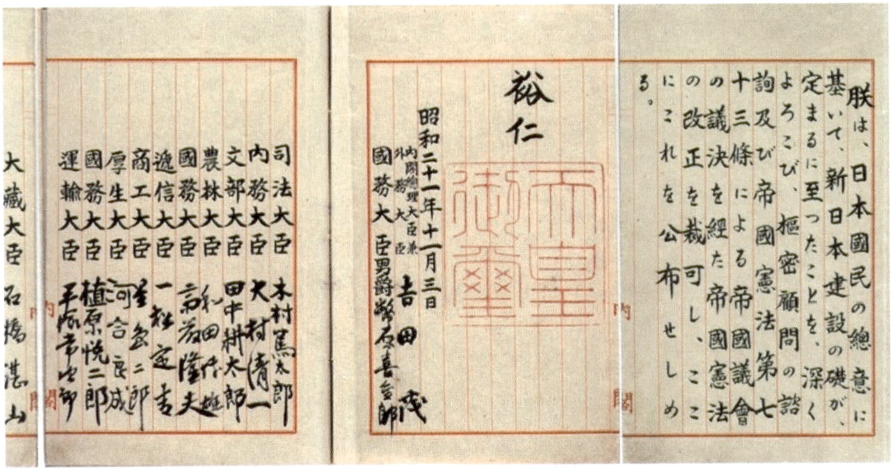
朕は、日本國民の總意に基いて、新日本建設の礎が、定まるに至つたことを、深くよろこび、樞密顧問の諮詢及び帝國憲法第七十三條による帝國議會の議決を經た帝國憲法の改正を裁可し、ここにこれを公布せしめる。

裕仁

昭和二十一年十一月三日

内閣總理大臣兼外務大臣 吉田茂

國務大臣男爵 幣原喜重郎

司法大臣 木村篤太郎

内務大臣 大村清一

文部大臣 田中耕太郎

農林大臣 和田博雄

國務大臣 斎藤隆夫

逓信大臣 一松定吉

商工大臣 星島二郎

厚生大臣 河合良成

國務大臣 植原悦二郎

運輸大臣 平塚常次郎

大藏大臣 石橋湛山

日本政府公布“和平宪法”的诏书

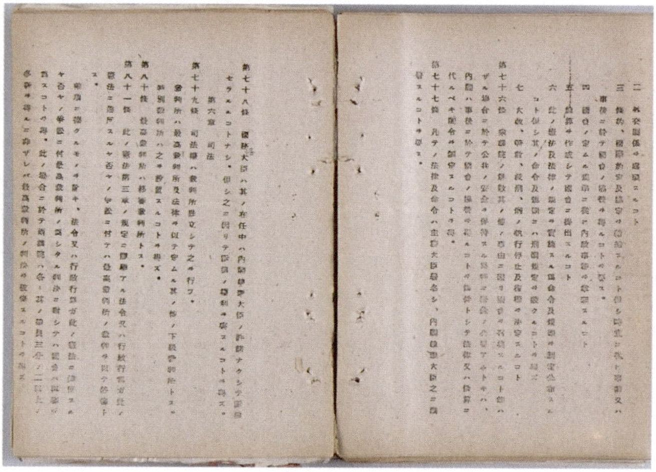

《日本国宪法》条文

新宪法强调了“象征天皇制、放弃战争与军备、废止封建制度”三大原则，并且同时要求日本必须建立人权保障、两院制国会、地方自治等战前所没有的制度设计。这部宪法之所以被称为“和平宪法”，在于第九条的表述，宪法第九条全文如下：

（第一项）日本国民真诚地追求建立在正义和秩序基础之上的国际和平，不行使武力或以武力相威胁，永远放弃以战争作为解决国际纷争手段的权利。

（第二项）为达到前项之目的，不保持陆海空三军战力，不承认拥有交战权。

第一项是放弃战争条款，第二项是废除军备条款，以这样的言语来表达追求国际和平的愿望，将“放弃战争”的思想写入宪法并不是日本的独家创造，而声明“废除军备”，迄今为止除了日本之外绝无仅有。把“放弃战争”写进一个国家的宪法是一个很了不起的进步。但除了要放弃战争，还要放弃军备，平心而论，这一点实际上是很难做到的。由于“和平宪法”的制约，日本的武装力量至今不能称之为“军队”。

宪法在 1946 年 3 月就已经定稿，到 11 月一公布就得到了知识精英、社会舆论以及广大民众的广泛欢迎与支持。日本在二次大战的失败，加上广岛和长崎受到原子弹轰炸，使得日本在社会心理与对外政策上均产生重大冲击与转变。反战情绪可能是当时最为明显的集体社会心理表现，那场惨烈的战争在日本民众的心中留下了深深的烙印，使得无论是平头百姓还是政治精英都表现出了强烈的反战态度。因为战败，他们长期以来所秉持的价值观和世界观彻底崩溃了，在战后的废墟上很多人对今后的发展方向感到迷茫，而这部宣称放弃战争和军备的宪法使他们找到了新的理想前景。根据当年5月《每日新闻》的舆论调查，对于宪法草案中关于“放弃战争和军备”的第九条，70%的被调查者表示赞成，只有28%的人表示反对。因此，“宪法第九条”在国会审议过程中没有遇到什么阻力就通过了。

令人匪夷所思的是，这部高大上的宪法居然是由美国占领军的几个上尉、中尉拟制的。美国在战时实行征兵制，社会各界踊跃参军，一时间军中人才济济，要找出律师出身的军官不是难事。短短两周，宪法就已成稿，麦克阿瑟仅仅修改了其中的几处拼写错误。正由于这些律师对日本历史与文化几乎一无所知，“和平宪法”似乎放之四海而皆准，从中很难找到日本的影子，一些人明确表示了不满，“就其制定的根源而言是为了解体旧日本，它规定要培养‘和平’、‘民主主义’、‘尊重人权’精神的人，却丝毫不提及日本的历史传统、文化背景，不正视国家与共同体。这样的冠冕堂皇的条文拿到任何国家都适用，它是要培养蒸馏水一样的人，却不是培养具有伟大魂魄和脊梁的日本人！”

这部人类历史上第一次出现了歌颂“放弃战争、废除军备”的宪法在宣传了半年后，于1947年5月3日正式生效，麦克阿瑟志得意满，强调“《日本国宪法》的制定可以说是我在任期间唯一的，而且是最重要的成果”。不过，“和平宪法”的尘埃落定并不意味着日本承诺放弃自卫的权利，因为自卫权是《联合国宪章》第五十一条明文规定的主权国家固有的权利，后来创立的自卫队援引此条款作为其法理依据。

具有讽刺意味的是，朝鲜战争爆发后，麦克阿瑟要求日本成立军队，但受“和平宪法”制约，最终建立了“警察预备队”这种带有民兵性质的武装，他本人越来越觉得自己搞的“宪法第九条”简直是作茧自缚，并流露出“这个条款超前了100年”的抱怨。

第二节
疑似“军队”艰难成军

没有朝鲜战争就没有自卫队

从 1947 年开始，冷战的幽灵就开始笼罩欧洲的上空，1949 年的“柏林危机”使美苏争斗达到白热化，美国从全球战略考虑，对日占领政策逐步开始调整。而亚洲形势对美国来说也是一团糟，特别是中国国内持续进行大规模内战，国民党政权前景令美国忧虑，美国担心国民党政权一旦崩溃，其远东政策势必会出现重大破绽。为此美国开始考虑改变策略，扶植日本以替代国民政府的位置。

1950 年 6 月 25 日，装备大量苏制武器的朝鲜人民军悍然进攻韩国，朝鲜战争爆发。由于朝军准备充分而占据了压倒性优势，韩军全线崩溃，朝军迅速南下直逼朝鲜半岛南部。在战争爆发当天，麦克阿瑟就决定美军远东总司令部加入战争以支援韩军。次日，美国空军飞机开始轰炸北朝鲜，总统杜鲁门同时命令麦克阿瑟投入海军。这期间，韩军如雪崩般败退，美军地面部队立即加入战斗，麦克阿瑟觉得只要美军投入战场就会立刻奏效，但却事与愿违。7 月 5 日，早已马放南山的美步兵 24 师史密斯先遣支队在乌山与北朝鲜的苏制坦克部队一接触即被痛打，伤亡惨重。随后，由于敌情不明和仓促应战，海运到朝鲜的 24 师主力也在天安以南与朝鲜人民军激战中几乎被全歼，师长特依姆少将被俘。第 24 师的溃败和朝鲜军队生猛的战斗力深深刺激了麦克阿瑟，当时美国远东部队的主要力量是担任驻防日本任务的第 8 军，共有 4 个师，麦克阿瑟除留下驻守北海道的第 7 师之外，又把第 25 师、第 1 骑兵师悉数投入朝鲜战场，然而悲催的是，3 个师的美军主力依然无法阻止朝鲜人民军的攻势，至 8 月初，仅留下以釜山为中心的一个桥头堡，美军随时会被赶下海，二战敦刻尔克大撤退的覆辙极有可能重蹈。

为弥补远东兵力的不足，美国仓促实施重建日本军备计划，推动日本走上了重建军备的道路。在美军乌山惨败的同一天，麦克阿瑟向吉田茂首相递交了一封关于紧急创设“警察预备队”的信件。驻日美军因紧急赴朝作战导致了日本本土顿时留下了大片“治安真空”，使得驻日美军的数量降低到了危险数值，兵力最低时驻日美军仅剩第 7 师这一个师的番号，兵力区区 3000 多人。GHQ 不得不考虑重新武装日本的可能性，如果这时日本国内爆发革命或苏联军队入侵北海道，谁也无法想象会发生什么，这正是麦克阿瑟要求日本迅速组建军事力量的原因之一。还有一个原因也构成美军催促日本成立陆上武装的动机，根据负责重建日本军备的库沃罗斯基上校的回忆，“不仅是朝鲜，日本的事态也无法预料。我们部署在日本的 4 个师将全部奔赴朝鲜，在两三周内除空军和少数陆军后勤部队外，日本已没有驻日美军。我们要让日本编组与训练 4 个师团以替代美国军队。因为你也知道，在日本有 25 万以妇女儿童为主的美国侨民。”

美第 8 军投入朝鲜半岛

1950 年 12 月，陆上自卫队的前身——警察预备队成立

从这段话中可以更清楚地看出，保护侨民也是美国急于重整日本军事力量的重要原因之一。

创建警察预备队的指令对于正致力于恢复经济无暇他顾的吉田茂来说实在是情非所愿，也让本已放弃重新武装的日本政府困惑不已。此时，对于亟须美国经济援助的吉田内阁而言，在维系以经济复兴为优先的“吉田路线”的同时响应 GHQ 重新武装的要求，成了他的唯一选项。吉田首相接到麦克阿瑟信件，立即发出创设一支 7.5 万人的警察预备队和给海上保安厅增员 8000 人的命令。根据这一命令，立即从各地招募人员，首批队员约 7000 人于 8 月 23 日入伍。紧急募集队员与朝鲜战况密切相关，因朝鲜战况日益紧迫，驻日美军不断调往朝鲜战场，连保留到最后的北海道第 7 师这支对苏第一线部队，也被迫于 9 月开赴朝鲜。

在两个多月时间里要组建一支数万人的队伍几乎是不可能完成的事。在第 7 师于 9 月 10 日离开防区去朝鲜之前，必须将 1 万名警察预备队员部署到北海道。鉴于情况严重，美军军官在北上的专列内给新募的“菜鸟”队员发放卡宾枪，并在车厢内手把手地教他们射击。大多数新队员在两三天前还过着普通百姓的生活，而如今他们却在两天内办完了所有入队手续。

通过这样的紧急招募，至 1950 年 12 月底，日本政府神速完成了招收 7.5 万名队员的任务。由于旧军人受开除公职处分的限制，组建初期的干部只能由警官来充当。7 月，由原香川县知事增原惠吉等人组成了筹备委员会，增原被任命为警察预备队临时最高领导——本部长官，原宫内厅次长林敬三任相当于最高指挥官的“总队总监”，原内务省警官加藤阳三等人就任警察预备队本部的各部长、处长等职，承担创建工作。由于日本政府对创设部队事先几乎没有具体准备，入伍的队员被收容在空空如也的美军基地内，而且完全由美军提供制服和单兵装备，接受美军的指挥和教育，看上去就像一支美军招收的新兵。从 1951 年开始，警察预备队开始逐步正规化，在总队总监领导之下，全国设置了 4 个“管区队”，并陆续任命了管区总监以下的各级干部。

警察预备队实际上是一支相当于 4 个师团的步兵部队，而名义上却作为国家警察的预备队而成立，这是一支完全出于美国需要而成立的部队，从一开始，部队的实际指挥权就掌握在美军顾问团手中。麦克阿瑟给吉田的信件发出后，7 月 14 日成立了由联合国总司令部民事局长杰帕特少将为团长、库沃罗斯基上校为副团长的顾问团。在美军一手策划下，招募来的日本青年被送进美军兵营，使用美制武器和被服，成为一支如假包换的“日籍美军”。

警察预备队军衔和徽章

从创立这支武装的直接动机看，警察预备队的创建是为了填补美

警察预备队队员进行火箭筒射击训练

军赴朝作战后留下的空缺，因而是美军的一支辅助部队。从抵御苏联入侵的意图以及不排除这支部队向朝鲜出动的可能性来看，当时警察预备队“海外派兵”的属性也是存在的。但是受《波茨坦宣言》及“和平宪法”制约，特别是考虑到日本国民的感情，当时竭力隐蔽警察预备队对外行使武力的一面。

作为军事组织，要发挥其作用必须有一批富有经验的干部组织指挥，旧军人当然是理想的选择，但由于“和平宪法”的制约和日本国民反战反军的情绪高涨，政府没有让旧军人加入，反而建立了一支以原内务省警察官僚为核心的军事力量。不过随着部队正规化建设的深入，实际上最后不得不起用有军队指挥管理能力的旧军人。

1950 年 11 月 30 日，日本首次宣布解除对太平洋战争后入学的陆海军学校学员禁止担任公职的规定，这些人包括陆军士官学校第 58 期和海军兵学校第 74 期的学员，共计 2973 人，紧接着向这些人进行了“特别招募”，次年 4 月就录取了 243 人，充任预备队基层干部。1951 年 8 月，日本政府第二次宣布解除 7838 名旧军人的革职规定，并选用了 40 余人充任基层干部。

1952 年 8 月 1 日，统一指挥陆海部队、具有国防部职能的保安厅成立，首

如今，与美军实施联合训练已成为陆自的重要任务之一

任长官由吉田茂首相兼任，次长由增原惠吉担任。警察预备队改称“保安队”，与海上力量所代表的警备队一起由保安厅统一指挥，与此同时，保安厅内部又设置了相当于军令系统的“第一幕僚监部”（陆上）和“第二幕僚监部”（海上），分别对陆上和海上的实战部队进行指挥，警察预备队总监林敬三任第一幕僚长。8月4日，吉田茂首相以保安厅长官的身份在越中岛总部大楼落成典礼上向干部训话时，指出“保安队和警备队须成为未来新国军的基础”，这是吉田的真心话，日本确实在重新武装的道路上走出了第一步。

此时保安厅下属的“第一幕僚监部”编制员额11万人，被编成1个方面队和4个管区队。每个管区队由3个普通科联队（即步兵团）、1个特科联队（即兵团）、1个设施大队（即工兵营）[①]、1个卫生大队及其他直辖部队构成，实际上相当于战前的1个师团，第1至第4管区队分别设于东京、北海道的札幌、兵库县的伊丹和九州的福冈，相当于军级单位的第2方面队也设于札幌，指挥第2管区队以及直辖部队。

海上自卫队：从“有海无军”起步

日本这个由本州、北海道、九州、四国四大岛和3000多个小岛组成的太平洋岛国（本州面积最大，约22.7万平方千米，占全国总面积的60%），其

① 由于战后日本武器力量始终没有军队的名分，因而在用语上刻意非军事化，如步兵称“普通科”，装甲兵称“机甲科”，参谋称“幕僚”，作战称“运用”，等等。

海岸线总长3万千米，这一固有地理特点使日本一贯重视发展海军或海上力量。日本在二战期间发展了强大的海军，战败被迫解散后，日本人自嘲“有海无军”。1954年7月，保安厅改为防卫厅，原警备队改为海自，日本正式恢复海上自卫队力量建设，不过当年的海自主要作为美国远东海军的补充力量而存在。

与陆上部队的被动组建截然相反，战后日本的海上部队的重建始终是以旧海军人员为主体循序渐进地谋划和推动的，最后演变为海自。实际上，从美军占领初期开始，旧海军人员就开始秘密联络，坚定而又积极地研究海军重建的可能性。通过矢志不渝的坚持，他们把幻想最终变成了现实。从“Y委员会”的设置到美援舰艇的获得，从海上警备队的“借壳上市”到海自的独立成军，这一切的背后到处活跃着旧海军军人忙碌的身影。

在美军的占领政策下仍被保留下来的几个军事力量中，有一支是帝国海军的扫雷部队。从现实情况看，海军的人员与装备也还有存在的价值。战争期间，日美双方各自在日本周边海域布放了水雷，战后常发生触雷事故，因而早日清除水雷成为当务之急。而扫雷工作有赖于拥有专业知识的原海军人才，因此人数在1万人左右的原帝国海军扫雷部队没有被解散。另外，战败后散布在中国大陆、南洋和太平洋诸岛的300万投降日军亟须遣返回国，这个任务势必要由战败国来承担，这件事情自然就摊到了旧海军头上，前海军人员和遗留的部分舰船正好有了用武之地。1945年12月，原陆海军省被改编为第一和第二复员省（这两个机构后来被整合缩编为“复员厅”，最后成为“复员局”，转隶“厚生劳动省”）。数百名前海军精英有了栖身的场所，部分人员装备和传统得以保留，为海上自卫队的最终诞生奠定了基础。

1948年5月1日，经驻日美军同意，日本设立了海上保安厅（以下简称“海保”），其主要任务是取缔走私与非法入境，预防与镇压海上骚乱与暴动，扫雷作业也是其任务之一，主要成员为原海军官兵。其性质与美国的海岸警备队相似，实际上是海上警察，主要装备是由帝国海军驱逐特务艇改装的海岸巡逻

现今的海上保安厅巡视船

艇，这是战后在日本得到法律承认的第一项军备。

1952年4月26日，《海上保安厅法》被修订，名为“海上警备队”的新组织作为未来海上力量的雏形，在海保内“借壳上市”，名义上由海上保安厅管辖。这支部队的实力非常寒酸，唯一的家当是从美国借来的4艘护卫舰，到7月末招募了近600名干部，海上警备队总兵力为1761人。

谁也不会想到，海上警备队在设置了仅仅三个月之后就从海保剥离出去，转隶于8月1日新成立的保安厅，同时更名为“警备队”。以纳入保安厅为契机，海上部队的实力开始有所发展，警备队同时组建了横须贺和舞鹤两个地方队，1953年又组建了第1和第2两个舰队群，以及佐世保和大凑两个地方队，其中两个舰队群装备了10艘护航炮舰和12艘支援登陆舰。

警备队与警察预备队有很大的差别，警察预备队一开始就排斥了帝国陆军军官，由原内务省警察官僚一手打造而成，而海上警备队的创建全过程，帝国海军军人始终起着主导作用。比如第二复员局总务处长泽浩（原海军大佐）出任海上警备队总监部警备处长，第二复员局资料处长吉田英三出任横须贺地方总监部长等要职。

警备队脱离海保独立后，其职责从原先的“在海上保护生命财产与维持治安”改为“维持我国的和平与秩序，保护生命及财产”，承担起了只有海军才能执行的职能。警备队由两个地方队及船队群编成，但起初仅以海保移交的扫雷艇为主，与真正海上部队的体制极不相称。1952 年 11 月 12 日，日美签订《船舶租借协定》，规定美国可以向日本出借巡逻护卫艇 118 艘、大型登陆艇 50 艘，租借期 5 年。舰只从 1953 年 1 月起陆续运到日本。警备队同时将租借的舰只编成船队，开始成为名副其实的海上武装力量。

海自在从警备队改编之际，编制员额由 1 万增加到 15800 人，同时将原来的怎么看怎么没有军味的“船队”改为护卫队与警戒队，这两个队又合编为“自卫舰队”（即联合舰队）。另外，在横须贺、佐世保等所有的战前军港都设置了地区部队（“地方队”）。海自成立之初的水面舰只基本上以从美军借来的小型舰艇为主。为增强海上防卫力，日本的船厂从 1952 年起开始建造国产军舰，第一批建造的军舰是于 1953 年设计、1956 年竣工的 1700 吨级的“春风”号等

驻横须贺的联合舰队司令部

5艘警备舰，之后又建造了一批警备舰与潜艇，逐步替代了美国舰只自造军舰，牵引着日本的造船业得以恢复发展。

独立“空军”梦想成真

空自在成立之初因为没有基础，与陆海军相比力量最弱。早在朝鲜战争爆发之际，一些与航空力量有关的旧军人鉴于二战时失去制空权的惨痛教训，主张建立独立的强有力的空军，并着手拟订建立空军的方案。1952年7月，美国远东空军司令部也提出了关于《创设日本空军的意见书》，这是一个依靠美军援助创设独立空军的方案。但相当多数的前海军军官却不主张建设独立空军，而希望建立以航空母舰为核心的海军航空队。鉴于日本在二战中因空军处于劣势而遭受重大损失的教训，以及美国也实行陆海空三军并立的事实，最后日本政府就建立独立空军取得了一致意见，同时也考虑让陆海军拥有必要的航空兵力。

为了尽早建立日本的航空力量，1952年5月，当时的警察预备队一面向美军提出租借飞机的申请，一面召集旧陆海军中的航空人员，组建航空学校筹备室。警察预备队在改编成保安队后，又设立了保安队航空学校。航校只有从美军那儿借来的L16教练机，由美国军人任教官，教学完全按美国方式进行，全部使用英语。航校的学员和职员大部分是原陆军航空学校和海军兵学校出身，学员从1953年1月开始进行飞行训练，到了次年1月，首批毕业生被编为4个航空队。

警备队方面也对建设航空力量拥有很高的热情。日本大藏省（相当于财政部）在1953年度预算中计划为警备队购买直升机。同年9月，警备队以4架47D直升机为基础组建了支援海上作战的航空训练队，之后又增加了T34教练机，开始启动飞行训练。

在美国远东空军支援下，日本政府与保安厅的独立空军建军计划开始付诸实践。1953年10月，保安厅设置“航空特别室”，次年1月又改组成由46名官员组成的航空准备室。根据《防卫厅设置法》和《自卫队法》（即“防卫二法”），创设航空自卫队（以下简称“空自”）之事尘埃落定，但麻烦出现了。航空部队干部固然可以从旧陆海军中平等挑选，但航空幕僚长的人选却无法确定。关于飞机，旧军队被消灭时，所有军用飞机已全部被拆毁焚烧，已出现了8年的空白。为招募航空骨干人才，保安队和警备队分头到民间召集有飞行经验的人，于1954年1月编成了松岛派遣队，在美国军事顾问团空军部的协助下，以T6教练机进行训练。

空自成立之际，飞行员接受美国顾问的训练尚未结束，根本没有战斗力。起初，空自作为部队编制只有航空教育队一个实体机构，作为机关只有4所学校与补给处，人员编制为6700名。随着训练的进展，1955年达到11500人，1956年增加到16300人。部队也扩编为2个航空团和4个航空训练警戒管制群。然而大部分基地与美军合用。起初的飞机只有T34、T6G、T33A教练机和C46运输机。至1956年才有可以用于实战的F86F战斗机，这款机型是在日本组装

空自草创时期的装备

的，组装飞机成为日本航空工业发展的原动力。

没有名分的“军队”

1954年6月9日，日本政府公布了《防卫厅设置法》和《自卫队法》（7月1日实施）。《防卫厅设置法》第4条规定：“防卫厅的目标是维护我国的和平与独立，保障国家安全。”《自卫队法》第3条规定：“自卫队的主要任务是保卫国家的和平与独立，为保障国家安全，对于直接或间接侵略承担国家防卫的责任。”由此可以看出，从保安厅向防卫厅的转换不仅是名称的变更，而且创建了以同外敌作战为主要任务的军事组织，或者说是创建了一支正规的日本军事力量。首任防卫厅长官由木村笃太郎与次长增原惠吉担任。

在防卫厅成立的同时，新设立了参联会（日本称“统合幕僚会议”），这是仿效美军参联会而设立的，它是一个负责协调陆海空3个军种的机构，并无实际作战指挥权，目的是防止陆海两军像战前那样出现对立。参联会由陆海空3个参谋长及专任议长组成，其职权是从军事层面为防卫厅长官提出决策建议。根据《防卫厅设置法》，日本还设置了领导武装力量建设的最高机构——国防会议。作为防卫厅的附属机关，还设置了“建设本部”与“调配本部”，其职能主要是统一处理三军的工程建设与各种物品的统一调配，实际上是自卫队的后勤部。另外，原保安部直属的保安研修所改为防卫研究所，保安大学改为防卫大学。

在自卫队成立的1954年7月，美国远东军总司令部宣布在北海道驻守的1.8万名美军撤出防区，基地交由陆上自卫队（以下简称“陆自”）北部方面队接管，原在北海道的美国陆军第1骑兵师作为驻日美军的总预备队。这是日本增强防卫力量并与美国战略实现一体化的具体行动之一。在保安队改编为自卫队之际，增设了2个相当于师团的管区队。至此，日本的陆上总兵力为1个相当于军的北部方面队以及6个相当于师团的管区队，各部队防区和日本无条件投降前“决”号作战准备期间帝国陆军的部署区域基本一致。自卫队中穿制服的现役队员达到13万人，各步兵联队的武器装备与保安队时代大致相同。之后，防卫厅与国内产业界合作，开发适合日本人体型及日本地理环境的新武器，以实现武器国产化。另外，因为战后日本不实行征兵制导致招兵成为一个大问题，为此，自卫队设置了作为兵员招募机构的“地方联络部”。

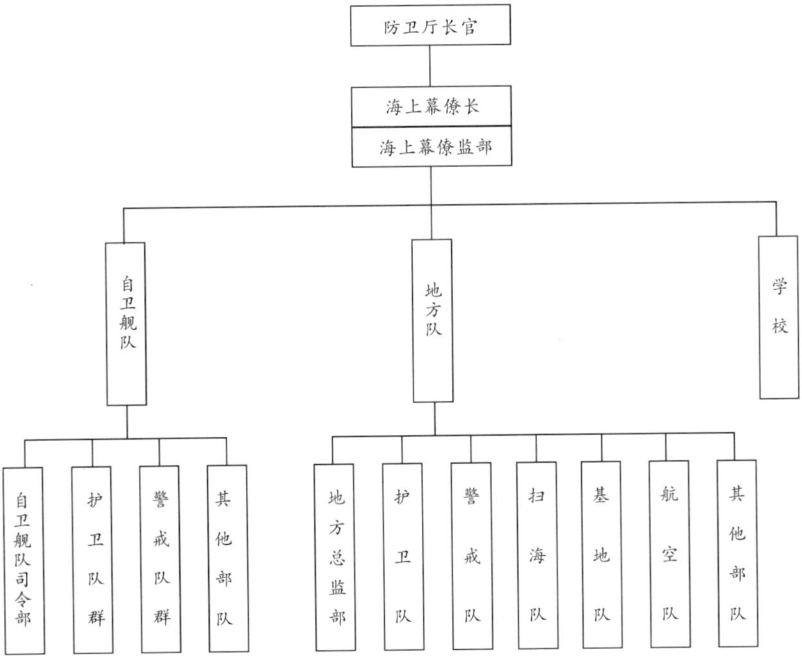

海上自卫队组织图（1954年7月1日）

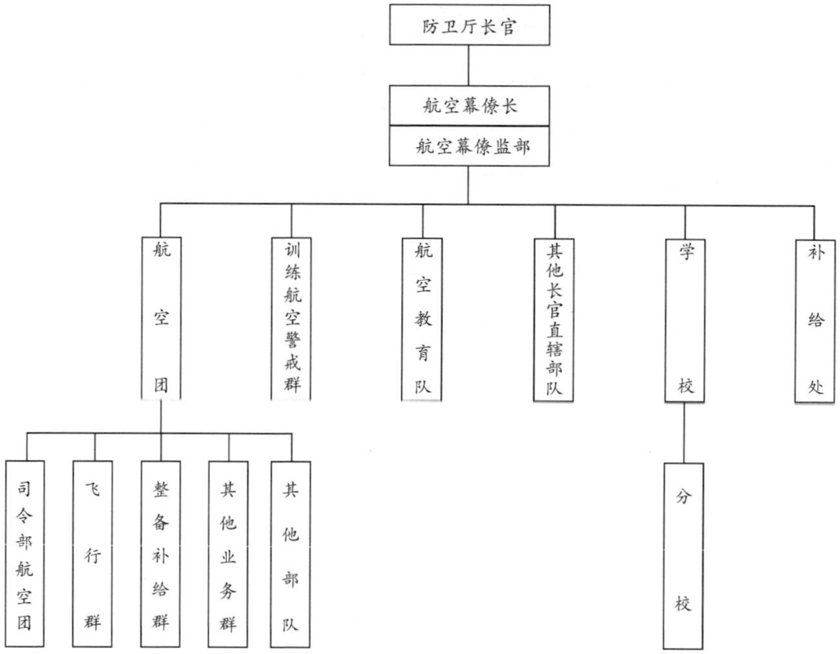

航空自卫队组织图（1954 年 12 月 31 日）

“专守防卫”

既然自卫队不是军队，它就不应享受一切正常军队的权利，所以日本在军事方针上宣称执行所谓“专守防卫”的理念。“专守防卫”是指日本即使有防御上的需要也不会对对方实行先制攻击，只对真正入侵的敌军实行打击，并予以击退的方针，也被称为战略守势或专守防御。自卫队从诞生之日起，“专守防卫”就是一项被一以贯之的基本原则。主要包含以下四方面的意思：第一，自卫队是以“保卫日本”为目的的防卫力量；第二，只有在受到大规模武力攻击，而且在没有其他办法解决的情况下才可进行自卫还击；第三，即使在受到武力进攻的情况下，也要把自卫还击的规模限制到最小限度；第四，平时拥有的防卫力量的规模必须限制到最小。“专守防卫”的确给自卫队的发展建设戴上了“紧箍”，不过这项“被动防御”的方针是根据战后“和平宪法”的精神确立的，历届内阁都宣称遵守此项原则。不仅如此，日本政府根据“宪法第九条”和“专守防卫”的理念，还在防卫政策上提出很多限制性条款，使自卫队的军事行动受到很大的束缚，具体包括7个项目：先发制人的否定、行使集体自卫权的否定、海外派兵的否定、战略武器持有的否定、核武器保有的否定、太空武器保有的否定以及对地雷保有的禁止。

如果没有“专守防卫”，自卫队就会以种种借口来增强军事实力。现在有了这道“紧箍”，日本就不能进行攻势作战，所以自卫队也就不能配备进攻型武器，如远程弹道导弹、战略轰炸机、核潜艇以及航空母舰等，而对方却可以利用射程优势安全有效地对日本实行打击，实事求是地说，专守防卫会使自卫队在防御上出现相当大的被动。也正因为是专守防卫，所以作战地点只能在日本本土以及其周边地区，有可能使得作战对本国居民造成相当大的影响。而且，既然要实施“专守防卫”，就必然要对自卫队和军工产业的类型、规模做出严格限定。

“吉田路线”及其代价

时势造英雄，在百废待兴的战后日本，出现了一位被誉为大和民族复兴中流砥柱的伟大人物——吉田茂，1919年巴黎和会期间提出将原本德国在青岛的一切权益转让给日本的正是他。但是另一方面，吉田在日本国内始终以“反战硬汉”的形象示人，由于长期担任驻外大使，他对西方国家的政治文明和军事实力了如指掌，就在日本帝国行将就木的1945年，吉田因撰文反对军部独裁而被内务省特高科警察逮捕入狱。战败前的牢狱之灾反而成为他战后崛起的巨大本钱，早在美国君临日本之前，吉田茂就被美国国务院视为能够配合美军占领的合适

“日本战后总设计师”吉田茂

领导人。

他任首相近7年，被称为“日本的丘吉尔”。与其他政治精英不一样，他把日本帝国的战败看成是再塑新日本的契机，他认为借助战败切除了军部这个日本帝国身上的毒瘤之后，政治权力就能回归到他这样的精英层手中，而要构筑崭新的国家战略就意味着亲近英美是一个必须坚守的原则，日本复兴的希望是引进美国资本，同美国亲善是日本重建的关键。

在与美国人打交道的过程中，吉田茂逐渐形成了一种观念，认为与美国发展全方位的紧密关系最符合日本的国家利益，最好是能与美国结成政治、经济、军事层面的全方位同盟。即便出让部分国家主权也在所不惜，因为这样可以在美国的军事保护伞下专心致志地发展经济，通过签订《日美安全保障条约》，使驻日美军成为担负日本国防的主力，从而省去巨额军费开支，这种“重经济、轻军事”的国家发展战略架构被后世称奉为“吉田路线”。“吉田路线”企图在经济发展和政治自主之间寻求一种平衡与妥协，而经济振兴其实是真正的重心。可以说，“吉田路线”为战后日本在废墟中实现经济飙升奠定了基础。

由于美国占领军的改造，日本完全步入西方式国家发展道路。1951年9月8日，包括日本在内的48个国家的代表在美国旧金山的战争纪念歌剧院签订了《对日和平条约》，并于1952年4月28日正式生效，这标志着日本重新恢复国家独立主权，正式摆脱被占领状态。为使美军长久而合法地驻扎日本，条约墨迹未干，美国便在4个小时之后与日本签订了《日美安全保障条约》，把日本正式定位为美国的盟国，使日美在军事上进行合作，而日本则承认美军可无期限地留驻日本。在战败6年后，日本反而获得了梦寐以求的与世界第一强国结盟的机会，从此，奉行“吉田路线”逐渐成为日本主流社会的常识，不能不羡慕岛国的运气。

当然，日本也不得不为“吉田路线”付出巨额代价，即日本的外交政策唯美国马首是瞻，其防卫事务主要交由驻日美军承担，而自卫队只担负辅助性职能，成为美军的跟班小弟。自卫队，无疑成了“吉田路线”光环背后的阴影甚至是牺牲品。2000年之前，自卫队员的身份普遍给人以一种“混得不好”的感觉。1957年，已经卸任首相的“战后中兴之父”吉田茂面对防卫大学校第1期毕业生时发表了这样一番意味深长的训话：“各位在自卫队服役很难获得国民的支持和感谢，或许在整个自卫队职业生涯都不会受到欢迎，还会遭到非难、诋毁而终老一生，你们辛苦了！当然，你们也有能够受到国民支持和欢迎的时候，那就是我国遭遇外敌入侵的国家危亡之时，或者在国家发生灾害时国民和国家陷入困境的时刻。换句话说，你们没有在上述两方面做出贡献时，国民是最幸福的时刻。希望诸君忍耐。”

这个透着些许悲凉的训示注定了自卫队员职业生涯终将黯淡无光，吉田茂是在1954年发表此番言论的，此话一语中的。不仅是那一年，在整个冷战时期，

东日本大地震后第一时间赶赴救灾现场的自卫队队员

在东日本大地震现场救灾的陆自队员

日本人没有遭受任何外来侵略，日本经济都处于高歌猛进状态，自卫队几乎没有发挥职能、受到国民拥戴的机会。1954 年那一年，日本经济领域的所有指标全面超越战前，处于经济飙升的原点。1956 年 1 月 1 日，日本政府出版的《经济白皮书》宣称："现在已经不是'战后'，我们正面临着和过去不同的新情况，经济恢复期已经结束，今后是以现代化为中心的经济增长期……"

吉田的遗训有颇多值得玩味之处。虽然自卫队干部将"被人遗忘，黯淡地终老一生"，但与此同时全体日本国民却能"沉浸于幸福之中"，正因如此，所以"请各位忍耐"。在空前惨烈的东日本大地震发生后，自卫队员秉承吉田遗训，不顾自身伤亡奋力抗震救灾，发扬了职业军人的献身精神。军人献出生命当然是不幸的，所以相比较而言，"被人遗忘，黯淡地终老一生"仍然是个不错的选择。

吉田遗训给自卫队队员带来了莫大困扰，创建超过 60 年的庞大组织至今仍不是正常军队，为组织服务的人员仍是边缘化的存在。2012 年 1 月，日本内阁府对 1000 余名普通民众进行舆论调查，结果显示 91.7% 的受访民众对自卫队持正面印象，特别是对刚刚在大地震中奋不顾身抗震救灾的自卫队队员的表现予以高度评价，但是，民众对自卫队这一群体本身的评价至今仍是"边缘人"。

第三节
防卫省的江湖

几近“失传”的《国防基本方针》

自防卫厅1954年成立至1957年，其间居然没有发布过一份表明日本防卫战略和政策的文件。当时日本的防卫政策由负责外交的外务省主导，国内的治安由警察厅掌控，而自卫队预算编制和装备采购权则完全掌握在大藏省（现财务省）和经济产业省手里，防卫厅沦为可怜的“自卫队管理厅”，甚至还出现了把防卫厅并入外务省的声音。

一个尝到过原子弹滋味的日本，到底应该实行怎样的国家安全战略，究竟应该发展怎样的武装力量，这始终是战后日本历任有抱负的领导人不得不直面的难题，为此各派政治家们掂量过、斗争过、辩论过，在反复权衡之后，长期执

2016年10月，自卫队举行阅兵式，纪念自卫队创建62周年

政的自民党大佬们终于起草了《国防基本方针》，并作为落实“吉田路线”的行动之一。

在岸信介首相任内的1957年5月，岛国颁布了战后第一份军事纲领——《国防基本方针》。这个方针大有迎合美国的倾向，字里行间透露出死心塌地跟着美国的心态并坚定维护日美安保体制。它只有四条简短的条款，但规定了防卫厅和自卫队日后的发展路径，其影响绵延至今：

（1）全面支持联合国各项行动，努力进行国际合作，期待世界和平

（2）重视民生，高扬爱国心，为保障国家安全奠定必要的基础

（3）渐进地开展适应国情国力的必要限度的防卫能力建设

（4）在联合国实施有效干预之前，如果遭遇外敌大规模入侵，以日美安保体制为基准采取各项应对措施

这里面最紧要的是第四项，即“以日美安保体制为基准采取各项应对措施”，从此，以日美安保体制为纲成为日本制定防卫政策的前提，这一理念的确立也

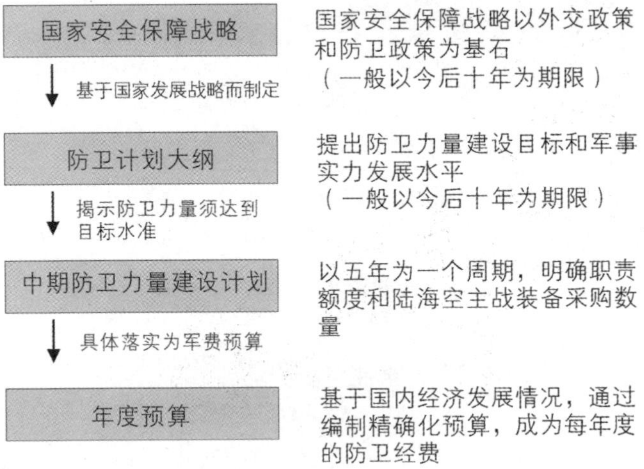

现今日本防卫决策体系

使希望摆脱美国、通过加强自卫队建设的“自主防卫论”很快销声匿迹。这个《国防基本方针》显然是内局官僚的得意之作。在他们看来，一旦支持“自主防卫论”，在政策制定上势必要听取军事专家，也就是“制服组”的意见，自然会强化“制服组”的权力，这当然是内局不能容忍的。根据海原治《口述历史回忆录》，“我们没有自主承担国防的能力，不过只要有美国在日本的军事存在，日本就不可能受到任何威胁，即使遭到入侵也有美国大兵挡着”。这个《国防基本方针》折射出了海原治的强烈意向，不信任本国的自卫队而是依托日美安保体制制定防卫政策，靠外援守卫日本，既节省军费，又最大限度抑制了“制服组”的发言权，真可谓“一石二鸟”。

《国防基本方针》寥寥200多字，道出了日本国家安全战略方针，指明了自卫队的未来路径，自此自卫队的发展开始走上了正轨。这个方针从出台直至2013年12月被废止，就像“和平宪法”一样，没有改动过一个字。

防卫厅依据《国防基本方针》，在短短一个月之后又制定公布了《第一次防卫力建设计划》（1957—1960年，以下简称“一次防”），其要义有两条，一是“打造适应国力的最小限度的自卫能力”；二是“防卫力建设以不影响经济和民生安定为原则，根据财政状况量力而行”。另外，“一次防”提出自卫队建设要以陆自为骨干，打造一支18万人的地面部队。这个提法是对美国方面的响应，美国提出随着美军逐渐从日本本土撤离，留下的军事空白必须由陆上自卫队来填补。这两个文件的出台，彻底压制了“制服组”希望获得话语权的愿望，在防卫政策制定上进一步确立了文官的优势。

“西服组”吊打“制服组”

虽然自卫队以“专守防卫”的名义成立，可是从成立的那一天开始日本国民的质疑就从来没有消除过，此时自卫队成立距离战败不过10年，民众对战争的惨祸仍记忆犹新，谁能保证军国主义不会沉渣泛起呢？为了避免重蹈战前的覆

连防卫省政务秘书（居中着西服者为防卫省政务官宫泽博行）都有检阅自卫队的权限

辙，日本政府旗帜鲜明地确立了“文官治军”的理念与政策，把自卫队置于严格的监控之下。

所谓文官治军是西方国家通行的一项处理政军关系的制度，简单地说是指由民选的政治家来掌控军队的制度，突出了政治优先于军事的原则。战后60余年间，防卫厅长官或防卫大臣无一例外都是文职人员，军人就任防卫厅长官（防卫大臣）是绝对禁止的。20世纪50年代的鸠山一郎和岸信介两位首相都曾想起用战前海军大将野村吉三郎为防卫厅长官，但终究因其海军军人出身而放弃。

除了防卫厅的“头”是文职政治家以外，具体掌控自卫队、制定政策的也是文职人员，或者叫文官。日本的每个省厅都会下设很多局级单位，这些局在日本的《国家行政组织法》中被称为“内部部局”，简称“内局”，是大臣的业务机构，对大臣负责。除了内局，同时还有一些归省管理、称为“外局”的直属机构，大臣可以对“外局”进行业务指导，但不能直接干涉外局的人事和日常运作。比如日本的财务省下面还有一个叫“国税厅”的机关，这就是外局，日本国土交通省除了有内局，还有“海上保安厅”，这也是外局。防卫厅的内局是由大臣官房、防卫政策局、通用规划局等多个厅局级单位组成的庞大官僚机构体系。内局的成员是通过国家公务员考试的官僚，他们和自卫队队员不一样，没有制服，所以称为“西服组”，主业是管理自卫队，直接控制自卫队的人事、编制、财务，有时甚至会监督指挥权。

日本的文官治军体制在总体原则和理念上与西方国家并无本质区别，但是实际上，“防卫参事官制度”这一精心而又特殊的机制安排使得内局官僚在各个层面牢牢掌控着“制服组”。根据1954年的《防卫厅设置法》，参事官是指“围绕相关事务制定基本方针时辅佐长官的官员”，也就是说，只有参事官才拥有

1954年7月1日，自卫队正式成立

战后防卫政策主导权牢牢控制于政治家和防卫厅文官手中

时任防卫大臣江渡聪德举行就职典礼

重要事务决策权，以及向防卫厅长官直接建言献策的权限，最紧要的是，该法还规定参事官必须是文职人员。这个制度施行后，防卫省内局的局长老爷们同时拥有了参事官的身份，这样就变相提高了局长们的地位，使他们的权限和地位事实上凌驾于幕僚长之上，这样一来，内局的局长们成为横亘在防卫厅长官和“制服组”之间的楔子。通过“防卫参事官制度”将“制服组”和“西服组”的关系明确写入法律，即使在世界范围内来看也是罕见的。

从自卫队诞生之日起，防卫省内局就构筑起了文官主导、武官从属的组织文化。所有的作战训练计划都必须由内部批准，所有的人事决定完全由内局下达。虽然联合参谋部掌管着自卫队部署及行动计划，但自卫队并不拥有全部作战指挥权，而必须在文官领导下执行任务。对于自卫队军事行动的指挥管理，目前事实上存在两个系统，一个是联合参谋部，一个是内部局下属的作战计划局，该机构不但负责人事、财务、装备采购等事务，也制定各级自卫队调动和演习计划，还拥有部分直接调动部队的权限。直到 2013 年防卫省推行机构改革之后，这种局面才有所改观。

非常有意思的是，战后防卫厅掌权的“西服组”和部分陆自将领都是战前内务省的官僚出身，这些人战前就任职于内务省，被自卫队干部称为“内务军阀”。“内务军阀”在战前为军部的光环所笼罩，不得不仰仗军部鼻息过活，现在终于“翻身做主人”，有了一吐胸中郁闷的机会。

以陆自为例，在它成立后的20年间，其高级指挥官几乎都由战前内务省官僚和警官充任。比如陆自的前身警察预备队草创时的最高指挥官叫林敬三，一天战场没上过的这名前内务省警察头头直接被授予警察预备队最高级别的“总队总监”。当时很多内务省警察和他一样都有类似的经历，脱掉警服，换上陆自制服就实现了身份转型。

素有“海原太上皇”之称的海原治就是“内务军阀”的代表，此公曾是《警察预备队令》的主要起草者，先后任防卫厅作战计划局局长、办公厅长官等要职，他对军部深恶痛绝，认定那是一个把国民推向战争不归路的荒谬机构，声

时任防卫大臣中谷元在“制服组”簇拥下参观2015年富士综合火力演习

言对军国主义的复活决不能掉以轻心。防卫厅成立后，以海原为核心的内局官僚最大限度地遏制了“制服组”权限地位的提升，有力地维护了以“文官治军”为纲的战后日本军事领导体制。

政策主导权的博弈

岸信介上任后迫不及待地推出《国防基本方针》和“一次防”，其主要目的是为了向美国示好，响应美国要求日本与其结盟并逐渐增强防卫能力的期望。不过，美国从其全球战略出发，希望日本扩充陆自规模的期望得到了防卫厅内局官僚和“制服组”的欢迎，他们希望趁此良机解决两个问题，一个是实现防卫厅向“防卫省”的升级。这是“制服组”特别是参联会的一贯主张。从结果来看，“制服组”想通过防卫厅升格以达到强化权限的愿望完全没有达成，直到2007年1月，随着《防卫厅升格法》的生效，从“厅”到“省”的升格才在第一次安倍晋三内阁实现，只是谁也没有想到，这个建议自提出到实现居然用了50年！当初这个问题得到了执政的自民党部分议员的支持，但之后岸信介内阁因为要应付“安保运动”而无暇自顾，这个运动也让岸信介的政治生命画上了休止符（详见拙著《日本自卫队》）。而岸信介的后任池田勇人为抚平民众的创伤，尽量不触及防卫问题，因此防卫厅升格问题被无限期搁置了。

另一个问题是长期防卫计划的制定。“一次防”是从1958年到1960年的三年计划，从1961年开始必须实施新的防卫计划。负责这项工作的是当时的防卫厅长官赤城宗德，他于1959年7月发表了被称为“赤城构想”的防卫计划。开头是这样写的：“日本的防卫力应当满足守势作战的需要，虽然战略进攻依赖美军，但我国也必须在作战上保持一定的自主性。在遭受大规模武力入侵的初期，应当打造具备独立御敌的能力，同时对于小规模或间接侵略，应当具备独立应对能力。”这份构想提出以空、海、陆的排名次序进行防卫力量建设，而“一次防”可是通篇以陆自为根本，“赤城构想”是对“一次防”的否定性转向。

此举遭到防卫厅内局的强烈反对，反对最凶的还是这个“海原太上皇”。此时的海原刚刚升任内局最关键的防卫局长之职，风头之劲，一时无两。他反对的理由从表面上看是“赤城构想”超出了国家财政所能承受的范围，没有必要研发和采购价格昂贵却不实用的装备，其实真正的原因在于担心该计划一旦实施，“制服组”的权限势必会强化。一旦认可这种论调，无疑会为“制服组”权力的增强大开方便之门，这种情况是内局无论如何都必须防止的。

这里面有一个问题值得探讨和说明——区区一介防卫厅官员哪来的底气，胆敢反对他们的长官赤城宗德的决策？这牵涉到日本官僚制度的功能和架构。“职业官僚”这个词在日本有着明确的内涵和外延，通常是指通过日本甲种公务员考试后进入中央机构的职业官僚，他们有着丰厚而稳定的收入和良好的职业晋升通道。只要被录取进入公务员队伍，就能根据任职年限确保被逐级提升，对于今后的仕途之路有着稳定的预期，某省厅事务次官的职位一般是一名官僚职

“西服组”与“制服组”合影时，“西服组”通常在前排就座

业生涯的顶峰，也是每个人的梦想。而与此相反，中央省厅的一把手没有人是考出来的，而是通过选举上来的，他们有个响当当的称谓——政治家，可是一旦日本内阁有风吹草动或下一次落选了，他们得随时卷铺盖走人。事实也证明了这一点，防卫厅成立至今已经历了 70 余位一把手政治家，平均每人在防卫厅任职的时间只有一年多一点，所谓“铁打的官僚、流水的大臣”是也。

选上来的政治家的级别、权力高于所有官僚，凭什么他们一定要听官僚的话？问题在于，作为政治家的某省厅大臣或长官对于所执掌省厅的业务大都一窍不通，选举是他们唯一的专业特长和兴趣爱好。如果对迄今为止的 70 余任防卫厅（省）长官的大学专业进行调查，只有刚刚卸任的中谷元曾在自卫队任职。因为日常运作和重要事务的执行只能通过事务次官及其下属的专业机构来完成，因此为了顺利做出决策，政治家不能不听取和采纳职业官僚对本省厅相关业务提出的建议，也就是说，职业官僚实际上把持着各省的话语权，其标志是每周举行一次的事务次官会议，由事务次官在会上就某些事务进行讨论和决策，然后上报大臣即可，作为“素人”的大臣一般不会不批①。这就是防卫厅内局官僚不但可以傲视“制服组”，而且敢于对政治家“吹胡子瞪眼”的根本原因。

“赤城构想”不仅遭内局官僚反对，也为大藏省否定，因为构想中提出在 1965 年度长期计划结束时，防卫经费要占到 GDP 比重的 2% 乃至 2.5%，达到 2900 亿日元的规模。大藏省指责这是“狮子大开口”，政府根本拿不出这么多钱，也不愿意拿。结果这一构想没有得到多数人的认可，胎死腹中。“赤城构想”被勒令重新构想，不过主导者已经不是赤城，而是海原。在他主导下组织制定了不偏离国防基本方针原则的“第二次防卫力建设计划”（以下简称“二次防”）。

从表面上看，“赤城构想”以自主防卫的名义制定，以“花钱太多”的理由

---

① 民主党因为高呼“打倒官僚、政治家主导”称号而上台执政，也因为官僚“靠边站”之后，政治家不具备基本的执政素质而狼狈下台。

防卫大臣稻田朋美视察部队时与队员共进午餐

被驳回，其实事情远没有这么简单。围绕“赤城构想”的争论，不是单纯的利益斗争，甚至是关乎自卫队未来发展路向的政治斗争。“赤城构想”实际上是迈向“正常军队”的初次试探，但是不敢明说，只能通过制订新计划的形式投石问路，隐晦地向外界试探这种可能性。然而海原治等人一眼看破了这个偏离《国防基本方针》和自卫队创建初衷的计划。也许“赤城构想”并不意味着要回到“皇军”的老路，但即使如此也绝不允许自卫队迈出充满不确定性的、无法操控的第一步。

“一次防”是从 1958 年生效到 1960 年终止的三年计划，到期前后必须着手制订新计划。原先由防卫厅长官赤城宗德提出的自主防卫构想因下属反对而泡汤，制订国防计划的主导权重新回到了内局官僚手中。还是这个海原治，在他的强力推动下，内局组织制定了“第二次防卫力建设计划”。由他来主导的结果是无论在权力层面还是政策制定层面，内局官僚又一次压制了“制服组”扩大权限的欲望。

从公布的内容看，“二次防”体现了两个特征。第一，遵循“国防基本方针”，奉行“日美安保中心主义”防卫理念，确认美国是承担日本防务的主角。这意味着“西服组”再次遏制了“制服组”不断增强的权力意识，排除了他们参与政策制定的可能性。第二个特征是确立了陆自优先发展的基调。在直升机航母建造计划被否定的同时，陆自开展了大规模整编，实力有所增加，这实际上是否定了“赤城构想”提出的“海空优先”的方针。

“二次防”是1962年到1966年的五年计划，在此之后防卫厅又按部就班地拟制颁布了“三次防”（1967—1972）和“四次防”（1972—1976）。“三次防”除了延续“二次防”的基本思想之外，也体现出了一些新特色，其中最突出的就是开始重视海上防卫力建设以及推进装备国产化进程。“三次防”提道，“要提升防卫力，就必须强化周边海域防卫能力和重要地域防空能力，同时要增强各自卫队的机动能力”，首次明确提出要重视海空实力建设。从“三次防”分配给陆海空自卫队的经费也可看出这个倾向，陆海空占总经费的比例已由“二次防”的43.4%、23.1%、30.8%调整为“三次防”的41.2%、24.5%和24.5%，只有海自的经费是同比增加的。关于装备的国产化问题也是佐藤内阁非常关心的问题，“三次防”新增了“要推进技术研发，致力于装备国产化，奠定我国防卫力的基础”的提法，在“三次防”之后，日本迅速推进了武器装备国产化进程。

之所以能有这些“新特色”，和防卫厅内部权力关系的变动不无关系——“海皇太上皇”离开了防卫局和“国防会议”，退出了防卫政策制定的核心层。海原

2016年9月，安倍首相接见自卫队少将以上高级干部

防卫大臣稻田朋美检阅驻九州的海自部队

治在防卫厅草创期长期居于防卫政策的主导地位，是内局的支柱性人物，可是，受到自民党内派阀对立的政治因素影响，本来升任防卫事务次官呼声很高的他于1973年离开防卫厅核心部门——防卫局，就任相当于办公厅主任的防卫厅官房长，从此离开权力核心。他的离去使新生代官僚地位迅速上升，新生代官僚意识到迄今为止的防卫政策对“制服组”的限制过大，有必要重新探讨自卫队的地位和作用，20世纪70年代中后期主导政策制定、引领自卫队发展的就是这批人。

虽然自卫队在冷战期间基本没有话语权，但是在现实中自卫队在装备现代化方面始终在稳步发展，技术越来越先进，装备也日益国产化。第二、三、四次防卫力建设计划继续维持有限度的自卫队规模，但是却在装备现代化上有着实际的进步和提升，1960年防卫费约为1560亿日元，到了20世纪70年代则增加到5700亿日元。关于主战装备，陆自约占全体的26%，海自占39%，空自则占到34%，海自与空自在扩充主要装备方面远高于陆自。在20世纪80年代末，由于大量先进装备的列装，“自主防卫”实际上已经变相实现了，自卫队的军事实力已经处于世界前列，自卫队只缺一个“名分”了。

防卫参事官制度寿终正寝

自卫队诞生时设立的参事官制度变相地提高了防卫省内局文职官僚的地位，“制服组”的不爽可想而知，他们时常郁闷地表示，这不是“文官治军”而是“内局治军”，认为自己从来都不应该从属于内局，而应由政治家直接领导。由于这种制度架构，防卫厅（省）经常出现“外行”指挥“内行”的局面，而“西服组”也经常会在装备采购上暴出贪腐丑闻。

经过50多年的发展演变，凸显东瀛特色的“文官治军”体制终于到了面临变革的时候了。

防卫省于2008年底曾开展过改革尝试，当时僵化的体制导致贪腐、误伤、泄密等各类恶性事故频发，官兵士气空前低落，为革除体制弊端，各方都认识到对防卫省和自卫队组织机构实施系统改造已是迫在眉睫。为此防卫省提出了改造内部部局、加强自卫队权限、推进军政军令系统职能分离等多项构想。改革本打算于2009年、2010年全面铺开，但改革计划一经公布就广遭批评，也由于2009年9月自民党这一“百年老店”被民主党掀翻，该党上台后紧急叫停了所有改革进程。

值得一提的是，上一轮改革并非一事无成，最大的“成果”莫过于在2009年废止了一项制约自卫队干部的制度——防卫参事官制度。该制度确立于自卫队诞生之初，根据1954年的《防卫厅设置法》，参事官是指“围绕相关事务制定基本方针时辅佐长官的官员”，该法还规定参事官必须是文官，只有防卫省内局清一色的文职官员才有权向防卫大臣建言献策、参与日常管理。防卫参事官人数通常保持在10人左右，全部由内局所属的大臣办公厅主任和各局局长兼任，这样就变相地提高了内局局长们的地位，使他们的权限和地位事实上凌驾于幕僚长之上，这样的制度安排使得自卫队将领被排除在防卫事务决策层之外。通过防卫参事官制度将“制服组”和“西服组”的关系明确写入法律，的确“走在了时代前列”，它实际上是出于防止战前军部绑架政府而重蹈战争惨祸的精心设计考量，这一制度的确立也使得战后日本“文官治军”体制由此奠基。从此以后，凡重要事项，全部由参事官组成的委员会做出决定，只要“制服组”和“西服组”发生争执，“制服组”不可能有胜算。

2009 年，防卫参事官制度被废除，设立不超过 3 个人的“大臣辅佐官”来担任防卫大臣助手的角色，而“大臣辅佐官”是“西服组”还是“制服组”，完全由防卫大臣自主挑选。这一制度的废除意味着“西服组”掌控“制服组”的局面出现大幅松动，再进一步而言，它预示着“制服组”对防卫政策制定进入的常态化。

收走文官指挥权

2012 年 12 月 16 日，自民党在选举中胜出而重新夺回政权，再次上台执政的安倍内阁提出了“积极和平主义”的国家战略和“精兵卫国”的军备建设构想。为实现上述目标，安倍内阁期待防卫省及下属的自卫队通过组织机构的深层次重组改编做出积极响应，首要的一环，便是力图重构防卫省组织文化，在所有关键部门实现“文武混编”。

二战结束后，出于对日本发展军事力量的限制和防止重犯战前战时军人干政的错误，在美国主导下，日本政府对自卫队实行严厉的“文官治军”制度。在政治领导层面，由文职首相和防卫大臣指挥自卫队；在防卫省内部，由不穿军装的文职官员组成的内局负责政策制定和自卫队人事任命，而自卫队指挥管理部门——联合参谋部仅仅按照内局指令制定自卫队的具体行动计划并开展日常工作。

从自卫队诞生之日起，防卫省内部就构筑起了内局主导、联合参谋部从属的组织文化，虽然联合参谋部掌管着自卫队部署及行动计划，但自卫队并不拥有全部作战指挥权，而必须在内局领导下执行任务。自卫队经常抱怨“被绑住了

未来，自卫队“制服组”的权限将会与日俱增

手脚”，并指责文职官员在自身并不熟悉的军事领域指手画脚，文武对立的组织文化矛盾重重。为增强防卫省管理层的凝聚力，重构组织文化，消除文职官员和自卫队干部之间相互割裂和对立的状态，防卫省从2015年起在内局和自卫队大部分管理机关推行“文武混编”制度，即在防卫政策局等核心部门试点设置“制服组”编制，同时在各幕僚监部和骨干部队设立文职管理岗位，通过这种方式实现“相互配置”，实现职责分担，逐渐弥合分歧，使双方在政策制定、作战指挥领域达成共识，最终融为一体，进而整体提高机构日常运行效率。防卫省已于2016年在内局设置了5名“制服组”高级干部职位，军衔为“一等佐”（相当于上校），同时在联合参谋部和陆海空参谋部也设置了部分高级文职管理岗位。比如，在联合参谋部设立副局长级别的“政策总监”的职位，掌管作战法令政策和对外宣传联络，以达到文武融合的目的，还设立了若干中层文官职位以辅佐“政策总监”。

“文武混编”初步完成之后，自卫队干部依附于文职官员的传统架构必将出现重大变动，这也意味着执掌政策制定、人事任免大权的内局将不再为文职官员所独占，自卫队干部将大举进入内局这一决策核心部门，自卫队干部将拥有部分制定防卫政策的权限。“文武混编”的实质是文职官员权限地位的削弱，内局和各参谋部将共同成为支撑政策制定的两大支柱，以后将很难出现文官决策、武官执行的局面，而是由“文官治军”转向“军政一体”。内局官员普遍担心，文职官员有可能随着改革的深入被进一步排除出决策系统之外，而联合参谋部的权限却与日俱增，最终甚至可能恢复像战前日本军部那样的军事系统。

收走文职官员部队调动权和指挥权是防卫省改革的核心。对于自卫队军事行动的指挥管理，目前事实上存在两个系统，一个是内局下属的作战计划局（日本称“运用企画局”），该机构不但负责人事、行政等事务，也制定各级自卫队调动和演习计划，还拥有部分调兵权。与此同时，自卫队还设置了专门负责作战指挥的联合参谋部，两大管理系统的职能形成了重叠。迄今为止，所有关于部队调动和演习训练等军事行动的方案命令都须由内局的作战计划局和自卫队的联合参谋部协商后确定，而并非由联合参谋部单方面决定，防卫省认为两大部门在职能权限上的交叉重复和权责不清导致相互扯皮，影响了速度和效率。

安倍第二次上台后首张内阁阁僚“全家福”

为提升指挥管理效能以及自卫队综合战斗力，防卫省决定对各机构职能进行重新布局，力图像“普通国家”那样对军队实施一元化管理，使自卫队行动更加专业快速，有效应对周边紧张形势。具体构想是计划取消文职官员掌控的作战计划局，将自卫队指挥权统一交由联合参谋部全权负责，避免功能重复、部署混乱的问题。作战计划局废止后，该局将被改造为主要负责实施网络电磁空间战的机构，而所有关于作战训练的法令起草、立案等业务全部移交联合参谋部，此举一旦成为现实，意味着所有演习和有关部队行动的命令不再需要内局和联合参谋部两个部门协调，只需联合参谋部直接决定即可。此举相当程度削弱了“文官治军”的基础，实际上是在挑战实行了60多年的“文官治军”体制。

这样一来，联合参谋部或将升级为政策的制定者。与这个趋势相反的是，文职官员调动部队的权力将被收走，诸如派遣飞机、舰船实施“警戒监视行动”将完全由自卫队负责，而在此之前这样的行动需要内局文官的审批。防卫省认为此举是出于避免内局和联合参谋部之间业务重复弊端的考量，有利于在紧急事态下做出迅速反应以有效地应对周边紧张局势。

确保“文官治军”体制不动摇和防止自卫队干部权力膨胀，理应成为防卫省改革的出发点，但从改革的实际举措不难看出，虽然安倍声称“仍将坚持文官治军原则”，但从现实来看，相当程度上削弱了“文官治军”的基础，不排除防卫省内局决策系统日益空洞化的危险。

第四节
不变的“雄心”

日本列岛孤独地漂浮在大洋之中，历史上没有哪个民族像日本人一样从来没有被异族侵略和征服过，而且几千年来天皇都是“万世一系”，虽然日本也有近两千年的历史，但他好比一份简单的履历，一目了然。地理环境及其历史使得日本人逐渐拥有一种无法言说的民族优越感，有一种永不服输的倾向。日本虽然居于中国的旁侧，但是在历史上，即使面对强大的以中国为核心的华夷秩序，他们采取的态度也是非常独特的，至少和朝鲜半岛、越南采取的一心一意侍奉老大的“侍大主义”态度截然不同，希望拥有对等地位的情结非常之强烈。

全面山寨唐帝国各项制度的日本统治者中大兄皇子（后来的天智天皇）

历史上，日本从来也没有像朝鲜那样，心甘情愿地以小事大，他们对中国的臣服从来都是三心二意的。中国的周边国家中，国家元首都知趣地自称“国王”，唯有日本自称“天皇”，感觉比“皇帝”还要高出一级。日本和中国一样，自称“神州”，而且自诩为“日出之国”。公元607年，日本实际统治者中大兄皇子遣使臣小野妹子（友情提醒：此人为男性）递给隋炀帝一封国书，开头赫然写着“日出处天子，致书日落处天子无恙”，隋炀帝阅罢勃然大怒，凭什么吃着虾米皮的倭人敢自称天子，于是告诉当时相当于外交部礼宾司的鸿胪寺，小国无礼，以后这样的国书不必呈上。这个弹丸小国希望与中央大国平起平坐的自尊心之强可见一斑。在唐宋时期，中国人就说日本使臣和别国使臣不同，说他们“妄自矜大，夸夸其谈”。而宋朝的灭亡正好给了他中断朝贡关系的借口，后来，朱元璋在大陆上恢复了汉人统治，可日本人却无意再恢复朝贡的传统。面对朱元璋发出的武力威胁的诏书，这个天不怕地不怕的小国在回信中居然针锋相对地叫板：“天朝有兴战之策，小邦亦有御敌之图。水泽之地，山海之洲，自有其备，岂肯跪途而奉之乎？”朱元璋被这个桀骜不驯的岛国弄得火冒三丈，可是他才不肯为了口舌之争而兴师动众。从此，在汉文化圈中，日本正式取得了独一无二的不向自己的文化母国表示敬意的特权。

事实上，正是由于岛国自卑才导致它的高度自尊。生活在中国这个庞然大物身边，日本没法不为自己的体型瘦小、文化落后感到深深的自卑。但也许正是这种先天不足，更激发了日本向先进国家学习的热情，他们学习的目的是为了超越老师。日本民间故事中许多都是以小胜大、以弱胜强的主题，比如从桃子里跳出来的桃太郎、手指尖那么大的“一寸法师”、五分高的五分次郎……都是凭借自己的机智勇敢，最后战胜了庞大的敌人。神话是一个民族集体潜意识的反映，实际上，整个日本民族一直都在梦想着有朝一日，超越自己，战胜中国。历史上那几次不成功的入侵大陆的尝试充分说明了日本人对此急不可耐的心情。

二战中，日本凭借莫名的民族优越感悍然向整个太平洋沿岸的邻居开战，要知道，这场战争力量的悬殊大大超过以往，当时的日本孤身与美、英、中、苏、法、荷、澳等26个国家开战，终于，在盟国绝对的实力面前，这个战斗民族几乎被打回石器时代，700多座城市被损毁，可是日本人意志的狂热和战斗力的生猛依然让世界不寒而栗。在战场上，很少有被俘虏的日本兵，他们往往战斗到最后一刻也拒不放下武器。战败之前，“一亿总玉碎”的口号甚嚣尘上，这是一种以全民族的生命为代价拼到最后一刻的全民族的精神冲动。战败后，为了早日摆脱美军的占领，又提出了“一亿总忏悔”，这正是这个岛国的可怕之处。

众所周知，战后的日本又在经济的战场上攻城略地、所向披靡，在战败的废

自卫队真实战力不容小觑

墟上实现了经济的飙升，达成了日本前首相吉田茂“败于战场却胜于商场”的治国理想。不难看出，日本是一个仍然有着战略雄心的国家，这种强势文化传统和民族特质是它今后不断做大的底子。

经济上的巨人绝不会甘心做政治上的矮子和军事上的侏儒。虽然如今的自卫队在法理上还不是军队，在制定军事战略、作战平台研发与采购、国防宣传与动员等方面仍然受到一定制约，但它凭借自身较强的国力和科技实力，通过“小步快走”的策略，已经在大国眼皮子底下一步一个脚印地完成了各项军事技术的积累，俨然成为一个军事大国。

在“质重于量”和“海空优先”的建军方针指导下，自卫队已发展成为一支装备精良、训练有素、作战能力较强的武装力量。由于日本是资源匮乏的岛国，关系国计民生的重要资源几乎都依靠进口，而且与周边国家有诸多海上领土的争端，因此海自被确立为最优先发展的力量。目前自卫队总兵力约 24.7 万，其中陆上自卫队 15.2 万、海上自卫队 4.5 万、航空自卫队 4.7 万、联合参谋部人员约 3000 人，拥有主战舰艇 47 艘、各型作战飞机 400 余架、坦克和自行火炮

600多辆。日本“防卫费”（即军费）开支排名世界第五，约600亿美元，占其GDP的1%。这些基本指标表明，一个连军队都没有的国家，其真实军力已经不弱于任何一个传统欧洲军事强国的发展水平。

不论何时，日本都是搬不走的邻居，我们都不得不与这个国家同处一片天宇下。一个屡战屡败的拳手躺在地上咒骂，对自身没有任何帮助，研究对手和提高自己才是当务之急。

第二章 东洋“陆军”战后“总决算”

第一节
如何刷新“存在感”

最近几年，海自和空自搭上“海空优先”的顺风车，实现防卫费的连续增长，陆自的预算规模却在总盘子中所占比例进一步缩减。即便如此，陆自仍不遗余力地发动“逆袭”，将“快反能力”和“岛屿防卫”定义为其自身发展的关键词，希望在世界信息化军事变革潮流中保住一席之地，维系住“存在感”。今后 10 年，陆自转型的重点将主要集中在优化部队编制调整、加快编练两栖作战旅团，以及改革兵力动员体制等几大关键领域。

“北海道坦克大决战”的幻灭

在美军一手扶植下成立的自卫队，注定了诞生后先天发育不良，无法按照自

203 毫米自行榴弹炮齐射

身意愿自主构筑国防体系，不得不在驻日美军的“指导”下编练特定兵种的部队、发展美军所需的装备。而陆自更是为“牢不可破”的日美同盟付出了高昂代价，其作战指导和力量部署堪称冷战思维的“活化石”。陆自在冷战期间存在的全部意义仅仅在于补充美国远东陆军防御能力的不足，由此导致了坦克等重装备的过量采购，使得陆自指挥体系的结构向“重装化”高度倾斜，反过来促使其不得不更进一步地依赖驻日美军的力量。

90 式、10 式坦克和 99 式自行火炮等主战装备一直是陆自相当骄傲的“拳头产品”，而由此形成的与陆自规模并不相称的装甲战能力实际上是由美国刻意塑造出来的，是山姆大叔实施亚太战略的产物。出于把日本打造成阻止苏联进出太平洋的“不沉航空母舰”之考量，冷战期间美国为陆自规定的任务只有一个——死守本土四岛，为使陆自深信此乃美军赋予的“光荣使命”，美军抛出了一份相当雷人的作战想定：20 万苏军突然从南千岛群岛向北海道沿岸实施大规模突击，其装甲集群撕开陆自海岸防线后由北向南狂飙突进，陆自充分继承“决”号作战的“大和魂”精神，拼死缠住突入北海道北部原野的苏军，然而日本武士虽英勇作战，仍抵挡不住苏军坦克的疯狂碾压，千钧一发之际，在美海军航母机动部队配合下的美陆战队以雷霆万钧之势登陆北海道，出现在苏军侧后方，猛攻苏军侧翼、切断其后路，与苟延残喘的北海道陆自余部前后夹击苏军，最终实现战局“完美逆转”。

如果不是出于对付苏联 T-72 坦克集群的“紧迫”需要，傻大笨粗、机动性差但火力威猛的 90 式坦克就不可能研制和运用至今。自卫队诞生 60 年间，陆自作战构想始终沉浸在“苏军必然入侵”的假想“剧本”中，从陆自的主力装备和力量编成不难看出，北海道之所以兵力云集（陆自总兵力 14 万余人，光驻防北海道的基本部队就有第 2、第 4 师团，第 5、第 11 旅团），正是对苏联和俄罗斯大规模入侵的担忧，其中唯一的装甲集群第 7 师团作为战略预备队配置在纵深地带，而同样保有大量坦克和自行火炮的第 2 师团配置在一线阵地，充当诱敌深入的“诱饵”。

当东西方冷战在陆自“北海道坦克大决战”的幻影中落下帷幕之时，陆自的“冷战型”作战指导和力量部署仍惯性延续至今 20 多年，其防区与二战末期日本大本营实施本土决战——玉碎式“决”号作战——所划分的战区几乎重合。直到 2013 年前，陆自仍然把 9 个师团和 6 个旅团撒胡椒面般的均衡地部署于日本内陆各处山脉、河流和海峡等战略要地。

不过，安倍晋三首相的上台，让一切开始发生颠覆性转变。

陆自第三代主战坦克——10 式战车

“快反”高于一切

在世界军事信息化变革的大潮中，传统陆军的地位作用受到巨大的冲击和挑战，为了挽救存在感，近 20 年来，陆自不遗余力推行的一件事就是压缩传统作战力量编制和装备，比如大幅削减重装部队编制。到 2018 年，坦克数量将从 600 辆压缩到 400 辆。但是，陆自不甘心沦为自卫队的“二等公民”，其谋求通过调整作战定位和力量部署，生成高度的快速反应能力，并整体转型为更具陆

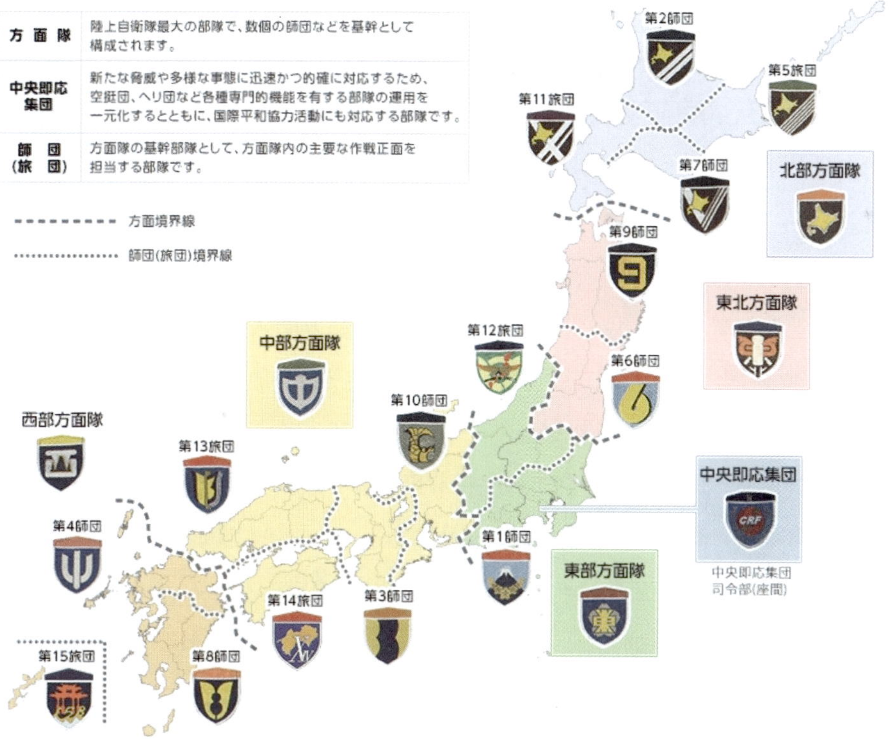

方 面 隊	陸上自衛隊最大の部隊で、数個の師団などを基幹として構成されます。
中央即応集団	新たな脅威や多様な事態に迅速かつ的確に対応するため、空挺団、ヘリ団など各種専門的機能を有する部隊の運用を一元化するとともに、国際平和協力活動にも対応する部隊です。
師 団 (旅 団)	方面隊の基幹部隊として、方面隊内の主要な作戦正面を担当する部隊です。

陆上自卫队兵力架构示意图

战队性质的部队。

安倍晋三上台后主导拟制的《2014 年以后的防卫计划大纲》（以下简称“13 大纲”）对陆自未来的使命任务做出了如下要求：“为快速有效应对岛屿攻击等多种危机事态，应打造具备高度机动力和警戒监视能力的作战基本部队；另一方面，为有效实施空降作战、两栖作战、特种作战、远程投送、防化、国际维和等多样化任务，须尽早编练具备专业能力的机动作战部队。”

在需求牵引之下，陆自聚焦快速反应能力的生成，主张调整师团和旅团的作战定位。目前陆自共有 15 个师团和旅团，其中除拱卫东京都市圈、阪神都市圈和名古屋都市圈的 8 个所谓“政治经济中枢部队”（相当于警备部队）之外，其余 7 个师团和旅团将全部编练为快反机动部队，担负作战主力的职能。根据“14 中期防”，从 2016 年至 2025 年，本州地区除东京练马基地的第 1 师团、大阪伊丹基地的第 3 师团维持现状外，山形县的第 6 师团、北海道千岁基地的第 7 师团、札幌的第 11 旅团、四国善通寺的第 14 旅团这四支主战部队都将改编为具备快反能力的机动部队。

从上述部署不难看出，除拱卫首都东京的东部方面队外（该方面队辖第 1 师团和第 12 旅团，分别驻东京练马基地和群马县相马原基地），各方面队都将改组一支机动部队。上述部队将列装最新的 16 式机动战斗车（英文简称“16MCV”），如西南地域有“防卫”必要，北海道和本州的装甲部队将构成紧随两栖作战旅团的第二线部队，由空自 C–2 新型运输机快速投送至指定作战区域。

每个机动师团和旅团都将效仿美军的“斯特瑞克旅”，下设一个具备独立作战能力的“应急机动团”，由步兵、炮兵、装甲兵等诸兵种混编合成，装备最新型的 16 式机动战斗车（英文缩写“16MCV”）和 96 式轮式装甲车。根据防卫省内部情报，每个应急机动团将由 4 个步兵连、1 个炮兵连和 1 个 16MCV 连构成。其中每个 16MCV 连将效仿坦克连的编制，辖 3 个排，每个排装备 4 辆 16MCV，加上连长指挥车，共由 13 辆 16MCV 编成。根据 2017 年度防卫预算，该车拟首先配置到九州北熊本的第 8 师团和四国善通寺的第 14 旅团新设的应急机动团。

陆自公布的《2017 年度陆上自卫队预算概要》透露了机动师团、旅团的作战构想，其中显示，当部署于本土的机动部队投入岛屿攻防作战时，首先派出先遣侦察部队，其后出动应急机动团实施“第一次攻防”，在“第二次攻防”时，机动师团或旅团主力部队投送至岛屿参战，如有必要，机动部队的预备队或陆上总队直属增援部队将赶赴一线进行“第三次攻防”。

陆自编制体制调整完成后，防卫省期待在西南地区组建的沿岸监视队和国境警备队能够在和平时期构筑常态化警戒监视机制，战时，在即将新组建的“陆上总队”的一元化指挥下，按照两栖作战旅团、直属快速反应机动部队、机动师团 / 旅团的次序依次出动，从而促进陆自整体快反化、“陆战队化”。

紧盯“岛屿攻防”

加紧编练两栖作战旅团，是陆自守住“西南防线”的当务之急。战后 60 年间，因为有驻日美军的庇护，陆自主战部队几乎均匀地分布于日本列岛各大区域。如今，这种冷战型防御性军事思维被自卫队一些人士视为“没头脑”，认为平均分配兵力在战时只有被敌人吊打的份儿。防卫省也认识到，如果不改变固有的军事战略和作战部署，陆自将被时代边缘化。

美国清楚地知道，真理在“东风”–21 导弹射程之内，为了避免这样的厄运，驻留冲绳的美海军陆战队目前正在分批转移到距离日本本土更为遥远的关岛基

抢滩登陆训练

地。在“日美联合作战想定”中，这支驻日美军理应从海岸登陆，从侧后方攻击深入日本本土之敌。可是移驻关岛后，陆自无疑将失去美海军陆战队的协助，此前的作战想定成为废纸一张。

不过另一方面，日本也认为，当前和未来除了美军之外，没有任何一个国家有能力实施大规模两栖登陆进攻其本土，但是，并不完全排除日本遭受小规模部队攻占外岛的可能。一旦面临这样的局面，日本就应迅速指派专职部队逆袭上陆，将岛屿夺回并击溃敌人。既然美国不给了，而自己又有需要，于是独立生成两栖作战能力就顺理成章地成为陆自的“当务之急”。

对于自然灾害频发的日本来说，拥有两栖作战能力还有另一层意义，即便于从海上登陆实施救灾。天灾降临时，灾区周边的港湾和机场很可能遭到损毁，而陆路交通也会断绝，部队从陆上开进救援将面临巨大阻碍。与此相对，日本列岛纵深狭窄，从海上登陆救援更为迅捷，搭载陆自救灾队员的海自大型运输舰甚至强袭登陆舰，可以开至临近灾区的沿海，并将前者作为临时据点，通过直升机、两栖车辆和各型登陆艇将队员投送上岸。运用两栖战部队实施救灾的优势，在东日本大地震救援中已经充分体现出来。

自卫队认为，两栖登陆战将成为未来重点作战样式之一，为此“13 大纲”要求陆自“聚焦实现岛屿夺还和巩固的目标而生成两栖作战能力”。突击上陆是登陆战斗中最关键、最激烈的阶段，也是火力运用最复杂、最频繁的阶段。自卫队十分注重两栖登陆部队作战能力建设，要求以最大限度发挥火力

陆海空自卫队中，陆自面临的裁减压力最大

自卫队举办的军地联谊活动堪称朴素

打击效能为目标，确保“上得去、站得稳”。早在2014年，陆自西部方面队就在九州地区广招游泳高手，打造“陆军海战队”（实为两栖作战旅团，各国的两栖作战部队均以海军为基础打造，一般称“海军陆战队”，唯独岛国特立独行，以陆上部队为基础打造，成为不伦不类的“陆军海战队”）。该旅团由3个团级规模的专业两栖战斗部队和1个战斗支援营构成，总兵力约3000人。当前该旅团司令机关已组建，但实战部队仅有第1团编练成军，该联队由原西部方面队步兵团为基干组建而成，驻长崎县佐世保市，人数600人。第2、第3团兵力700至900人不等，拟从驻北海道的富余人员和装备转移而来，计划2018年底前编练成军。

打预备役的主意

受到“和平宪法”的制约，当今自卫队无法像二战前那样随心所欲地扩张兵力，只能在制度框架内动脑筋。预备自卫官制度于1954年自卫队创建时建立，一开始只适用于陆自，编制员额1.5万人，只要是日本国籍、年满18周岁、身体健康，即便服刑期满（就是说有犯罪前科也行）都可以成为“预备自卫官”。

此后随着退役人员逐年增多，预备役的编制员额也与日俱增。紧接着海自和空自先后于1970年和1986年设立了预备役（定编均为300人）。按照防卫省的规定，预备役人员只需每年参加5天以上的训练，即可领取每月5000日元（约合300元人民币）的补贴，谁都知道这种训练强度根本不可能有任何战斗力。但是即便训练强度如此之低，仍有20%的人光领补贴，不参加训练。

为了改变预备役作战能力低下的状况，防卫省又于1997年建立了“应急预备自卫官”制度，希望应急预备自卫队队员以老百姓的身份承担自卫队员的职责。应急预备自卫官，正如其字面含义，希望他们具备应急反应能力。截至2008年3月，防卫省确定应急预备自卫官编制员额为8425人，其最高级别是“应急预备二等陆尉”，拥有干部身份。应急预备自卫官的门槛不低，必须是曾在一线部队任职超过一年且退役时间在一年以内的前自卫队队员。为了维持并提升他们的军事技能，防卫省规定应急预备自卫官每年参加军事训练或演习的时间不低于30天，“3·11”东日本大地震后，就曾有1900名应急预备役人员志愿参加救援任务，就实际表现来看，他们的训练水平仅次于现役自卫队队员。

伴随集体自卫权的解禁，日本向海外派兵的数量必然不断扩大，为增强预备役使用效益，自卫队从2016年起，采取针对性措施改革优化了这项制度。

首先，为雇用陆自预备役人员的企业降低法人税税率，减税幅度目前尚在研究中。同时，该类企业还拥有优先获得承建自卫队工程项目的权利。此外，根据地方企业雇用陆自预备役人员数量和期限的不同，给予这些公司数额不等的资金补助，以吸引企业更多地雇用退役人员和预备役人员。由于受《日本国宪法》限制，日本无法编制大量军事人员员额，不能实行征兵制，但是，自卫队通过大量训练预备役的方式，间接保有了一支不容小觑的后备力量，在藏兵于民的同时节省了军费开支，做到平时少养兵，战时多出兵。

其次，陆自定期为退役和预备役人员免费提供军事技术和其他专业技术培训课程，指导参训人员生成一定的军事技战术和其他专业技术能力。

除了预备役可以补充自卫队战时人手不足的窘境之外，日本有23个自卫队外围团体，也储备了很多后备力量。在技术人员储备上，日本借鉴了美国的技术型军人储备模式，日本社会的大量职业学校常年培训通信、维修、后勤、民防、船舶飞机驾驶、电磁防护等领域的技术人才，这些人在战时都可转用为自卫队后勤保障人员，总规模在30万左右。

第二节
冒出来一个“陆上总队”

现行体制不堪重负

2017 年“陆上总队”的组建恐怕将成为 1954 年陆自诞生以来最具颠覆性的编制改革。

近二十年来日本忙不迭地跟着美军奔赴世界各地“秀军旗”，自然地，日本面临不期而至的恐怖分子、特种部队袭击的风险越来越大，并且还始终面临应对各种重大灾害的压力。当危机发生时，于第一时间派遣部队妥善应对就显得非常关键，但是这个越来越紧迫的需求必然与陆自指挥体系不够顺畅的老毛病发生冲突。按照现行体制，如果日本国内发生恐怖袭击，陆自指挥系统出动程序是：在内阁总理大臣发出作战动员令后，防卫大臣必须分别向事态发生地所

陆自主战部队训练强度不低

在的方面队和中央快反集团发布指令，这些部队才能出动，如果需要将其他方面队之一部临时转由某方面队指挥，则防卫大臣必须再次签署相关指令。而海空自卫队在面临上述情况时，防卫大臣只要向海自联合舰队和空自航空总队发布出动命令，海空自卫队即可在全国范围内调集相应部队。

在陆海空自卫队中，陆自的作战计划拟制管理能力相对薄弱。在联合参谋部创设之前，陆上参谋长承担作战训练和部队建设的职责，联合参谋部成立后，陆自的作战指挥职能移转至该机构，导致联合参谋部的业务量暴增，因为它不仅要跟陆自 5 个方面队和中央快反集团一一协调作战指挥事宜，联合参谋部同时还是防卫大臣的幕僚机构，使其疲于奔命、不堪重负。

穷则思变。由于上述问题的存在，不管是主动作为还是外力所迫，诞生超过 60 年的陆自正在迎来一场大变革。为应对周边安全局势的变化，陆自正在对自身体制做出根本性的调整，在作战指导上，破除力量部署按照地域条块分割的固有定势，确立根据需要从全国调配作战力量的指导思想。防卫省的《中期防卫力量建设计划（2014—2018 年）》（以下简称“14 中期防”）中要求“新编陆上总队，废止中央快反集团，将其所属部队并入陆上总队”，这是日本政府文件首次提到“陆上总队”这个字眼。

国防机构和陆上部队指挥管理体系的改革调整是关乎国家安危的重要事项。陆上总队的创建不仅仅是陆自内部的组织变革，这一巨变也必将对自卫队联合作战体制产生深刻影响，也关系到日美军事同盟的调整。

从“炮灰”部队到快反部队

要理解陆自编制体制就不能不首先了解“方面管区制”这个概念。为维护日本国防和社会公共秩序，自卫队组建之初，当时的防卫厅（现为防卫省）在全国设置了 5 个方面区，每个方面区部署一支方面队作为遂行各种任务的基本部队，方面管区制就是在这个基础上实施作战的体制。在国土上作战是陆军的特性，陆自相当重视当地驻军和地方社会之间的紧密联系，除了隔三岔五地邀请民众到陆自基地感受“军餐”美味、体验坦克驾乘快感外，陆自兵员招募的一项重要传统就是士兵和士官完全来自当地和邻近城市。陆自之所以将自身打造成“乡土部队”，一方面是认为“上阵父子兵”可以强化部队凝聚力和战斗力，另一方面也是出于解决当地就业问题的考虑，这个传统从日本“陆军之父”大村益次郎创建近代军制开始延绵至今。早在明治初期，日本政府就在全国设立了就近征兵、相当于师级编制的 6 大“镇台”，最终发展为今天的“方面管区制”。

岛国独有的地理环境也是实行“方面管区制”的重要因素。日本领土是由 6800 多个岛屿构成的南北长 3000 公里的弧形列岛，最大的特征是南北狭长但缺乏纵深，它无论在区域面积上还是形状上都几乎与美国东海岸最北部缅因州直到最南端的佛罗里达州的格局相同。要守卫如此广大且自然灾害频发的国土，在每个区域配置相应部队、有事时快速妥善处置就变得不可或缺。站在岛国的角度来看，陆自的“方面管区制”实为不二选择。

区分	警察预备队	保安队	陆上自卫队
年度	1950 年	1952 年 （保安厅法制定）	1954 年 （防卫厅法制定）
体制	4 个管区队 7.5 万人	1 个方面队 4 个管区队 11 万人	1 个方面队 6 个管区队 13 万人
编成概要	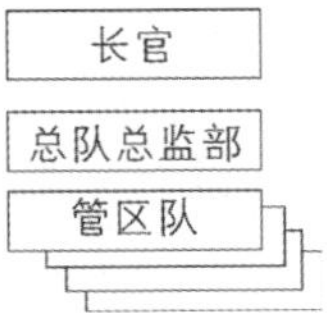	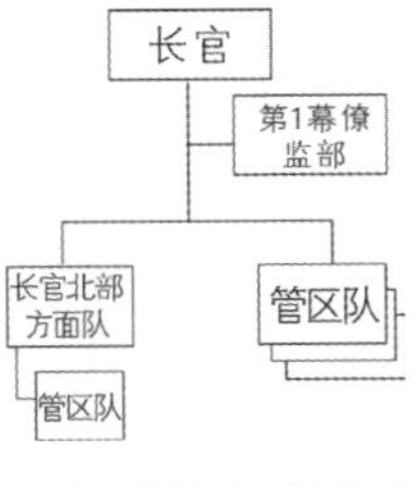	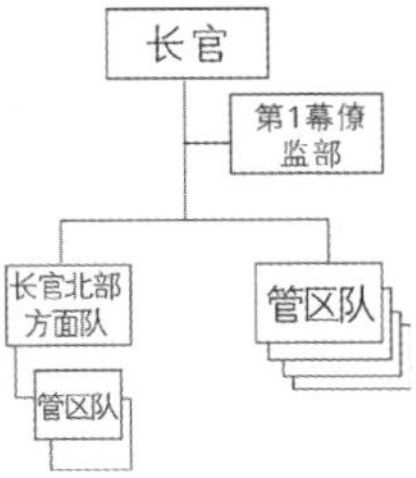

警察预备队、保安队、陆上自卫队的沿革及编成

1950年12月，陆自前身警察预备队创立，其最高指挥机构为“总队总监部”，其下设4个管区队。管区队相当于现今师团的编制，麾下有多个联队（相当于“团”）。总队总监部是当今陆上参谋部的前身，不过虽然冠以“总队”的名称，却完全不可与即将成立的陆上总队司令部同日而语。1952年警察预备队改编为“保安队”时，下辖1个方面队和4个管区队。1954年，随着《自卫队法》和《防卫厅设置法》的颁布，陆自正式成立，当时的编制架构是1个方面队加上6个管区队共13万人的体制。到1955年，日本成立了西部方面队，1959年又分别增设了东北、东部和中部3个方面队，5个方面管区制体制最终形成。1961年，日本政府将陆自整编为13个师团、18万人的规模。1989年冷战终结至今，出于各方面的考量，陆自5个方面队的体制始终延续，直到21世纪的大幕开启，才开始看到一些变化的征兆。

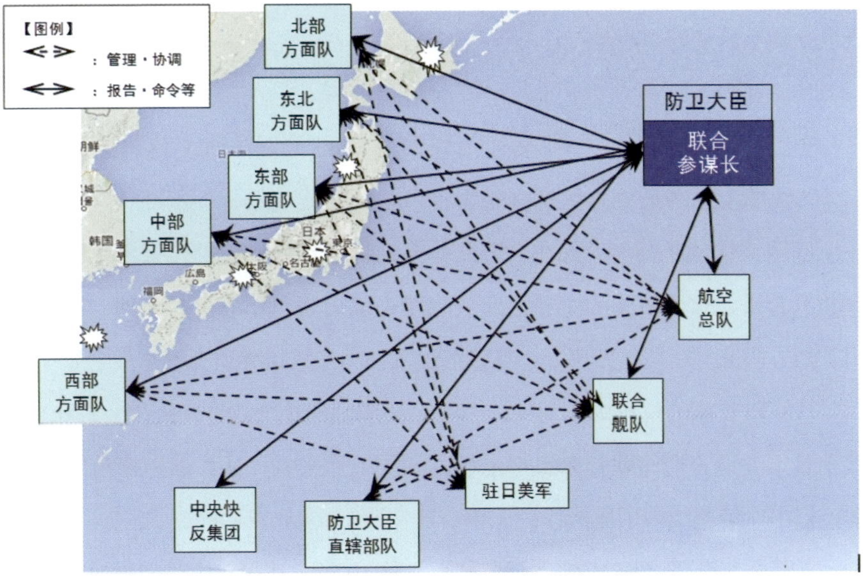

陆自现行指挥体制

进入21世纪后，自卫队的任务不断增加，其活动领域和范围也随之拓展。在2001年印度西部大地震、2003年伊朗大地震、2004年印尼海啸、2005年巴基斯坦大地震等重大自然灾害发生后，自卫队均派遣了国际紧急救援队。2001年，《反恐特别措施法》在国会通过后，海自补给舰赴印度洋向美海军供油，2004年又向伊拉克派遣了复兴援助部队。为适应瞬息万变的国际局势和我国周边安全环境的变化，自卫队于2006年3月成立了联合参谋部，开始打造联合作战指挥体制。这一体制通过对陆海空一体化的指挥运用，不仅可以高效稳妥地应对可能的危机事态，也有助于提升联合参谋长作为防卫大臣专业军事助理的地位，更有利于增加日美安保体制的实效性。

此时，防卫大臣的直辖部队包括陆自的5个方面队、海自联合舰队，以及空自所属航空总队和航空支援集团。既然是联合作战，陆海空之间的联络协调业务自然大幅增加，为此海自和空自大伤脑筋，因为他们必须和陆自5个方面队分别协调，耗费了大量精力。从那个时候起就开始传出海自和空自希望陆自早日成立陆上总队的呼声。

创新乎？累赘乎？

新编陆上总队最重要的意义是为提升联合作战成效打下基础。这里牵涉到一个问题，就是联合参谋部在自卫队体系结构中到底扮演着什么角色？也许在多数人看来，这个机构的主导性业务当然是承担联合作战指挥管理，不过从美国等西方国家的运行实践来看，直接组织军种间作战指挥还真不是最主要任务，而是从军事专家的视角为作为武装力量最高统帅的总统或首相提供合理化建议。从东日本大地震期间联合参谋部承担的主要工作来看，从作战指挥角度向防卫大臣提出对策建议占了压倒性的比重。

自联合参谋部2006年成立至今已经整整10年，其间在应对朝鲜弹道导弹发射、执行东日本大地震救灾等任务过程中，自卫队尝到了实行联合作战体制的甜头。为将全部作战指挥业务统归于联合参谋部掌控，防卫省还撤销了文官负责的作战计划局，而新编陆上总队对于进一步优化完善具备高度专业性和复杂性的联合作战体制具有一定的促进作用，有助于提升陆海空之间合作协调的效率，也能缓解联合参谋部在部队指挥方面的负担，以更好地专注于承担作为防卫大臣建议机关的职能。

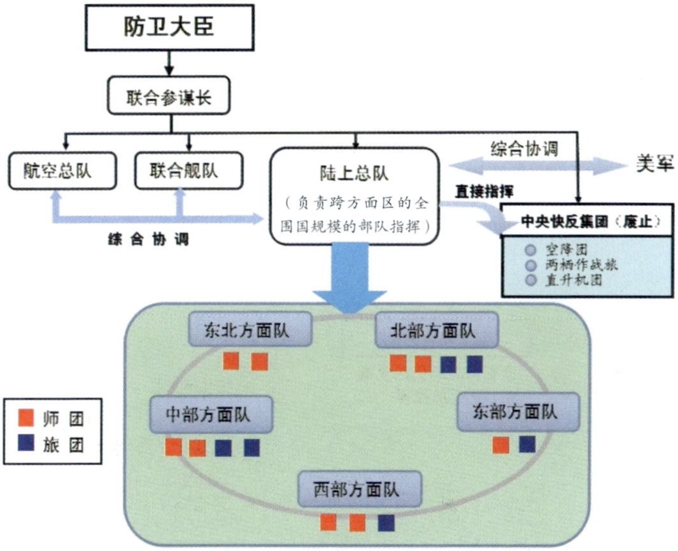

陆上总队作战编成

有例为证。安倍内阁于 2013 年 12 月废止了“安全保障会议”，代之以“国家安全保障会议”（多了“国家”二字，该机构在日本政治上层建筑中的地位直线飙升），次年 1 月，该机构日常办事部门国家安全保障局正式挂牌成立。从国家安全保障会议的实际运行来看，其召集会议的频度远超以往的安全保障会议，每次会议联合参谋长都陪同防卫大臣出席，他不仅是大臣的辅佐，也日渐深入地参与着大政方针的决策。从这个视角来看，陆自部队运用的一元化可减轻联合参谋部的业务负担，从而进一步巩固联合参谋长作为防卫大臣助理的角色。

另一方面，组建陆上总队也能大幅强化日美综合军事协同能力。1952 年日本恢复独立后，日美两国确立了全方位同盟关系。两国在安全保障和军事层面实施协同合作的法理基础是 1978 年签订的《日美防卫合作指针》（以下简称《指针》）。当时东西方冷战正处于白热化阶段，日美军事协同的核心旨在解决应对苏联可能的对日武力攻击的问题。冷战终结后，日美又以应对朝核危机为重心修改了《指针》，2015 年 4 月，《指针》又一次升级，如何全期无缝妥善处置各种紧急事态，成为强化日美军事协同的发展方向。今后，陆海空自卫队将成为驻日美军各军种的挂钩部队，进一步深化各领域合作。在这个背景下，新编陆上总队成为促进日美军事协同的关键词突出出来。

从日美军事协同的实际来看，美军的力量部署运用以联合作战为指导，在作战遂行上编有联合任务部队，麾下有地面部队、海上部队和航空部队。在日美实

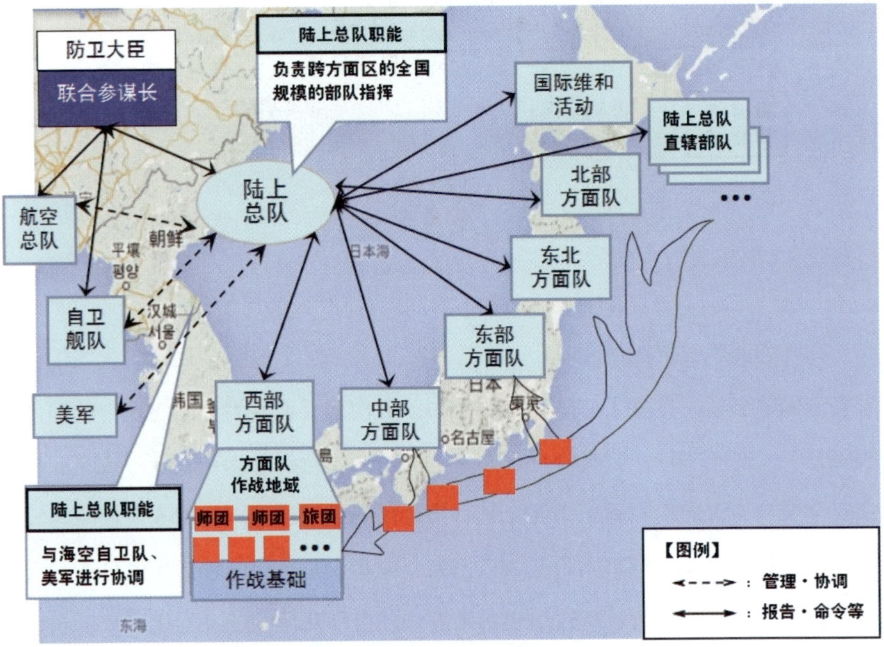

陆上总队成立后的指挥体系

施联合作战的场合，与美军海上部队挂钩的部队是海自联合舰队，与美军航空部队挂钩的部队是空自航空总队。而与美军地面部队挂钩的陆自部队则异常复杂，包括5个方面队和中央快反集团，从此大幅增加了日美军事协同的复杂性。而一旦陆上总队成立后，陆自就能和海空自卫队一样，使与美军挂钩的部队纳入一元化指挥体系，促使日美陆军军种的协同合作更顺畅、更高效。

另外，站在陆自的立场上而言，其挂钩的美军部队不仅有陆军，还包含海军陆战队，如果陆自没有统一的军令机关，与美军两个军种顺畅开展协同也是个难题。同时，在当前陆自两栖作战旅即将编练成军的节骨眼上，双方都有强化沟通协调的意愿。从更广阔的视野来看，今后联合参谋部将与美国太平洋战区司令部构建紧密合作关系，而陆上总队成立后，或将和总部驻夏威夷的美太平洋陆军及太平洋海军陆战队深化合作。

在今后一段时间内，陆上总队或将正式成立，司令部设置于东部方面总监部所属的朝霞基地，地上四层、地下还有若干层建筑。总队司令军衔为相当于中将的“陆将”（肩缀3颗樱花），仅次于陆上参谋长，其下设参谋长的职位，并下设作战部、总务部、情报部和后方运用部等办事机构。随着陆上总队的成立，原陆上参谋部直属的中央快反集团将裁撤，原其所属的第1空降旅、特种作战群、第1直升机旅、中央快反团、中央核生化武器防护队等作战单位将纳入陆上总队司令官的直接指挥之下。

陆上总队首要职能在于凌驾于方面区之上对全国各师团、旅团等部队进行一元化指挥运用。如果是方面区内部事务原则上由方面队负责，一旦有超出方面队职能范围或方面队无法胜任的事务，则由陆上总队进行分担和补台。另外，涉及多个方面队同时执行任务的场合，陆上总队则周密拟制方案、实施全局掌控。

海空自卫队军令系统更为扁平化，其长官拥有指挥具体部队的权限，而陆上总队一般仅能直接指挥属下的5大方面队。除此之外，陆上总队还承担以下三项特定的任务：第一，涉及将某方面队麾下的师团旅团临时转隶于其他方面队的情况下，由陆上总队进行协调和全国性部署调动；第二，对总队相关直辖部队进行指挥管理；第三，负责管理赴海外的维和部队。

陆上总队的第二大职能是作为陆自军令系统的总代表，一元化地与联合参谋部、海空自卫队军令系统（联合舰队和航空总队），以及美陆军和海军陆战队进行协调合作。它的第三项职能是综合制定应对各种事态的计划以及对各方面队进行管理。比如，遍布全国的陆自后勤基地管理业务涉及陆上参谋部、陆上总队和补给管理本部三方多头管理的问题，三大机构各自的职能权限划分需要陆上总队做出合理的规划和裁决。

在实际部队运用管理层面，对于重大自然灾害救灾事务，是通过由陆自各方面总监牵头成立陆海空部队联合救灾部队的方式实施的。陆上总队成立后，未来的联合救灾部队总指挥的职位可能由总队司令官接任。而陆上总队司令部的阵容规模取决于总队司令官未来所承担的职能任务的种类和数量，如主要是方面队层面的调度，以及与陆海空、美军司令部之间进行协调等任务，则司令部组织架构不会保持在较大规模。

“军政”“军令”互相切割

陆上总队成立后对自卫队未来发展的影响不可不察。

陆自长期以来对美军严重的路径依赖使其在作战能力建设上呈现出严重短板，对装甲战和纵深防御的过度重视导致两栖作战能力、远程打击能力的缺失，更为紧要的是，陆自静态化均衡防御的结果，是打造出了相当低效而僵化的指挥体系，平时没有一个统一行使指挥权的号令机构，极易造成战时各部队条块分割、各自为战。

自卫队正是认识到了这一点，因而 2017 年新设的“陆上总队”被认为是终结冷战型军事构造的关键环节之一。在此之前，海自和空自都拥有自己的军令系统——联合舰队和航空总队，唯独陆自迟迟没有设置统一掌控陆上兵力的指

防卫省为即将赴南苏丹执行人道主义援助任务的队友举行“壮行式”

挥机构，造成诸多弊端，最为人诟病的莫过于严重阻碍了诸军种联合作战的实施。陆自现行5个方面队（相当于军级单位）的编制明显有违“战区主战、军种主建”的现代军队组织理念，每个方面队都“大而全”，既拥有作战部队，也包罗后勤、院校、宣传等庞杂的非战斗单位，如此可能造成战时指挥权的分散，也会导致各方面队管理上的功能重叠。

陆上总队成立后，凡作战指挥事务将归集于陆上总队司令部掌控，而行政管理事务全部甩给陆上参谋部，陆上参谋长的指挥权被取消，只负责管理、训练、采购等行政事务，真正实现“军令”和“军政”的分离，这也是各国军队改革的趋势和通行做法。

另一方面，陆上总队的新编也标志着日本向建立联合作战指挥体系又迈出了关键一步。届时陆上总队司令将与海自联合舰队司令、空自航空总队司令一起，在防卫大臣和联合参谋长领导下对自卫队各实战部队实施统一作战指挥。

有了“陆上总队”，不仅能够解决作战指挥和部队运用层面的弊端，还包含另一个想说而不敢说的企图——一举解决自卫队军事行动双重管理的深层次矛盾。囿于“和平宪法”第九条关于“不保有陆海空军战力”的规定，战后日本贯彻“文官治军”的领导体制，自卫队将领的地位在同级文职官僚面前要矮一大截，由清一色文官组成的作战计划局（2014 年撤销）更是强势，不但负责人事和行政，而且居然拥有制定演习计划和部分直接调动部队的权限！客观而言，文职官僚在自身并不熟悉的军事领域指手画脚显然无助于部队指挥体系的高效运行。而今，陆自已然拥有全部的作战指挥权，未来，军令发布将更加顺畅，部队行动将更加自如。

日本实行“文官治军”制度

第三节
炮塔装轮子上的魔改型战斗车

近年来陆自16式机动战斗车和10式坦克的登场，使得主战装备即将迎来新老交替的时代，两者将共同构成陆自主战装备二元化运用机制。不远的将来，所有型号的坦克在本州地区将不复存在，10式坦克将全部部署在“北方”的北海道和“西方”的九州这两个战略核心地带，届时本州的装甲部队将全部以16式机动战斗车替代坦克，利用高速公路网在广阔地域构建快反应对机制。

16式机动战斗车（Maneuver Combat Vehicle，英文缩写MCV，以下简称“16MCV”）是陆自继10式坦克之后的又一大拳头产品。其实陆自研制重型轮式装甲战车的想法由来已久，早在2004年，还是小泉内阁当政的时候，国会通过的《2004年以后的防卫计划大纲》中，陆自就提出要研制新品种的装甲战斗车辆（AFV），到了2007年，新型AFV的研制正式提上议事日程。自卫队的人事费、伙食费从来都是省着花，但是在装备研发上却一贯相当舍得“烧钱”，新型AFV最初投入研制经费26亿日元，到研制终了时的2013年，总共投入的经费高达171亿日元，并将研发完工的时间延长到2015年。

16MCV全貌

16MCV由大名鼎鼎的三菱重工牵头研制，2010年至2013年，三菱重工先后完成了4台样车的试制工作。2014年10月样车公开亮相，从此日本的重型轮式装甲战斗车16MCV才为世人所知。2016年8月，16MCV在富士综合火力演习结束后正式定型，并开始装备陆自。

四不像的“轮式坦克”

动力装置

16MCV可谓炮塔装在轮子上的魔改型，其发动机最大输出功率为570马力，最高时速可达100千米。其动力装置采用4冲程涡轮增压水冷式柴油发动机，远大于陆自96式轮式装甲车的360马力和大型NBC侦察车的430马力。该车重26吨，与89式装甲战斗车相同，属于重型轮式战斗车。16MCV的变速箱为带液力变矩器的自动变速箱，变速和转向操纵较轻便。16MCV采用H形动力传动系统，车体底部仅有一根传动轴，发动机的动力通过差速齿轮传递给两侧的车轮。

火控与防护系统

16MCV的火控系统可圈可点，主炮采用105毫米线膛炮，可发射所有北约系列的105毫米弹药，该型火炮可视作英国L7AI型105毫米线膛炮的改进型。火炮的身管长度为52倍口径，身管处装有热护套及炮膛抽烟装置。16MCV使用的炮弹以尾翼稳定脱壳穿甲弹和多用途弹为主，对于打击轻型和中型装甲战斗车辆具有足够的能力。在测试期间，发射的日本国产93式尾翼稳定脱壳穿甲弹可在2000米射击距离上击穿414毫米厚的钢装甲，火力相当凶残。除了主炮，16MCV的辅助武器为两挺机枪，一挺为74式7.62毫米并列机枪，一挺为“勃朗宁”M2HB型12.7毫米高射机枪。

16MCV移植了10式坦克的射击管理系统，具备高速行进间实施精确瞄准和射击的能力，虽不是真正的坦克，但总体火力优于陆自第二代74式坦克。一般而言，轮式车辆的战斗全重远轻于坦克，横向射击时的稳定性容易出现问题。但三菱重工通过设计有效解决了此问题，火炮横向射击试验（炮管指向时钟9点钟处）表明，16MCV的横向射击稳定性较好，不会产生车辆“侧滚翻”的现象。

16MCV 整车为钢装甲全焊接结构，具体工艺不详，但从防卫省展示的样车和公布的有限资料来看，其防护能力应不低于意大利的“半人马座”轮式战斗车，正面应可抵御 20 毫米机关炮的攻击，侧面应能抵挡 12.7 毫米重机枪的射击，整车可抵御各种步兵便携式轻武器的攻击。另外从公布的外观照片中可以看出，16MCV 的正面和侧面均用埋头螺栓固定了附加装甲板，其总体防护水平在同类轮式战斗车辆中跻身一流水平。

机动性能

履带式和轮式车辆具有截然相反的战术特性，履带式车辆难以开展远距离机动，也无法在高速上行驶，通常由大型运输车或船舶搭载，而轮式车辆却可以高速奔驰，且维护费用相对低廉。16MCV 具备战略机动性，最大优势在于高度的机动力和相对较低的采购与维护费用，日本四通八达的公路网为该车的使用提供了巨大便利条件，该车在高速公路上的最高时速达 100 千米。虽然最新型的 10 式坦克机动时也能达到很高的时速，但是因为坦克履带很重，如在高速上实施远距离机动，履带极易损耗且维修保养费时费力，而且高速公路也会被损坏。

16MCV 的侧面

16MCV 采用的是 8×8 全轮驱动，在良好路面上仅用后 4 个车轮驱动，只有在通行困难的路面上才挂上“前加力”，也就是说，在战场上即使损坏了一两个轮子依旧可以照常行驶。16MCV 的悬挂装置为液气式悬挂装置，平顺性较好。轮胎型号为 14.OOR20，轮系采用了轮胎气压中央调节系统。轮胎虽未加装特别的防护措施，但是因为采用了防弹处理，即使一两个轮胎中弹仍可继续行驶一段距离，更换起来也很方便。当然，与履带式车辆相比，轮式车辆的脆弱性仍然是显而易见的。据日本媒体报道，每当陆自实弹演习结束后，总会看到一些轮胎被弹片割裂的轮式车辆东倒西歪地停在演习场上。

布局结构

16MCV 车长 8.45 米、车宽 2.98 米、车高 2.87 米，外郭尺寸与意大利“半人马座”轮式战斗车相近，而远大于法国 AMX-10RC 轮式侦察车和南非“大山猫”轮式战斗车。乘员为车长、炮长、驾驶员和装填手 4 人。

16MCV 的炮塔与 10 式坦克采用同样的楔形设计，炮塔上装有炮长用直接瞄准镜、车长环视瞄准镜、激光测距仪、气象传感器等，设计之初，本想安装炮弹自动装填装置，但因车内容积和重量所限而不得不放弃。

在车内布局方面，车体前部为动力舱和驾驶室，动力舱位于车体前部左侧，占有较大空间，发动机上方为检查窗，车体前部右侧为驾驶室（日本道路交通法实施左侧通行，驾驶员位于右侧），设有驾驶舱门和 3 具潜望镜，驾驶员开窗驾驶时，可方便地将大型挡风玻璃板竖起。车体中部为战斗室，3 名战斗乘员都位于炮塔内，炮塔内乘员分布与 74 式主战坦克相同，火炮的右侧为车长席，车长的前方为炮长席，火炮的左侧为装填手席。炮塔后部为弹药舱，车体后部也可存放部分弹药，但总的弹药基数不详。此外车体后部的弹药舱也可不装弹药，而搭载几名下车战斗的步兵，一定程度起到步兵战车的作用。16MCV 车体后部有一扇尺寸不大并向右开启的尾门，车体两侧各有两个蹬车架，因而 4 名乘员既可从车体两侧上车，也可以从后部的尾门上下车。

本州无坦克

任何一款作战装备所具有的性能特点必然由其在作战指挥体系中被赋予的任务定位所决定，之所以研制 16MCV，取决于日本的防卫战略及其编制体制改革指导方针。防卫省认为坦克的地位和作战功能在当今时代正日益降低，“14 中期防”明确要求“至 2018 年底，陆自坦克数量应从 600 辆削减至 300 辆”。目前陆自共装备了 3 种型号的坦克，即 74 式、90 式和 10 式，而 90 式坦克全部部署于北海道、10 式集中部署于北海道和九州地区，74 式则全部部署在本州。起初陆自拟将 16MCV 全部配属给予装备 90 式主战坦克和 10 式主战坦克为主的第 7 装甲师，不过后来经防卫省反复论证研究，又调整为优先配置到“战斗部队”，这样，陆自的各个师团和旅团都将装备 16MCV。按计划 2018 年前后本州地区的 74 式坦克将全部退役，本州装甲部队全部换装 16MCV。

目前陆自共有 15 个师团和旅团，其中除拱卫东京都市圈、阪神都市圈和名古屋都市圈的 8 个所谓“政经中枢部队”（相当于警备部队）之外，其余 7 个师和旅将全部编练为快反机动部队。根据“14 中期防”，从 2016 年至 2025 年，本州地区除东京练马基地的第 1 师团、大阪伊丹基地的第 3 师团维持现状外，山形县的第 6 师团、北海道千岁基地的第 7 师团、札幌的第 11 旅团、四国善通寺的第 14 旅团这 4 支主战部队都将改编为具备快反能力的机动部队。每个机动师团和旅团将效仿美军的“斯特瑞克旅”，下设 1 个具备独立作战能

10 式坦克

力的“应急机动团”，由步兵、炮兵、装甲兵等诸兵种混编合成，装备 16MCV 和 96 式轮式装甲车。

基于编制体系改革构想，16MCV 将与 74 式坦克进行“置换”，成为未来快反机动部队的主力装备。首批将采购 36 辆，耗资 252 亿日元，平均每辆 7 亿日元（每辆 10 式坦克造价为 9.5 亿日元）。根据防卫省内部情报，每个应急机动团将由 4 个步兵中队（相当于连级单位）、1 个炮兵中队和 1 个 16MCV 中队构成。其中每个 16MCV 连将效仿坦克连的编制，辖 3 个小队（相当于排级单位），每个小队装备 4 辆 16MCV，加上中队长指挥车，共由 13 辆 16MCV 编成。根据 2016 年度防卫预算，该车拟首先配置到九州北熊本的第 8 师团和四国善通寺的第 14 旅团新设的应急机动团。

经费吃紧下的变种

当前陆自在力量部署方面遵循“在受威胁较高的地区部署坦克、其他地区部署 16MCV”的指导思想，客观而言，这是基本符合其自身实力现状及日本地理条件的。陆自作战指导认为，增加敌军的进攻负担是保持自身“遏制力”的基本原则，为此强调须将坦克全部集中部署于受威胁最大的北方和西南方向，如将机动性较差的坦克在辽阔的本州区域均衡配置，战时势单力薄的坦克部队将无法组织有效防御。所以陆自决心不在本州地区部署坦克，全部由 16MCV 代替。

展览中的 16MCV

在日本看来，16MCV 部署于本州地区可有效抵御任何形式的两栖登陆攻势。陆自内部发行的《装甲战术要领》指出，“实施岛屿进攻战，进攻方的坦克数量至少要保持在防守方的 3 倍以上”。根据陆上参谋部的推算，中国军队在两栖进攻战中最多只能一次性投送 50 辆坦克，据此认为中国军队无法对其构成有效威胁。虽然理论上美军具备在日本列岛直接登陆的能力，但日美作为盟国，这一风险可以排除在外。

那么，轮式 16MCV 和履带式坦克的区别在哪些方面呢？维基百科如此界定坦克的内涵：坦克是指在攻击力方面装备回旋炮塔并搭载具备毁伤敌坦克的强力火炮、在防护力方面装备不惧敌大口径火炮防御装甲，并拥有全地形通过能力的履带式战斗车辆。

虽然 16MCV 和坦克的外观不同，但从任务定位层面而言，两者的作战想定和战术意图相同，大致属于同类装备。按照防卫省的训令，16MCV 和坦克都是近距离陆战兵器，其承担的任务均为于敌方直瞄炮火覆盖射程内巩固己方阵地或攻占敌方阵地。就“在敌方直瞄炮火覆盖射程内”这一指标而言，坦克和 16MCV 与自行火炮、兵员输送车以及其他战斗车辆都存在很大差异。

虽然从战斗效能的角度而言，16MCV 在进攻、防御和机动能力这三要素上比坦克要逊色很多，该车全地形通过能力较差，防御力相对薄弱，但 16MCV 装备了大口径火炮，可在反坦克战斗中为步兵提供直接火力支援，同样构成地面战斗主力之一。

各国陆军的装甲部门经常有人提出诸如“轮式战斗车辆是否会取代坦克”的疑问，答案恐怕是否定的。从地面攻防战的角度看，使用坦克比 16MCV 要称手得多，那为什么还要研发 16MCV 呢？其实它的诞生不完全是出于作战指挥层面的考量，一定程度上是受经费预算制约不得已为之。当前每辆 10 式坦克采购费需耗资 9.5 亿日元，而每辆 16MCV 为 7 亿日元，采用 16MCV 的确可以相当程度降低费用。当然，凡事都有代价，自身防护力和全地形通过能力的衰减便是 16MCV 所要承受的代价。为维护飞机机动性并降低油耗，战时的日本海军军令部无视“以人为本”的理念，擅自取消了安装在“零”式战斗机上的飞行员防护钢板，导致靖国神社平添了无数“空中武士”的冤魂。

10式坦克和16MCV是2010年以来防卫省定型的两款陆上近距战斗装备，前者的特点是高性能高价格，后者相对低廉、通用性强，但作战定位相同。由此，陆自已形成74式坦克、90式坦克、10式坦克和16MCV并立的近距战斗装备体系，日本如此复杂的装备体系，在世界范围内也是独此一家。不难想见，即使单品采购价很高，日本也不惜烧钱去积累研发经验，维持科研梯队不断线，今后日本仍将秉承“多品种持续研发但少量生产”的军工产业指导方针。就日本军工产能而言，到了战时，每月生产100多辆应该不在话下。

用处多多

16MCV的未来作战运用主要体现在以下三方面。第一，在本州地区实施战略机动。作为四面环海的岛国，日本的海岸线绵长，守备范围广阔，无法预判敌军登陆地点，因此集结16MCV赶赴滩头作战是较为合理的选择。16MCV最为适用的区域是本州地区，日本126万千米四通八达的公路网为该车的使用提供了巨大便利条件。日本的道路铺装精良、路况良好，即使以100千米的时速实施远距离机动也不会让乘员感到疲惫，大幅降低了乘员身心负担，可以说，本州极佳的路况条件有利于发挥16MCV的战略机动性优势，而机动性的发挥又使得装甲力量的运用成为可能。

第二，战时配合“守岛”作战。创建两栖作战旅是当前陆自军力建设重点之一，为增强战略机动性，防卫省正在研究应急机动团通过大型运输机实施战略投送的可行性。但问题在于每架飞机仅能投送1辆16MCV，且西南地区可供大型运输机起降的机场数量较少，在战时进行有效投送勉为其难。从实际状况来看，通过船舶投送应急机动团更为可取。战时，防卫省可能动用“大隅”级运输舰或重型气垫登陆艇将10式坦克和16MCV在先岛群岛

16MCV 是否能成为未来称手的装备遭质疑

区域进行先制部署。

第三，可用于国际维和。16MCV 还可用于执行海外维和任务等非对称作战样式。虽然自卫队法理上还不是军队，活动范围和武力行使上还受一定限制，但若出于自我防卫或解救难民的目的，仍然可动用各型武器。在 2003 年赴伊拉克实施人道主义救援任务时，陆自携带了轻型装甲机动车和 96 式轮式装甲车，鉴于 16MCV 高度的机动性和灵活性，今后执行维和任务时，使用 16MCV 很可能成为优先选项。

除了优势，16MCV 在力量运用上的缺陷也是显而易见的。第一，不具备浮航能力，因而无法实施两栖进攻战斗，这也是日本现行研制和装备的绝大多数装甲车辆的特点。总的来说，16MCV 并不适用于岛屿攻防作战，只要不是持续的地面作战形态，16MCV 不依赖于其他运输手段的战略机动性优势就无从发挥。第二，过度依赖高速公路网。健全的高速公路网对于国家安全至关重要，这一点毋庸置疑，但成也萧何败也萧何，高速公路也是一把双刃剑，对路况条件的过度依赖也可能为16MCV的运用埋下隐患。对于敌方而言，破坏本州的高速公路是削减16MCV机动能力的关键，公路一旦被切断，16MCV的战略机动性将会失却。与此相对，虽然履带式车辆无法实施长途机动，但因其具备全地形通过能力，在遇到自然灾害或被敌军破坏而导致高速被切断时，履带式车辆反而是称手装备。

回望历史，当今世界研制“轮式坦克”热潮和一战之后的“豆坦克”热潮何等相似。一战后，各国都认为世界大战不可能再度爆发，为此各国都大幅削减了经费，特别是坦克研发的预算大幅减少，为此各国都列装了只装备重机枪的“豆坦克”。但在二战初期，“豆坦克”遭重型坦克疯狂碾轧，从此在战场上消失。一旦国际局势变幻，不知16MCV是否也会重蹈“豆坦克”的命运？

第四节
岛国玩坦克的心法

如果有这么一款车型，拥有澎湃的动力、防弹玻璃、全自动无级变速箱、大屏幕显示仪、油压悬挂装置，大多数人可能认为这至少得是奔驰级别以上的豪车，可是，这是一款坦克——陆自 10 式土豪坦克！

这款坦克在驾驶性能上和轿车一样轻松舒适，除了之前提到的配置外，10 式坦克还装备了私家车不可能有的自动射击管理系统和自动装弹机。如果开坦克也能开出大奔的速度、动力和舒适性，那会是什么感觉？

傲世的“土豪”坦克

“新型威胁”下的产儿

对于任何一国的军队来说，研发与采购何种装备必须服从和服务于国家军事战略和作战任务的需要，而军事战略与任务的调整也必然会导致装备研发理念、规模和内容的变化。进入 21 世纪以来，日本在维持“专守防卫”构想不变的总体框架下对防卫战略做出了大幅修正。从日本民主党在位期间颁布的“10 大纲”开始，日本的战略重点就从原先的“应对大规模入侵”为主，调整为“对付国际恐怖组织和大规模杀伤性武器·弹道导弹扩散等新型威胁”，在防卫力量建设方面提

安倍首相 10 式坦克“试乘秀”

出了“机动防卫力”的概念，要求自卫队具备应急性、机动性、可持续性和多功能性，建立和保持自卫队的快反作战态势。因此，近年来自卫队的装备发展思路正呈现出明显的机动外向型特点，其中陆自更加注重装备的信息化和机动性，新锐的10式坦克正是在这种背景下新鲜出炉的，以逐步取代90式坦克和“老兵”74式坦克。

1990年90式坦克亮相后曾经赚足眼球、独领风骚，为什么现在自卫队会认为90式坦克和现役主力74式坦克已经不适应其需要了呢?

90式坦克在刚列装自卫队时虽名噪一时，但不久就发现这款装备已不合时宜。它不仅造价昂贵，而且升级潜力有限，投产至今几乎未做大的改进。最为人诟病的是它过于沉重，重达50吨，人们不禁感到诧异，这种适合在大平原上和他国坦克一较高下的90式在多山地的日本到底有何用武之地?不过只要想到20世纪80年代美苏争霸的场景就不难理解90式坦克实际上是冷战的产儿。原来，它是在冷战正酣之际，日本为了防备苏联坦克集群从北海道突击登陆而量身定制的，陆自的作战构想就是要和苏联T-62和T-72坦克在北海道沿岸进行“肉搏战”。所以，它最鲜明的特点就是侧重定点防御，基本忽略了战略机动能力，除了待在北海道坐等苏军之外，日本列岛没有任何地方可以容得下它。

另外，陆自现役主战坦克74式虽然机动性和火力都不差，但过于老旧，从名称来看就知道是1974年定型生产的，服役至今已40多年，冷战结束至今也已过了20多年。在威胁判断上，陆自特别强调打造应对敌对方特工部队和恐怖分子袭击的快反能力，而认为实施大兵团作战的可能性几乎为零。为了尽早生成快反能力，需要用新型数字化装备来替换老旧的74式坦克以在本州形成机动的海岸防御体系。在这一背景下，防卫省和自卫队瞄准“未来的战争”，决心研发一种火力、防护力和机动力俱佳的数字化坦克来成为陆自的“拳头产品”。

10 式坦克在研发理念上体现出一定的创新性，其火力、防护力和机动力等性能达到甚至超过了 90 式。在未来战场上，自卫队希望这款坦克在对付特种部队和恐怖游击队方面具备较大优势，研发过程主要致力于实现五大目标：

●拥有先进的信息化通信系统（C4I 系统）

●提升火力、防护力和机动力

●小型轻量化，适合配置于国土任何地域

●尽可能采用民用技术并实现零部件兼容，降低成本

●未来具备不断升级改造的空间

90 式坦克的“豪华升级版”

火炮・弹药

根据测算，10 式坦克的主炮重量比以前的 44 口径 120mm 滑膛炮要轻 13%，其主炮装备的是日本制钢所研制的轻量高膛压炮身以及国产 44 口径 120mm 滑膛炮，炮弹是日本国产穿甲弹，炮弹的引信和飞翔体结构都凸显了日本最先进技术，药室的强度也非常之高，炮弹的整体威力可以匹敌 55 口径 120mm 滑膛炮。而且，10 式坦克设计时非常注重兼容性，一旦将来有必要，可以随时换装成 55 口径 120mm 坦克炮。而且可以和 90 式坦克的炮身相互兼容，90 式目前使用的 120mm 坦克炮炮身可以随时安装到 10 式上，90 式的炮弹也可以装入 10 式坦克炮身。10 式坦克还有一个 90 式没有的优势，就是除了可以使用穿甲弹外还可以发射空包弹，如此一来，在训练、演习和表演或举行其他活动时都可以使用空包弹进行模拟战斗，这一点是 90 式不具备的。

第 7 装甲师团开展 90 式坦克机动演习

除了火炮，10 式坦克的附属火力也可圈可点，在和主炮同轴的位置装有一挺 74 式车载 7.62mm 机关枪，在炮塔上方还装有 1 挺 12.7mm 重机关枪，

第 7 装甲师团开展 90 式坦克机动演习

重机关枪的枪架安装在车长用的潜望镜顶部，可以自由旋转。

弹药自动装填装置

10 式坦克的炮塔后部配置了弹药装填装置，一般而言，大多数坦克用自动装填装置的性能取决于装填时的角度，装填弹药时主炮必须保持一定的角度，而 10 式坦克则不受这个限制，主炮处于任何俯角或仰角都可以自如地装弹。关于 10 式坦克炮弹的搭载数量，根据日本媒体的报道，在自动装填装置内最多可以储存 14 发，另外在炮塔的弹库内还有 14 发，炮手后方可储存 2 发，车身还可以储存 6 发，就是说 10 式坦克总共可以携带 36 发炮弹。这一点和 90 式没什么区别，90 式的自动装填装置和车身可以分别储存 18 发炮弹，另外炮手所在的战斗室还可以携带 4 发炮弹。

指挥 · 射击管理系统

指挥 · 射击管理系统也值得一提，主炮能在坦克高速行进间持续瞄准目标，具有自动跟踪功能，即使使用触摸屏操作模式也可指挥主炮进行发射。

在研发阶段曾做过试验以验证该系统的性能，分别模拟坦克处于直行和回旋状态，炮塔遭受剧烈震动时发射炮弹的精度，结果显示即使在回旋状态时的射击误差也在正常范围之内。车长用的瞄准装置是红外线高清摄影机，可以进行 360 度全景拍摄，因为有 C4I 系统，可以和己方部队共享信息，共同实施对敌搜索和攻击，只要发现目标，基本没有逃脱的可能。10 式坦克的目标摧毁能力比 90 式又上了一个台阶。2008 年 2 月试验车首次亮相时，陆自方面公开了一些照片，其中可以看到车长席和炮手席都配有触摸式显示器，炮手席还有直接瞄准器和潜望镜，坦克内部随处可见的先端设备让媒体非常惊讶，不过部分媒体也指出，这些照片究竟是不是在那辆试验车上拍摄的真实场景还不得而知。

直接防护力

该型坦克的主装甲采用新研发的复合装甲，其主要材料是碳素纤维和陶瓷，在不降低防御能力的同时减轻了车身重量。复合装甲在 20 多年前已经研发并投入使用，90 式也用了复合装甲，但是当时复合装甲的性能和如今相比不可同日而语，据理论测算，10 式坦克即使把当前装备的新型复合装甲减去 70%，仍可达到和 90 式坦克相同的防御能力，而且 10 式坦克的整备重量比 90 式足足轻了 12%。

除了主装甲，10 式坦克的外层还有可拆卸可组合的模块式装甲，判断坦克防护性能强弱的主要依据是正面关键部位（炮塔及车身正面）耐弹性测试。根据防卫省技本网站上的公开资料，里面披露了 2006 年在岐阜县进行的 10 式坦克外层模块式装甲耐弹性测试的消息，在距离 10 式测试坦克 250 米的位置，用 120mm 新型测试用穿甲弹对坦克的炮塔和坦克正面进行瞄准射击，得出了一系列重要数据并形成耐弹性测试评估报告，不过这个报告内容属于绝密，目前还没有任何这方面的公开数据。

虽然 10 式坦克和 90 式同样使用复合装甲，不过有一点必须澄清，10 式坦

10 式坦克还是很生猛的

克的炮塔和车身正面采用的模块式装甲是外装式的，并非如国内网站报道的那样是内装式模块装甲。模块式装甲是中空的，既可以当储物箱，如果有必要时还可以在中间增加装甲。模块式装甲用螺栓固定住，可以方便地安装和拆卸。这种中空结构据说也是专为对付反坦克导弹而设计的。前面提过，模块式装甲只是 10 式坦克最外层的防护，模块式装甲的底下才是由复合装甲打造成的主装甲，主装甲覆盖车体全身，具有良好的防护能力。

90 式坦克的正面投影面积是左右对称的，不过 10 式坦克的正面投影则不对称，因为车身右半部分没有直接瞄准镜和机关枪，所以右半部分的面积相对较小。炮塔两个侧面都装有分割式的附加装甲，这种装甲和模块式装甲一样具有储物功能，必要时附加装甲内部还可以进一步加装装甲。日本媒体普遍认为安装附加装甲是出于有效防御单兵反坦克武器的目的。10 式坦克的基本重量是 40 吨，通常重量是 44 吨，如果最大限度增加附加装甲则可以达到 48 吨的上限。

间接防护力

探测传感器、隐身性能和烟幕弹发射为 10 式坦克提供了强大的间接防护力。首先，10 式坦克的探测装置非常先进，是目前各国坦克中不多见的，其炮塔四周安装了全景式复合型探测传感器，虽然没有公开数据可以了解其详细结构，但很明显这种传感装置是包括激光探测器、使用微机电技术（MEMS）的红外成像传感器和被动式厘米波高频雷达探测器在内的一整套尖端技术，其目的主要也是针对步兵反坦克武器。其次，10式坦克的车辆结构具备隐形性，车身侧面的钢制挡板也是以隐形为目的设计的。除此之外，炮塔侧前方装有和激光探测仪同时工作的烟幕弹发射装置。

战术机动性

10式坦克的机动能力也是一大看点。防卫省技术评价委员会网页上的报告称，该型坦克装备了新型坦克用的动力系统，其机动性将全面超越90式坦克。坦克机动力的强弱与否主要看其动力系统的配置，四冲程水冷式柴油发动机、可变喷嘴涡轮增压装置、电控式喷射和V形八缸是10式坦克研发设计过程中动力系统着力体现的亮点。

10式坦克采用小型轻量的水冷四冲程V形8缸柴油系统旨在提升燃烧效率并减少黑烟的排放，最大输出功率1200马力，功率和重量比为每吨27马力，虽然这个数值和每吨30马力的90式相比略低，不过由于传动飞轮效率的提高，

10式坦克实施战术机动

10 式坦克的实际输出功率与重量比要高于 90 式。另外，四冲程发动机也是自 1961 年以来时隔 51 年之后再次使用。

变速装置采用的是机械式液压无极自动变速器（英文缩写“HMT”），这使得车辆驱动轮的输出功率比现行主战坦克高出很多，该坦克在富士学校的演示资料显示，其最高行驶速度和后退速度都能达到每小时 70 千米。总之，水冷四冲程 V 形 8 缸柴油发动机和无极自动变速器的有机组合，使得 10 式坦克达到了设计者希望的高效率和高灵敏性的目标，也实现了小型轻量化。

10 式坦克的耗油量比 90 式要低，油箱容量从 90 式坦克的 1100 升降低到了 10 式的 880 升，节省出的体积促进了车身的小型轻量化。该坦克的悬挂装置采用和 74 式相同的全轮液压式，还恢复了 90 式坦克省略的左右车体倾斜功能。该坦克有 5 对负重轮，比 90 式的 6 对要少。为了减轻车体震动，采用主动或者半主动悬挂，这有利于坦克车身及主炮在高速行进间保持稳定。

引擎把澎湃的驱动力传导给履带，履带的性能在很大程度上决定了坦克高速行进时的性能。在以往很长一段时期内，坦克的履带在行进间都会遇到向前打滑的现象，原因迟迟没有查明。直到 2003 年，经过细致研究后弄清了是机械装置出现的问题，为此 10 式坦克在研发时避免了重蹈覆辙，研制出新型履带，提升了性能。

战略机动性

之所以研发 90 式坦克很大程度上是出于北海道防御的考虑，它重约 50 吨，超过了普通桥梁和路面的承载能力，这注定了它只适合于部署在北海道一地进行静态防御，而 10 式坦克具备全国部署的适应力，它兼顾了本州、四国和九州的地形和使用环境，可通过坦克专用运输车辆运载，是一款拥有战略机动性的装备。和 90 式相比，10 式的长度和宽度分别比 90 式短了 38 厘米和 16 厘米，整备重量比 90 式轻 6 吨。在 61 式坦克研发时，坦克基本通过铁路机动，在陆自研发出 74 式以后，由于铁路更多服务于客运，装备通过铁路机动的方式基本上已不可能实现。90式坦克太过沉重，只能用专门的大型挂车或牵引车才能运输，而且仅限于为数不多的具有载荷能力的道路。那么能不能让90式坦克从北海道长距离自行开到九州呢？理论上是可以的，最多费点油罢了，但是由于坦克行进时产生的强大震动，会损伤车内乘员的脚踝。与此相比，日本现在有越来越多的道路可以承载40吨的10式坦克。目前全日本有17920处主要国道干线，10式（约44吨）的通过率为84%，90式（约50吨）为65%，国外进口主战坦克（62—65吨）约为40%。

10式坦克开动时霸气十足

如果是运输74式坦克，73式特大型牵引车就可以进行整车运输，而90式坦克就不行，即使用73式特大型牵引车也必须将炮塔和车身分离后才能运输，或者用最大运载负荷为50吨的特大型搬运车进行整车运输。那么73式特大型牵引车能不能运输10式坦克呢？回答是完全可以。73式特大型牵引车最大载荷量是40吨，只要先卸下4吨的装甲，就可以整车装上牵引车拉到目的地。2010年12月，媒体就报道了73式特大型牵引车驮着10式坦克在东名高速飞奔的新闻，而且事后经检测显示路面没有受损，实现了坦克战略机动的目标。

研发理念耐人寻味

10式坦克虽然性能全面，但无论从哪个角度而言它都是一款普通坦克，在技术上好像并没有多少创新性突破，有点对不起它8亿日元的天价。

在10式坦克之前，日本已经有了很先进的90式坦克，可是在这种情况下日本仍然要研发新型主战坦克，让人有些不理解：日本周围是茫茫大海，大规模坦克作战的可能性几乎为零，而且《日本国宪法》没有赋予自卫队到国外执行作战任务的权限。那么为什么还要烧钱搞这个装备呢?

其实这正是日本的精明之处，这样做的目的主要是为了维持研发能力。即使自卫队并不急需坦克，但为了确保军工研发能力不断线，保证科研梯队的发展，也必须烧钱去维持这个体系，哪怕只生产几十辆。正是通过一步一个脚印去提升研发实力，自卫队的装备科研水平从战后的一穷二白发展到如今其装备实力在世界上占有一席之地，自给程度也达到了相当高的水平。

东洋坦克排进攻战术

从 10 式坦克的参数配置来看，不能不感叹日本人的坦克研发制造能力确实是今非昔比，丝毫看不到“薄皮小坦克”的身影。

不过，单独一辆坦克不管它的性能多么优越，在面临敌军和不利地形的形势下都会变得非常脆弱。如果将坦克编组成分队或班的形式进行战斗，其脆弱性将大幅降低。所以如果把多辆坦克编为一个战斗小组实施协同作战的话，就可以充分发挥自身的性能优势，一举击溃敌人。

对此，东洋人自然也是深谙其道，他们充分发扬以团队配合见长的传统，摸索出了一套带有日本风味的坦克战术，下面一起领略下东洋人玩坦克的技法。

东瀛风味的战斗编成

陆上自卫队（以下简称“陆自”）坦克小队（相当于“排”）由小队长车和另外 3 辆坦克组成，坦克小队是陆自坦克部队最小的作战单位，为发挥战斗效能，通常将一个排分为两个班。1 班由 1 号车和 2 号车组成，小队长乘坐 1 号车，担任 1 班班长，2 班由 3 号车和 4 号车组成，这个小队资深士官乘坐 4 号车并担任 2 班班长。

而坦克中队（相当于“连”）由中队长座驾和 3 个小队总共 13 辆坦克组成。

根据陆自《装甲战术要则》，坦克小队在被分割或坦克之间联络中断的情况下会运用名为“Wingman Concept”的作战理念，这一概念源于二战期间的空军战术，意为战斗时指挥车和僚车之间因分工不同而相对独立地执行任务。坦克小队执行任务时一般以 1 号车为指挥车，其余 2、3、4 号车为僚车。战斗时僚车只需了解和关注指挥车的动向而无须紧跟指挥车，只要没有特别指令，僚车将独立执行上级赋予的任务。

各显神通开进作战区域

《装甲战术要则》规定坦克小队应根据实际情况采取不同的开进和机动战术。

同时开进：这种机动方式在想定不实施接敌战斗，而将速度作为第一要务的场合下使用。坦克小队所有坦克以相同速度保持某一队形进行机动。

监视开进：该机动方式在想定可能实施接敌战斗，但同时将速度作为优先

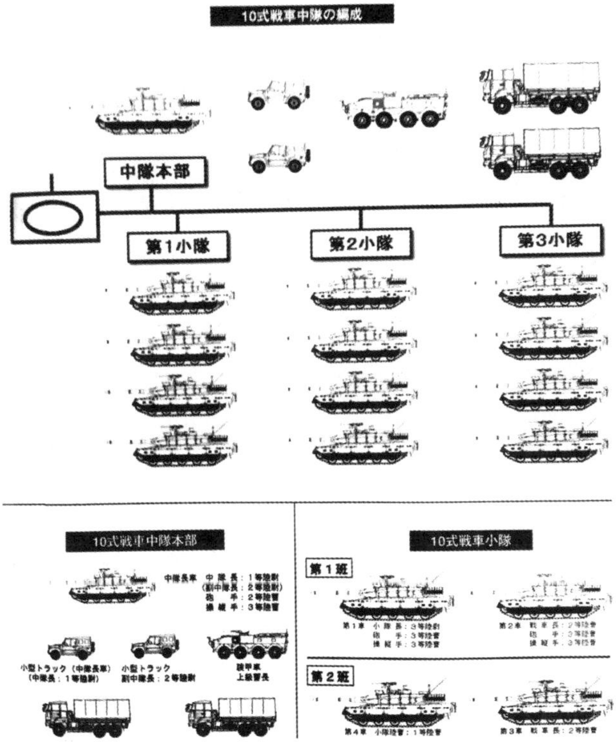

陆上自卫队坦克连作战配置

坦克部队演练开进战术

选项的情况下使用。这种队形的要领在于，先导坦克班在前方保持一定速度开进，另一个班在后方时而停止开进、时而跟随先导班开进，进行警戒并随时支援。

掩护开进：掩护开进是一边相互支援一边开进的战术方法，这和步兵部队之间掩护开进的方法相同。在坦克小队中，通常两个班之间互相支援，突击班开进时后援班实施警戒并进行火力支援，突击班和后援班之间进行交替式开进。具体而言，根据不同的机动方式，可以分为交替式掩护开进和逐次式掩护开进两种方式。交替式掩护开进，该机动方式在敌方抵抗相对较弱，须快速开进的情况下使用，通常突击班先超越后援班开进，随之两者进行交替，突击班变成后援班；逐次式掩护开进，该机动方式在敌方抵抗较为激烈、为确保己方安全的情况下使用。突击班到达后援班所在位置后暂时停止开进而成为后援班，这种方式比之交替式掩护开进在安全上更有保障，但机动速度较慢。

战斗队形花色多样

战斗队形是为遂行任务而将坦克按照一定阵形进行的排列组合，也就是“走位”。合理的战斗队形不仅有助于确定各坦克的位置和射击范围并方便管理，而且有利于维持机动速度、防御能力和提升射击效果。通常指挥车位于僚车车队前方，负责确定战斗队形内各坦克的基本位置。下面介绍日本坦克多变的走位方式：

纵队队形：这种队形非常便于管理，对于位于两侧的目标具有较强的优势，但对于正面目标，其火力的发挥受到较大局限。如果对于速度要求较高，通过狭窄的地形，或者受敌方威胁程度较低的情况下可以采取这种队形。这种队形也是部队在战斗时间以外机动时所采用的标准队形，也称“行进队形”。

千鸟队形：这种队形是纵队队形的变种，虽然貌似有点凌乱，不过非常适合行进间战斗，队形由先导班和监视先导班的后续班构成，这样无论对于正面还是侧面目标都可以发挥良好的火力。这种队形也适用于对机动速度有较高要求的场合，而且在想定与敌接触的情况下可临时展开。与行进纵队相区别，它也可以称为“战斗纵队”。

楔形队形：这种队形不仅能够发挥正面的火力优势，也能指向侧面目标。该队形通常在通过平地或平缓的起伏地带，并在其他部队掩护下采取。

V形队形：一般认为采用这种队形便于指挥管理并利于形成良好的防御态势，不过对于正面火力的发挥会带来一些限制。这种队形在不便实施快速机动的地形或对敌警戒时采用。

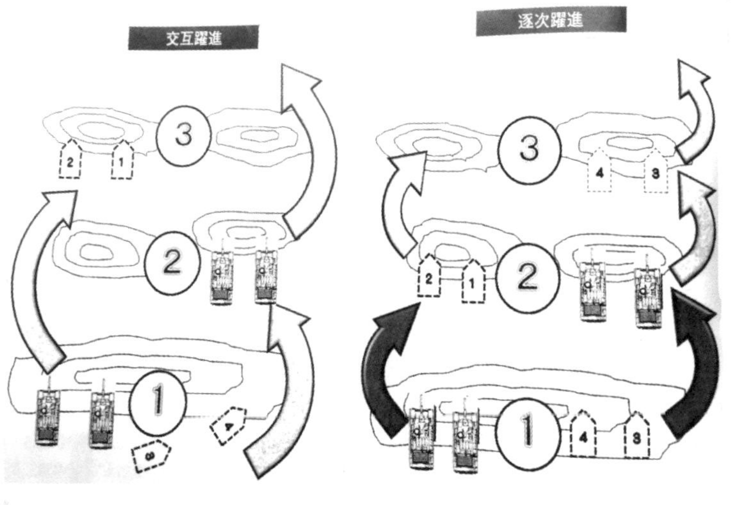

交替式和逐次式掩护开进示意图

横队队形：该队形能够最大限度地发挥正面火力，一般在突击时或在其他

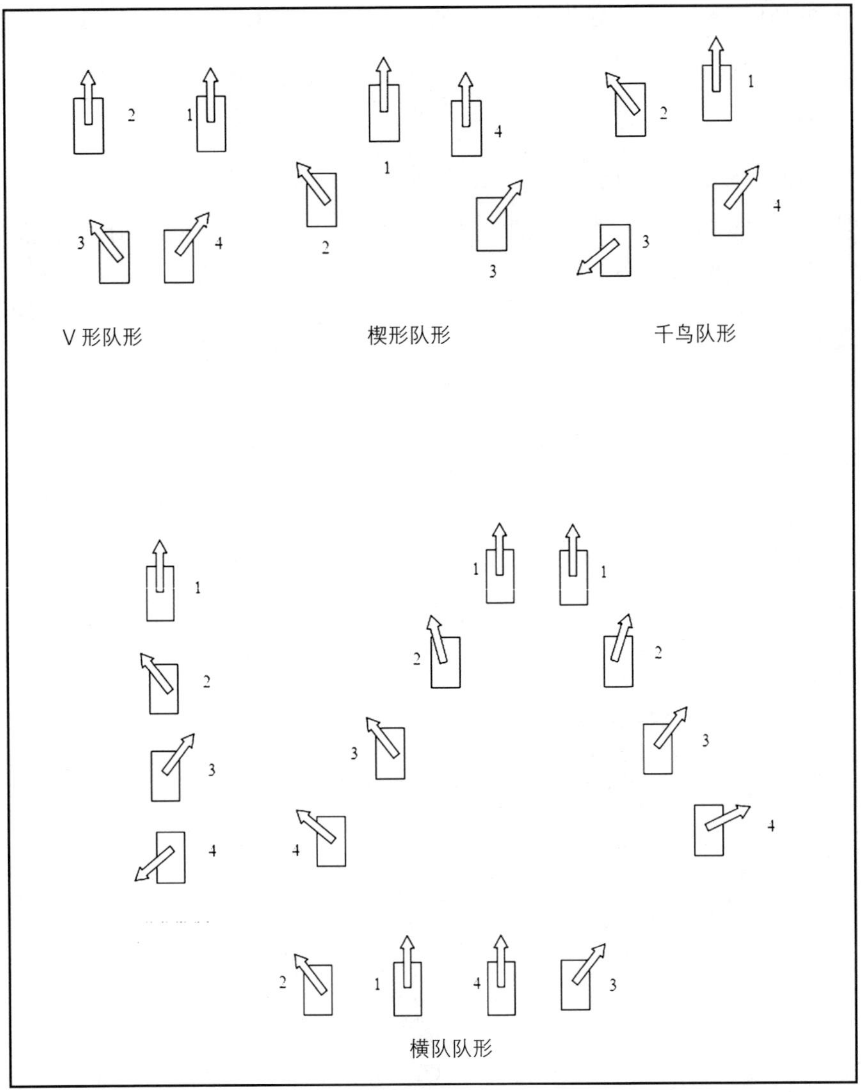

坦克小队战斗队形示意图

90 式坦克班

部队支援下通过危险地域时使用。

梯队队形：该队形根据倾斜角度不同分为右梯队和左梯队，能够同时发挥正面和侧面火力优势，主要用于防卫坦克中队主力的侧面。

射击战术有门道

坦克小队的基本射击方法分为正面射击、交叉射击和纵向射击三种类型，这三种类型几乎涵盖了所有状况，在不同环境下能够迅速而有效地发挥坦克小队的火力。坦克乘员在交战时必须借助自动瞄准设备确认并锁定自身的射击目标。根据不同的机动方式进行灵活射击是基本的射击原则，在选定射击目标的顺序上，无论采取哪种射击方法都必须遵循“先近后远”“先威胁大后威胁小”的规律。威胁等级根据危险程度可分为三种，第一种为威胁大的情况，即敌方具备反坦克能力，而且处于进攻态势；第二种为存在威胁，即敌方虽具备反坦克能力，但没有形成进攻态势；第三种为威胁较大的情况，即敌方不具备反坦克能力，但是可运用通信手段呼叫具备反坦克能力的部队前来支援。当然，“先近后远”的原则也有例外，当得到上级指挥官指令须先集中火力攻击某一目标时，或者现场的小队长或班长认为有必要先攻击某一目标时，比如首先打击敌方指挥车。

射击法主要有三种。一是正面射击法：该射击法通常用于坦克小队所有坦克能够轰击敌方正面的场合。运用这种方法要求位于左边和右边的坦克轰击正面目标，通常右边坦克轰击右边的目标，左边的坦克轰击左边的目标，在目标被击毁后再将轰击目标转向中央。指挥车（小队长指挥车和士官车）一般位于中央位置，首先轰击敌方的中央目标，待该目标被击毁后开始将射击目标向外侧转移。正面射击的规则为“由近及远”“由外侧向内侧”或“由内侧向外侧”。

二是交叉射击法：交叉法也称“十字炮火”，一般在坦克小队一部或全体的视界正面有障碍物而无法实施正面射击的情况下使用，或者在敌方坦克正面装甲具备很强防护能力而无法穿透时也可使用，在这种场合下，只能寄希望于通过交叉射击的方式来击毁敌坦克的侧面装甲。一般位置靠右的坦克锁定和轰击敌方左侧目标，位置靠左的坦克锁定和轰击敌方右侧目标，一旦击破目标，

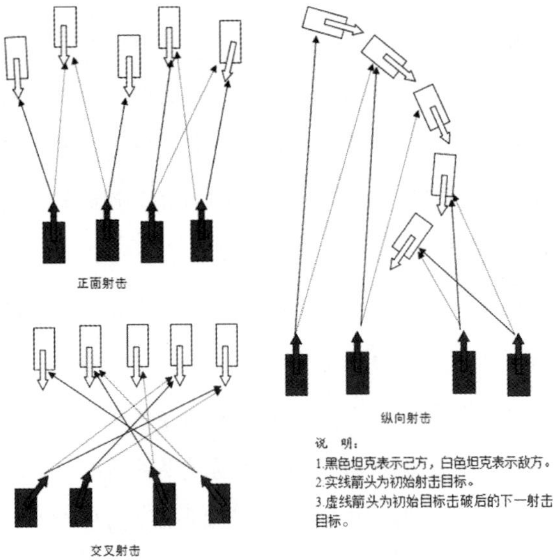

坦克小队射击战术示意图

地空火力协同

则应将火力由两侧向中央方向变换。指挥车的射击目标一般选择敌方中央目标，待击破后向敌方外侧目标转换。交叉射击法的要领在于“由外而内”和“由近及远”。

三是纵深射击法：纵射法通常在敌方坦克部队处于纵队状态时采用，射击方法须根据目标和己方坦克小队的配置状况而进行变换。比如，坦克小队中的每一辆坦克应根据自身职责定位对可能的射击目标进行合理射击。要发挥纵射法的效能，坦克小队须组织有序、指挥顺畅，每辆坦克在击毁初始目标之后，要遵循一定的规律变换下一个打击目标：位于最左翼的坦克应轰击敌方纵队最末端的目标，并逐次将目标向前延伸，同时，位于左方的指挥车应打击敌方纵队中央位置的目标，在击毁目标后，指挥车应将打击目标向后方延伸。位于右方的指挥车应选择最近的目标进行打击，之后打击方向逐次向后方目标延伸，位于最右翼坦克的打击目标应选择纵队中央的敌方坦克，并逐次向近处延伸。

坦克如何隐蔽

战斗的基本准则是在尽量不使自己暴露在敌人面前的前提下完成攻击任务，不是一味地攻击与突进，而是要根据战场情况，灵活占领有利地形分段冲击，先保存自己再消灭敌人。坦克机动时，一般应选择山腹或丘陵侧面的平坦道路，并且要想办法将车体隐藏起来，尽可能地避免暴露车体侧面和后面等脆弱部位，同时使火炮保持水平，以便炮手随时进行射击。战斗（特别是坦克打坦克）时，应利用地面落差和岩石、树木等自然条件隐藏车体，只露出炮塔，尽量避免面对面地互相射击。即使在找不到合适的隐蔽处，不得不面对面对殴时，也应将装甲较厚、面积较小的车体正面朝向敌方，并想方设法让对方难以瞄准，从而获得最大的防护。另外，在进行一次射击后必须尽快转移，防止暴露自身位置。日本人认为，就目前坦克的防护水平而言，一旦被尾翼稳定脱壳穿甲弹击中，就绝无生还可能。

坦克如何隐蔽

“奔驰的电脑”

2015 年 8 月，陆自在静冈县东富士演习场举行了一年一度的富士综合火力演习。10 式坦克完整展现了花样繁多的战术动作。作为支撑坦克战的重要手段，10 式坦克部队构筑了先进的 C4I 车辆间指挥网络系统，这是该型坦克的最大亮点。

C4I 系统是自卫队开发的一款战斗指挥网络系统，最近自卫队为 C4I 系统（Command：指挥；Control：管理；Communication：通信；Computer-Intelligence：情报）又增加了监视和侦察功能，从而升级为“C4ISR”。10 式坦克搭载的网络指挥系统是模仿了美军 M1A2 坦克的 IVIS（Inter-vehicular Information System：车辆间情报系统）而研发的。国外类似的系统还有法国坦克的 FINDERS（Fast Information, Navigation Decision and Reporting System）、德国坦克

2015 年 8 月富士综合火力演习现场

的 TCCS（Tank Command and Control System）、以色列坦克的 WINBMS（Weapon Integrated Battle Management System）等，这些都可以统称为 BMS，即战斗管理系统。

以上这些系统都可以实现敌我情报的实时共享，无论何时何地都能标识出敌我双方的所在位置。不过 10 式坦克网络指挥系统的功能还不止于此，由于坦克搭载的目标瞄准装置和各种传感器都形成了信息化网络，实现了观瞄和火控的完全自动化，而且对一般的地面目标构成了巨大威胁。该系统和美军的 IVIS 具备同样的功能，不仅可以利用雷达测距仪对目标进行自动测距而确定敌方的位置，而且能够探测来自敌方雷达的反射波从而更为精确地判定敌人的方位。有了这个系统，坦克之间不仅可实时而精确地共享敌我情报，使一体化指挥成为可能，而且今后该系统还将与主战部队指挥管理系统互通，提升与司令部和友军之间的通信能力，也使得坦克部队和步兵联队双方可以顺利遂行一体化作战行动。由于这一优势，C4I 系统被 10 式坦克乘员称为“奔驰的电脑”。

不过这个系统也带来了一个问题，数据传输量的剧增往往导致收发信息时间的延长，因而在实际运用过程中，情报实时共享的范围不得不限定在排一级的

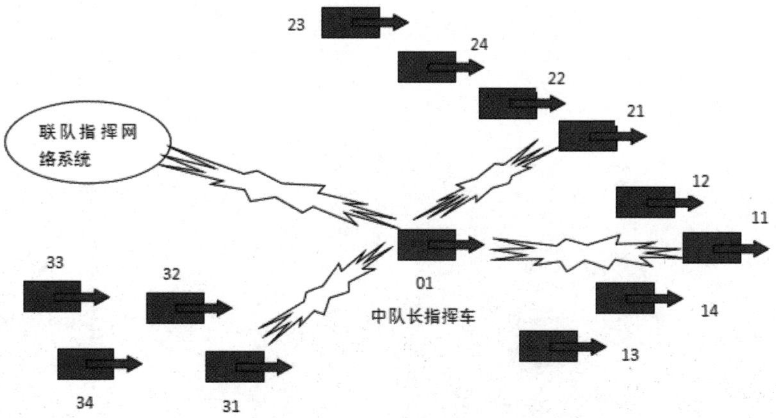

10 式坦克战斗指挥网络系统示意图

编制内。我们平时使用手机发送信息时都有这样的经验，信息载体数据量越大所花费时间越多，即使是诸如文字类信息这样的轻量级数据，由于网络不通或拥堵，有时也会导致信息无法发送。要实现顺畅的信息实时处理功能，不仅依赖于网速，也取决于数据传输对象的数量，所以情报共享的范围往往只能限制在一个坦克小队的范围内实在是不得已而为之的选择。

搭载指挥网络系统的10式坦克实现了作战指挥方式的创新，其战术水平又向前迈进了一步。下面是10式坦克作战全流程的模拟：

确认敌情并收发情报：首先，为到现场确认上级提供的敌情通报，小队长率领的先导班（1班）前出到己方阵地之前观察敌方目标，小队长上身露出炮塔，用车长专用的3D瞄准镜观察敌情。确认敌情后，小队长向全排所有坦克传送有关敌方位置的情报，指令士官率领的后续班（2班）跟进突击。收到并确认敌情的2班由于无法直接确认敌情，只能通过收到的数据信息对敌进行概略瞄准。

蛇形行进间射击：受命实施突击的2班超越1班所在位置并确认敌情之后，开始使用坦克炮进行行进间射击。此时为了干扰敌方对己方坦克的瞄准，并将因遭敌方射击而造成的损伤降低到最小限度，2班采取蛇形行进的方式对敌予以打击。

新的敌情报告：2班击破当前之敌后，开始使用自动搜索装置搜索敌军，一旦发现在制高点还有敌方目标，并判定若仍停留于当前位置将非常被动，2班班长随即命令该班后撤至1班右侧，并通过语音和数据向小队长报告敌情和2班的行动，同时命令僚车迅速后退。

后退射击：为打击敌人保护自身，2班边后撤边对敌射击。

排内数据共享：2班后撤至1班所在位置重新构筑阵地。排内每辆坦克将从各自角度获取和确认的敌方目标图像和方位情报传输至指挥管理平台进行共享。

同时多目标射击：小队长在接收麾下各辆坦克发来的敌情数据报告后，判断出本排正面有6个射击目标，命令本排对当面4个目标实施打击。此时，计算

在烟幕弹弹幕掩护下 10 式坦克实施对敌冲击

机会运用目标自动分配机能，确定每辆坦克的打击目标并将打击目标的图像数据实时传输到每辆车。接收到数据的各车在小队长号令下同时开至有遮蔽物的位置，对之前确定的 4 个目标进行快速齐射。小队长在收到射击效果报告后，向全排发出信息，命令对余下的 2 个目标实施打击。各车得到指令后，根据计算机自动分配的射击任务再次对目标进行打击，从而达成作战任务。

通过以上考察可知，运用指挥网络系统进行作战无疑比传统的靠无线音频指挥战斗的方式优越得多。传统的指挥方式大致如下："全体注意！我是 1 号车，发现敌情！确认敌方 5 号、6 号目标在 1 号车左侧，2 班跟进并前出至 1 班前方，对敌方 6 号目标坦克进行射击，同时探明 3 号和 4 号目标方向的敌情！"不难想见，在诸如此类的指令发出后，2 班其实无法确切地了解 5 号和 6 号目标的详细敌情，即使从 1 班所处位置前出至战斗地域，敌目标的真实状况也无从判断。所以，以上述方式进行指令、报告和确认的话，既浪费宝贵的时间又不靠谱。

在运用战斗指挥网络系统之后，未来的坦克战斗或将通过无声指挥手段迅速而正确地实现作战目标。而以前通过无线音频进行指挥的方式常常会引起误听和差错，导致敌方目标的重复打击，很多情况下也会导致对尚未确认或无法确认的目标进行无效的打击。音频指挥方式还有一个弱点，没有办法有效应对战场瞬息万变的敌我形势，只要敌情变化，我方的战斗方式也要随之变化，同时多目标射击战术和目标分配实际上难以实现。与此相对照，10 式坦克指挥官可根据麾下各车报告的不断变幻的敌情数据做出合理判断，迅速而正确地分配任务并对部队下达攻击指令。

在以动态和高速为特征的信息化战争中，时间就是生命，如何比对手更先一步做出决断和行动是决定胜负的关键。有了信息化指挥系统，就意味着时间站在了自己的一方，从而能够取得制敌先机采取行动，或突袭或埋伏，从而更顺畅高效地遂行作战任务。

16MCV 和 10 式坦克的登场，使得陆自主战装备迎来了新老交替的时代，16MCV 将与 10 式坦克一起形成陆自主战装备二元化运用机制。不远的将来，所有型号的坦克在本州地区将不复存在，10 式坦克将全部部署在“北方”的北海道和“西方”的九州这两个战略核心地带，本州的装甲部队将全部以轮式 16MCV 替代坦克，利用高速公路网在广阔地域构建快反应对机制。74 式坦克即将退出历史舞台，而 90 式坦克何时退役也已开始提上时间表，这意味着履带式坦克数量的缩减已成定局。

那么，坦克会在未来消亡吗？这样的争论始终在持续。冷战末期的 1986 年，世界各国坦克保有量达到 15.7 万辆的顶峰，2013 年这个数值降到了 6.5 万辆，其中欧洲只有 1000 多辆。

综观世界军事强国，自从第三代坦克出炉以来，下一代坦克的研发还遥遥无期，坦克的发源地——英国的军工企业业已暂停了坦克生产线，在坦克发明恰好 100 年的今天，各国军队和军工产业界掀起一股“淘汰坦克”的热潮。比如德国陆军以斯特瑞克旅为典范，也新编了快反作战旅，期望能在 48 小时内部署到欧洲主要国家。

其实，不能简单地下孰是孰非的结论，因为机动战斗车辆和坦克在很大程度上不具备可比性，一方无法完全取代另一方。从今后很长一段时间来看，坦克仍是陆战必需品。第一，国际维和行动需要部署坦克。即使是在反恐行动这样的非对称对战中，防护力较弱的轮式装甲车常常被自杀式炸弹或肩扛式火箭筒轻易摧毁，使用坦克上阵是亲身经历实战的官兵们的愿望。第二，大规模地面作战的风险并未消除。2014 年爆发的克里米亚危机让世人如梦方醒——大规模作战的风险随时都会降临。克里米亚危机时，东西方陆上重型装备再次大规模对峙，而 2015 年俄国又开发出最新型的 T-14 新型坦克，坦克的重要作用再次为人所认知。而无论是驻欧洲的美军还是法德的装甲部队都以轮式战斗车为主，虽然提升了快反应对能力，但若开启战端，或将无力对抗俄国的装甲集群。

10 式坦克在 2016 年 10 月自卫队阅兵式上亮相

第五节
“用力过猛”的救灾

2016年4月14日至16日，日本九州熊本县和大分县（相当于省级行政区）有一大波地震来袭（里氏6.5和7.3级强震2次、余震几十次）。地震造成了48人死亡，1000多人受伤（其中184人重伤），7万户停电，20万人被迫挤在中小学体育馆过夜……与地震造成的破坏当量相适应，类似“当量”规模的自卫队官兵正在源源不断开赴灾区前线。

战后自卫队没有遂行过作战行动，号称“未发一弹、未死一人”，除了例行的演习训练之外，自卫队遂行大规模任务的机会其实非常难得，就连1960年“安保运动”最高潮时，自卫队也不敢越雷池一步（1960年6月15日晚，7000名大学生冲入国会众议院与3000名警察搏斗，警察渐渐不支，时任首相岸信介要求陆上自卫队第1师团出兵镇压，被陆上参谋长杉田一次严词拒绝）。此次自卫队抗震救灾称得上是一次难得的实战练兵良机，或者说，自卫队的救灾行动实际上是全流程全要素评估其综合作战效能的试金石。

快反能力抢眼

战场上，时间就是胜利，让我们看看“地震国”政府和自卫队对危机事态的反应能力。首先，自卫队决策指挥系统充分吸取了2011年东日本大地震的经验教训，发挥出了应

地震当晚露宿街头的灾民

有的效能，自卫队本次救灾出动的时间单位精确到以“分钟”来计算，首次超过了日本最大的黑帮——山口组的救灾速度（2011 年东日本大地震期间，自卫队出动时间因慢于山口组而广受媒体诟病）。应当说自卫队在震后第一时间的行动相当抢眼，在突发地震的情况下指挥体系还能保持相当的高效顺畅，是出人意料的。且看：

——4 月 14 日晚 9 点 26 分，熊本县发生 6.5 级地震，自卫队史上第二大规模的军事行动开始了！

——8 分钟后，日本内阁成立了以首相安倍晋三为首的最高救灾指挥机构——“重大灾害对策本部”。

——震后 21 分钟，正在警戒待命的航空自卫队第 5 航空团、第 8 航空团所属新田原基地和筑城基地的 F–2 战斗机紧急起飞，通过肉眼和红外仪确认了地面受灾情况后，协调陆上自卫队（以下简称“陆自”）出动 UH–60J 救援直升机飞临熊本县受灾最严重的八代市和阿苏市上空直接救人，救出一个是一个。

——54 分钟后，也就是当晚 10 点 20 分，自卫队联合参谋部紧急组建以陆自西部方面总监小川清史上将为最高指挥官的陆海空联合救灾部队（英文缩写“JTF”），规模为 1.5 万人，同时向全体自卫队员发布训令，要求处于一级战备状态，明确相关部队具体任务并通知其做好物资准备，命令休假人员立刻归队，命令野外受训部队立刻收拢赶回营区，随时出动！

——当晚 10 点 46 分，熊本县知事大人向联合参谋部发出救灾请求，于是陆自驻北熊本基地部队 2500 人全体出动，连夜赶赴受灾最严重的阿苏市侦察灾情并实施搜救。

——4 月 15 日，自卫队救灾部队增加到 2 万人。

——4 月 16 日，熊本大分地区再次发生 7.3 级强震，随着生命和财产损失的持续增加，4 月 17 日，联合救灾部队规模猛增至 2.6 万人（另外日本公安委员会也派遣警察 2400 人、消防厅派遣 2000 人赶赴灾区），包括陆自驻熊本的“乡土部队”第 8 师团和驻九州北部的第 4 师团，陆自的鹿屋和大村航空基地 40 多架搜救直升机悉数出动，海空自卫队也出动搜救飞机 30 多架。

——除了联合任务部队之外，还有 2 支匪夷所思的“报恩部队”也在日夜兼程赶赴灾区，一支由陆自东北方面队第 6 师团长挂川寿一中将率领，这些人都是主动请缨的“决死队”，据说是为了报答 5 年前东日本大地震时全体国民的救命之恩，其中，驻山形县东根市的第 20 步兵团 500 人、驻秋田县秋田市的第 21 步兵团 430 人已于 17 日中午抵达灾区，与联合救灾部队会合。同时，由航空自卫队松岛基地司令官率领的 10 架 C–1 运输机部队紧急飞赴福冈县空自筑城基地赶来“报恩”。

——17 日晚 8 时，安倍晋三首相发布预备役部队动员令，次日熊本地区的 300 名应急预备役官兵紧急开赴灾区。

至此，自卫队十分之一的机动作战部队都集中到了灾区。如此众多的部队同时向灾区开进没有出现任何乱子，这和平时做足了功课分不开，比如陆自在收

民众有序登上陆自救援直升机逃离地震现场

到“救灾出动”的指令后一小时内，分布在全国的157个陆自基地就能做好全部准备；而海自的每个地方总监部都有一艘指定的“第一时间应对舰”可以随时出动，其各个航空基地的警戒机和救援机也是处于随时待命状态的，应该说，从快反机动能力来看，自卫队的表现还是比较抢眼的，事实上，日本民族是一个相当善于做计划的民族，即使是小学生春游，一般也会提前两周做计划，有条不紊地安排好具体行程。正是由于“从娃娃抓起”凡事都提前做好谋划，才能一旦有天灾人祸也能基本做到处变不惊，应对自如。

救灾还是练兵

派来的部队毋庸置疑是来抢救生命、重建家园的，但到底把哪些部队拉上去，此中别有一番深意。笔者的看法是：该来的、不来的都来了！那么哪些部队该来呢？先了解一下陆上自卫队未来的发展定位，根据防卫省公布的《中期防卫力量建设计划》（2014 — 2018 年），陆自未来信息化军事转型的目标是“打造联合机动防卫力量，最终实现部队信息化、快反化、弹性化和轻量化”，第一节曾提过，陆自期望在10年左右时间把半数部队打造成类似“海军陆战队”或“陆军海战队”的快反机动集群，能够遂行机动作战。

陆自队员又发现一具被掩埋的遇难者遗体

从 2017 年起，陆自首先对第 6 师团、第 8 师团、第 11 旅团和第 14 旅团实施整编改组。从此次陆自救灾部队的编制序列来看，部队番号和预定整编与快反部队的序列基本吻合。不得不佩服“自卫队株式会社”高管们的深谋远虑和不动声色。

从兵力规模看，自卫队亮相的人员装备相当于打一场中等规模的现代战争。“人海战术”大概称得上是震后初期人员搜救阶段的“标配”模式，人力资源极其丰富的陆自自然成为救灾主力。笔者居然从灾区数出了陆自多达 5 个师团外加 3 个旅团的番号，要知道陆自一共才 9 个师团、6 个旅团，不到 15 万人。

其中，第 8 师团既是熊本灾区部队，也是陆自快反机动化转型的既定部队，第一时间拉上去那是职责所系。这个师团不计代价地出动了豪华的诸兵种合成部队，占总兵力的 90%，包括第 42、43 机械化步兵团、第 8 炮兵团、第 8 坦克营、第 8 侦察队、第 8 防空营、第 8 通信营、第 8 飞行队、第 8 工兵团、第 8 后方支援队以及第 8 防化队。同样位于九州的第 4 师团和第 5 旅团虽然还没有被列入陆自首批快反机动化改造的试点单位，不过由于同属九州“乡土部队”，也当仁不让地投入救灾，阵容同样堪称华丽，其中第 4 师团出动了第 40 步兵团、第 4 炮兵团、第 4 坦克营、第 4 飞行队、第 4 后方支援队；第 5 旅团出动第 5 工兵团和第 5 地对舰导弹群。由于熊本大分地区属于陆自西部方面队防区，方面队总部也派了直属的两栖作战团、炮兵团、航空队和通信群出来“练练兵”。

除西部方面队先期投入以外，全国部队都在向熊本开进。遥远的北部方面队派出了今年要接受机动化改编的第 11 旅团所属第 11 航空队，东北方面队所属第 6 师团既曾饱受震灾之苦，也是陆自担任主战任务的部队，对救灾一事格外卖力，该师团第 20、21、44 步兵团早在震后第二天就长驱 1500 千米赶到了灾区。不仅如此，在关东平原的东部方面队投入了第 12 师团所属第 2、第 13 步兵团，第 12 直升机群，以及拱卫首都圈的第 1 师团所属第 34 步兵团；中部方面队第 13 旅团所属第 8、17、46 步兵团，第 13 航空队和第 3 师团所属第 36 步兵团悉数到场，就连陆自直属的航空学校学员也来了！

在救灾现场，陆自不同兵种干的活有不成文的“规矩”，步兵团和工兵团最适合干人拉肩扛的体力活，所以现场搜救、清理废墟等“脏乱差”的活由他们承包（最大的黑帮“山口组”也擅长干这个，不过会向政府收取天价酬金），

海自最大舰艇“出云”号赶赴灾区

而炮兵部队主要是为灾民做饭团并灌装饮用水，通信部队负责全方位联络。直升机部队的任务是搜索孤立在山区和边远地区的灾民，以及投送救灾物品。后方支援队则重在为安置在避难所的难民提供全方位生活服务，从洗澡、饮食、医疗、娱乐到设置临时卫生间，无所不包、无所不能。

海空自卫队的职责主要是运输人员和物资，海自出动了九州地区的第 1、第 22 航空群和驻岩国的第 31、第 111 航空群，最先进的“出云”号和“日向”号护卫舰（实为直升机航母，海自将所有军舰都称为“护卫舰”）也来了，还有 1 艘“大隅”号护卫舰（强袭登陆舰）、1 艘“爱宕”号防空护卫舰（驱逐舰），以及“雾草”号通用型护卫舰（驱逐舰）和“霜北”号运输舰，规模大致相当于战时的一个特混舰队。

救灾“特长”部队服务周到

客观而言，自卫队员对于救灾、救人这件事还是非常负责的。比如飞机进行地面搜寻时往往实施专业的编队作业，即一架 U-125A 侦察机和一架 UH-60J 救援直升机组成一支救援编队，侦察机 U-125A 是喷气式飞机，可以在第一时间赶赴灾区上空，迅速而大范围地搜索地面，它搭载搜索雷达和红外线夜视装置，能够最大限度发挥它的搜索功能，在飞临现场后如果发现幸存者，就立刻通知救援直升机 UH-60J 让其施救，救援机通过空中悬停，放出绞索把幸存者一个接一个地吊上直升机。其实这些搜救行动和战争没什么区别，因为在空战之后我方飞机必然要搜救己方人员。

为了不放弃对任何一丝生命迹象的搜寻，平均搜救一个人要出动 100 名左右的自卫队员。16 日凌晨，熊本县报告南阿苏村有 8 名男女失踪，1000 多名自卫队员立即奔赴现场搜救，17 日上午 9 时，也是在南阿苏村附近的“火岛”度假山庄，由于旅馆坍塌，有 2 人未及撤离而被掩埋，又有 200 多名搜索队员闻讯赶来。

日本人服务一向讲究周到细致，这一点即使在遭遇天灾人祸时也不打折扣。防卫省给自卫队的命令是在 3 天内制作 90 万份盒饭、灌装 100 万瓶饮用水，这对于自卫队来说是小菜一碟。以第 4 师团所属炮兵团为例，这个团平均每辆配备 20 名官兵的野战炊事车能在 11 小时内做出 530 余份套餐，从日本电视上可以看到队员为灾民盛饭的场景，并一边鞠躬一边对灾民表示歉意：“让您久等了！”

从本州中部赶来的第 3 师团麾下第三后方支援队负责保障灾民日常生活，主要是提供包括供水、饮食、洗浴和医疗在内的全方位生活服务。日本人尤其对洗澡情有独钟，发生地震也不例外，但震后住宅小区的水电气全部中断，考虑到灾民的迫切需求，这个部队专门选址搭建起了区分性别的

陆自队员搜救幸存者时仅装备铁锹等简易工具

临时浴室，还组建了“巡回温水服务队”为灾民提供洗发服务。

为解决灾民衣物晾晒问题，特意设置了专供晾洗的场地，而且连女性专用的洗衣和晾晒场所都考虑周全。还有些灾民对自身的私人空间有着特殊的要求，嫌学校体育馆之类的避难所太过拥挤、太没尊严，所以白天就躲在私家车里“避难”。对于这部分人，自卫队还为他们单独预备了晚上睡觉用的帐篷。

“人海战术”凸显无奈

实事求是地说，自卫队在救灾中的反应速度、机动能力、救灾表现还是可圈可点的，但是自卫队的后勤保障力度还是不够。

日本是地震、台风和海啸多发的国家，一向以重视防灾著称，容易给人留下重视使用高科技手段救灾的好印象，实则不然。部队好不容易开进与外界隔绝的灾区后的居然没有称手的救援装备！部分部队出动时仅带着铁锹徒步开进震区，没有动用挖掘机等重型设备，使用的搜救手段出乎意料地落后，人拉肩扛的“人海战术”仍是部分队员救灾的主要方式。

在熊本灾区现场，“搜救基本靠手，移动基本靠走，通信基本靠吼”仍是基层部队的主要搜救方式，至少到目前为止仍是如此。在震后第二天的熊本市和大分市建筑物垮塌现场，《产经新闻》《西日本新闻》的记者发现自卫队在废墟中搜寻生还者的工具居然主要是木棒、铁锹和喇叭，没有携带生命探测仪等装备或救生犬，也没有任何工程机械。地震刚过

人海战术

去，仍属于震后救援黄金期，但自卫队员却因缺乏大型照明设备而不得不实行“日出而作，日落而息”的农耕式救灾方式，入夜后救援活动不得不暂停。不过不久之后这种窘境便有改观，陆自各大方面队直属的工兵团携带多部推土机和挖掘机源源不断赶赴灾区。

队员加班加点制作食品

可以说，是岛国严酷的自然环境造就了日本人先天的尚武基因、未雨绸缪的危机意识、团队至上的服从观念、整齐划一的行事风格……2011 年的东日本大地震部分地激活了潜藏在普通国民心底深处的尚武基因，此次熊本大分地震进一步把这种基因发挥了出来。尽管今天绝大多数日本人厌恶战争，但是如果政府再一次号召国民“一亿总动员”，老百姓恐怕仍然会前仆后继地疯狂冲上战场，这就是难以理喻的日本的民族性格。

美军超给力

随着地震造成的人员伤亡和经济损失持续增加，驻日美军也加入救灾行列。4 月 18 日，美空军驻山口县岩国基地的 2 架 MV-22 倾转旋翼机和 3 架 C-130 大型运输机飞抵熊本重灾区益城町附近的自卫队驻地后，即刻马不停蹄地与自卫队开展联合行动，一天内就向该町投送食品、饮用水和被褥 20 吨并全部配发至临时居住在体育馆和帐篷里的灾民。这是日美首次出动 MV-22 救灾，该机具备卓越的垂直起降性能，适合为位于山区或远离市区的避难场所提供物品，事实表明，此次 MV-22 的高效运用相当程度缓解了民众对其安全性能的担忧，能为日后大量部署日本全境铺平道路。

同一天，驻日美海军陆战队又从另一个方向——冲绳县普天间机场——派出以乔克里中校率领的 4 架 MV-22 飞赴熊本灾区，用于投送自卫队官兵和救灾物资，此外美海军也出动了 1 架 UC-35 型运输机。

就这样，自卫队和美军的联合救灾行动在陆地、海上和空中以一场中等烈度战争的规模持续展开。虽然救灾不等同于战争，但是日美在涉及联合救灾的兵力机动、指挥体制、装备运用等方面的运行和战争已经别无二致。比如，由美军主导的熊本国际机场修复作业实际上和战时修建临时飞行跑道没什么区别。熊本国际机场作为灾区航空枢纽具有其他机场无可比拟的价值，可震后航站楼遭严重破坏，整个机场处于半瘫痪状态，飞机只能勉强降落但不能从跑道起飞。美军到达后立即开始恢复机场功能，3 架装载大型工程机械的 C-130 运输机在机场强行着陆，虽然眼前到处是堆积如山的瓦砾与废墟，然而大型工程机械在两天内迅速开辟了飞机临时起降跑道。

美军 MV22“鱼鹰”倾转旋翼机现身灾区

《熊出没》之地遭遇天灾
图为象征全日本民众关心支持熊本的漫画

此情此景不由让人联想起五年前发生的东日本9级大地震，灾难发生后，当时的驻日美军出动了不可思议的1.6万人之众，外带以“里根”号核动力航母为首的20艘舰艇和140余架飞机。与此同时，自卫队和驻日美军建立了联合指挥部和多处联络中心，开展了一场惊心动魄的日美诸军种联合作战演练，意在向世界释放“日美同盟牢不可破”的信号。

国民的灾难，自卫队的良机

自卫队成立至今一直戴着“二战余孽”的小丑帽子，蹩脚发展了60多年，在国会通过“向全球派兵”的新“安保法案”、国内争论未息的局面下，自卫队“恰到好处”地投入救灾无疑为自己加了不少分，既缓解了处于风口浪尖的安倍所受的舆论压力，堵住了左翼媒体的悠悠之口，也大幅增加了普通民众对自卫队的好感，可谓一石二鸟。超过九成的民众对自卫队在救灾中的表现持正面评价，在问到对美军救灾的评价时，居然绝大多数人认为维护并发展日美同盟是“关乎日本国家利益的根本”。不仅如此，这两天已经有很多熊本当地年轻人表示一旦恢复家园，就毫不犹豫地加入自卫队当兵吃粮以示“报答”（也可能是九州地区失业率高，很多年轻人找不到工作所致）。

与五年前的东日本地震相比，可以看出自卫队已能够通过一己之力独立遂行大规模作战行动。这可以从一个细节看出端倪。海上自卫队出动后，部分驱逐舰一直在离受灾地区有100千米之遥的外海游弋，这似乎不像是为救灾而采取的行动，不排除此举还有作战层面的考量。自卫队驻西日本的部队基本投入了救灾，该地区的陆地、领海、领空确实会留下很多防御上的空白，海自是不是在有意填补这些军事盲点呢？抑或向其他国家显示出一种威慑：即使我发生了天灾，我的作战能力还是不容小觑的。

地震，这个对日本民众而言的天灾，对自卫队而言也许是提升地位、大踏步向前发展的天赐良机。

第六节
“情报力”不可小觑

情报学校学员要学上海话

小平学校校徽和纪念章

当今自卫队名义上不存在，也从不承认拥有专门培训情报收集和保密人才的学校，不过事实上，自古以来情报工作一直堪称日本人最擅长的军事领域之一，小平学校实际上承担了此类人员的教学，有点类似于战前日本陆军培养情报和特工人员的中野学校。

小平学校是日本自卫队唯一培养情报人才的专业机构，它位于东京都所辖的小平市。这座小城距离东京市中心26千米，虽然占地面积仅40平方千米，但是文化荟萃，曾是古时诸侯国武藏野所在地，市区基本由高校组成，分布着津田塾大学、武藏野美术大学、文化女子大学等十余所大专院校。这座大学城的南侧坐落着日本最大的情报基地——小平基地，基地内不仅有小平学校，还驻扎着第305通信营、第126警务队（即宪兵队）和“东部方面情报保全队”等带有神秘色彩的部队。

小平学校的前身是诞生于1954年的陆上自卫队（以下简称“陆自”）调查学校，主要培养自卫队情报、外语和警务人才。2001年，这所情报学校和陆自财务学校合并，校名由“调查学校”改称“小平学校”。根据防卫省内部资料，该校计划在2018年将承担情报教学和外语教学的部门分离，分别新组建“情报学校”和“外语学校”，其中情报学校可能转移至富士基地，外语学校仍依托

红色框线内即为小平学校

小平市举行军地联谊大会

小平基地办学。

小平学校校长的职务历来都由拥有情报部门或驻外武官任职履历的陆将补（相当于陆军少将）担任，现任校长是2016年7月1日新上任的工藤天彦陆将补，他同时还兼任小平基地司令和中央情报队司令等要职。学校虽然属于陆自系统，但入学者涵盖了海空自卫队和防卫省情报本部相关人员。根据部队需求，学员培训期限8周至1年不等，主要学习情报、外语、财会、刑事等专业大类。

情报收集大致分为传统的“拍肩膀”“传字条”式的人力搜索和运用先进通信装备实施远程电子探测的技术搜索两大类，不过学校对课程教学和学术研究严格保密，每名入学学员都必须和校方签订保密协议，具体课程计划内容和训练方式不得而知。

情报能力和外语水平相辅相成，有一点可能令人意想不到，小平学校最热门的外语不是英语而是汉语。自卫队后援组织“队友会”会刊《朝云》爆料说学员课间交流禁止使用日语，只能说汉语或英语，可见其规定之严格。学员汉语学习的目标是必须达到翻译水平，其结业标准是通过最高水平的汉语等级考试HSK八级水平（难度不亚于英语专八）。更为奇葩的是，除了学习普通话，小平学校居然还开设上海话和广东话的选修课。由于中国综合国力和军力的崛起，日本日益将中国视为假想敌并不遗余力地开展研究，自卫队意识到精通汉语对

小平学校内部讲座

于情报收集越来越关键，试图通过汉语学习促进中国文化的理解，使学员充分了解中国人的思维方式，进而达到“知己知彼”的境地，为情报工作服务。

除了指导学员生成情报和外语能力，培训警务和法学人才也是小平学校的职责之一。“警务队”相当于自卫队内部的“公安局”，凡自卫队内部发生各类安全事故以及出现贪污、盗窃、玩忽职守等刑事犯罪时，警务队员会在第一时间出动。但匪夷所思的是，警务队只负责抓人和调查，一旦案情尘埃落定就必须立即移送日本地方警察部门处理，因为自卫队法理上还不是军队，当然不存在军法机构。

未来信息化战争样式对于情报的收集、分析和运用提出了新的更高要求，情报战的价值日益凸显，小平学校的办学理念、做法，特别是情报人员教育训练方式值得进一步关注和研究。

保密也是战斗力

日本自古以来就非常注重情报收集和对情报的保密管理，是保密制度比较完善的国家。防卫省和自卫队内部有近 50 万份秘密级以上的纸质文件，根据命令，它们被分为三个等级。最高等级为“机密”级文件，要求最高限度保护，这类文件一旦泄露将损害国家安全和利益，“极秘”级是次于“机密”级的内容，“秘”级是不能让有关人员以外的人知道的内容。这些文件的管理异常严格，原则上，为了防止脱页，要用指定的红色封面把文件全部装订好，表示总页数和总册数号码的数据全部实行符号化管理，记在封面正面和背面的四处。制定文件的部门和领到文件的部门都要在底册上登录号码，严格保管。保管文件用的是三阶段号码电子保险柜，要想打开不仅需要电子密码，还需要使用钥匙。每个部门都有可以阅览文件的人员名单，并由专人负责保管密码及钥匙。

近年来自卫队网络窃密事件此起彼伏，为此防卫省着力加强了网络安全法规制度建设。2006年，日本互联网惊现海上自卫队“朝雪”号驱逐舰的各类机密情报，包括呼叫信号、密码表，包括舰上人员姓名身高等信息都一览无余，一时间让日本民众大跌眼镜。调查显示这是因当时的防卫厅文职官员擅自使用个人电脑存储机密情报并联入互联网导致的。在此之前自卫队并未强制规定必须使用配发的电脑办公，很多人将个人电脑和存储介质带到办公场所，导致大量情报泄露。

以此次事件为开端，自卫队大幅强化了保密举措，耗资近50亿日元紧急采购了4.8万台自卫队专用办公电脑，不允许将个人电脑带入工作场所并绝对禁止

这些队员不知靠不靠谱

个人移动介质联入办公电脑，同时还规定自卫队员使用互联网时不得透露自己的身份及自身服役情况，不准因私出国。在公派出国访问或留学时，一般都会预先制作使用假身份。

自卫队网络防卫司令部

为应对没有硝烟但日趋严峻的网络安全形势，2014年日本创建了“网络防卫队”，在平时，该部队主要任务是专门负责反黑客、反病毒入侵，并对自卫队员上网和自卫队网站实施24小时监控，战时则专门从事网络攻防，并意图在未来信息战中打赢“网络瘫痪战”。同年日本颁布的《特定秘密保护法》更是规定可在必要情况下对任何一名自卫队员（特别是少将以上高级干部）的手机、电话进行监听，对其所浏览的网页内容、发送的电子邮件等信息进行监控。2015年，自卫队更是规定全军禁止使用U盘和CD光盘等移动存储介质，违者将被警务队调查甚至锒铛入狱。

由于最近几年自卫队多次发生干部外籍配偶窃取自卫队军事情报的事件，自卫队开始严格限制自卫队员与外籍人士（主要是日籍韩裔）结婚，并对已有外籍配偶的干部进行复审。

不过，防卫省也允许自卫队员对密级表示异议，有人对某项内容的密级提出质疑时，需要呈报书面材料说明反对的理由，呈报人也可以匿名提交，据称这样做的目的是减少出现“拍脑袋定密”和“一密定终身”的情况。

第三章 “海上出击，洋上歼敌”

第一节
先天发育不良

从“八·六舰队”到“八·八舰队”

自明治维新开始，孤悬于亚欧大陆一隅的日本就非常重视海军建设。到第一次世界大战结束，日本就迅速发展成为仅次于美国、英国而位居世界第三的海军强国。日本对外发动的侵略战争离不开海军，海军既是先锋，又是主力。日本通过海军在战争中掠夺了巨额的战争赔款和广大的殖民地，海军成了推动日本发展的第一实力主体。而当海军遭遇惨败时，日本也就濒临崩溃。岛国命运是和海军兴亡紧紧联系在一起的，战前的日本历史很好地诠释了这个规律。

日美海上联合军演

日本在战后吸取了二战的沉痛教训，认为正是因为帝国海军无力保护本国商船免于美国潜艇的袭击，才导致了战时经济走向崩溃。为不让二战海军的悲剧重演，冷战期间的日本近乎执着地关注海上交通线的保护。1960 年修订的《日美安保条约》增加了“远东条款”，明确规定日美同盟将保护日本船舶的航海安全，同时将同盟保护的范围拓

舰艇停泊于母港

展到朝鲜半岛、中国台湾和菲律宾北部。1961年9月，海自以第1、第2和第3护卫队群编成“护卫舰队”，即人们常说的联合舰队。1962年，日本开始实施“二次防”，海自计划采购空对空导弹和舰对空导弹，甚至意图建造万吨级直升机航母，将海自作战半径和护航范围拓展至300海里，并更有效地协同美军进行反潜作战。

1967年3月，佐藤荣作首相决定实施“三次防”，总预算达到2.34万亿日元。海自提出了庞大的军备扩张计划：建造2艘搭载反潜直升机的母舰、1艘导弹驱逐舰、13艘通用型护卫舰、5艘潜艇，并装备15架PX-S反潜机及40架HS-2反潜直升机，主要目的在于提高海自的防卫能力，确保海上交通安全，建立一支能够遂行机动反潜护航、海峡封锁和沿岸防御的复合型海上力量。

但海自的“狮子大开口”遭到以国防会议秘书长海原治为首的内局官僚的强烈不满，海原要求海自应明显收缩其海上扩张态势，制定有限目标。他还认为日本的海上交通线在地图上可以切割成无数的点，保护辽阔的海上交通线的任务超出了海自的护航能力。他催促日本政府重新审视海自的职能，甚至建议把海自改造成一支类似于海岸警卫队的小型武装力量。

随着20世纪50年代末到80年代日本常年保持经济和科技实力的飙升，自卫队越来越有能力和经费投入到军备建设上来。1976年10月，日本制定首部《防卫计划大纲》，提出了新的军事战略设想和自卫队建设方向，其核心是加强海自“基础防卫力量”建设，要求海自进一步增强保护海上交通线的能力，它为1977年度后的长期扩军规划确定了基本方针，海自的发展由此进入快车道。

这个时期正是日本重点发展海空力量的阶段，在1983年的《防卫白皮书》中，日本首次提出“洋上歼敌”的防御战略，并将海上交通线的护航范围一举拓展至1000海里，明确指出“应在公海阻击、歼灭来犯之敌，突破防御作战只限定在本国领空、领海及周边海域的限制”，强调周边海域制海空权的获得。

战略意图决定军备发展方针。当前海自由1个“自卫舰队”（即“联合舰队”）、5个地方护卫队、1个教育航空集团和1个练习舰队组成，编制现役员额44227人，拥有各型舰艇150余艘，包括最新型的“出云”级直升机母舰、“金刚”级和“爱宕”级防空驱逐舰、“秋月”级通用型驱逐舰等各型主战舰艇47艘，还有“苍龙”级、“亲潮”级潜艇16艘。

联合舰队是海自作战主体，下辖护卫舰队、航空集团、扫雷队、练习舰队等，而其中的护卫舰队又是“核心中的核心”，它由4支“护卫队群”构成，每支护卫队群都是一支独立舰队。在20世纪80年代之前，护卫队群实行“八·六舰队”作战指挥体制，也就是说，这种舰队由8艘舰艇和6架飞机组成，每支舰队由1艘装备了中距舰对空导弹、主要负责区域防空作战任务的防空驱逐舰（DDG），2艘分别搭载3架中型反潜直升机的直升机驱逐舰（DDH），1艘装备MK42型

127 毫米单管炮的多用途驱逐舰（DDA），以及 4 艘装备反潜武器的反潜驱逐舰（DDK）联合组成一个护卫队群。从舰队编制结构中可以感觉到浓郁的“反潜至上”的味道。

陆自队员登上“日向”号直升机航母

在完成第一个“八・六舰队”编组后，海自很快发现了这种指挥体制的几大缺陷。首先，过分强调反潜，忽视了防空和反舰作战，编队内仅有 1 艘具备远程防控能力的防空驱逐舰，以致在超出己方陆基航空兵掩护半径后，无法有效抵御苏联海军航空兵超声速轰炸机发射的空对舰导弹的威胁。其次，直升机部署方式很不科学，全部 6 架反潜直升机集中搭载于 2 艘驱逐舰上，战斗中一旦有一艘驱逐舰“挂掉”，整个舰队的反潜能力立马减半。

在认识到这种编队方式的缺陷后，海自立马改弦更张，从 1985 年起将护卫队群的编制大幅调整为全新的“八・八舰队”模式，旨在整体增强舰队反潜、防空和反舰能力。此次调整牵涉到舰队编组方式和舰种变更两个领域，和原有的“八・六舰队”相比，重新编组的“八・八舰队”把直升机驱逐舰的数量由 2 艘削减为 1 艘，防空驱逐舰的数量则从 1 艘增至 2 艘，仅仅增加 1 艘防空驱逐舰，舰队的区域防空能力就得以倍增。第三步也是最为关键的一步，就是停止研发和装备原本作为舰队基干力量的反潜驱逐舰和多用途驱逐舰，转而重点建造融合两者性能优势的通用型驱逐舰（DD）。通用型驱逐舰搭载了新型防空导弹，增加了点对点的防空能力，还能搭载反潜直升机，可同时兼顾反潜对空和对舰作战，在使用兼容性上具有很大的弹性。不仅如此，通用型驱逐舰在护卫队群中的数量也增加到 5 艘。和“八・六舰队”相比，“八・八舰队”的防空和反舰能力实现飞跃性进步，反潜能力也是稳中有升，编队中的直升机驱逐舰、防空驱逐舰和通用型驱逐舰分工协同、各司其职。20 世纪 80 年代的这次大规模调整改革奠定了海自未来 40 年舰队编制体制的基调。

到冷战结束时，日本组建了 4 个“八·八舰队”（即 4 个护卫队群）。20 世纪 80 年代，海自以在日本海和鄂霍次克海封锁苏联潜艇部队为主要任务，这期间，日美联合演习的频率不断增加，规模与日俱增，通过联合演习大幅度提高了海自的战术水平，强化了日美联合反潜能力。到 1991 年，海自兵力达到 4.37 万人，编有 4 个护卫队群、6 个潜艇队、6 个地方队、7 个航空群和 2 个扫雷队群，主要水面舰艇 62 艘，潜艇 16 艘，作战飞机 214 架。在这个时期，海自成长为美国海军在太平洋地区最重要的合作伙伴。到 21 世纪初，日本已悄无声息地成为亚洲海上强国，海自也成为亚太地区仅次于美国的第二大海上力量。

虽然日本在经济上号称“失去了 20 年”，但这段时间对海自来说却是迅猛发展的 20 年。随着海自任务日趋复杂多样化和军事科技的长足进步，海自的职能定位也由相对单纯的“保卫 1000 海里交通线”向兼顾远洋反潜、弹道导弹防御等多种作战任务的方向转化。

作战样式和任务的变化，使得海自水面舰队编制体制又发生了新的变动，不过此次调整改革采取的是一种更为隐蔽也更为经济的模式，其目的在于通过强化作战平台的性能而使整个舰队作战效能发生质变。具体而言，就是在看似维持原有 1 艘 DDH+2 艘 DDG+5 艘 DD 的八舰体制不变之前提下，对这三类基干舰种进行升级换代，实现海自护卫队群由反潜型向熔反潜、防空和反舰能力于一炉的综合型舰队转变。首先，以全通甲板设计、具备现代航母特征的 2 艘“日向”级和 2 艘“出云”级直升机航母取代“榛名”级、“白根”级直升机驱逐舰。同时，模糊原先 DDG 与 DD 之间泾渭分明的界限，最新一代“爱宕”级 DDG 成为海自有史以来第一种拥有直升机机库的防空驱逐舰，而作为海自新一代通用型驱逐舰代表的“秋月”级也由以往只具备有限防空能力、以反潜为主的作战平台一跃而升级为具备区域防空能力的新型舰种。

同盟的代价

客观地说，日本的海上力量建设相当具有计划性和操作性，通过脚踏实地的积累发展了可观的作战能力。到目前，海自舰艇开始向大型化发展，舰载武器实现了导弹化，改变了以前单纯重视反潜武器的做法，重视飞机在反潜作战中的作用，大力发展海上航空兵，注重质量建设。

但是日美同盟的存在也让海自付出了堪称惨重的代价。比如海自常年采购大量海上巡逻机以维持所谓反潜“百机体制”，并注重水雷研发以封锁关键海峡和水道，这些举措可以解读是在为美军作嫁衣——弥补了美军反潜作战能力的不足，补充和捍卫了美国的军事进攻能力。再比如，战后几十年间，海自发展出了异常强大的扫雷能力，以致海自赴海外扫雷变成了展示日本外交能力的“招牌”，而实质仅仅是为了弥补美军因不太重视而相对薄弱的扫雷能力。这是一种多米诺骨牌效应，相关装备的畸形采购对日本来说意味着防卫力量结构的高度倾斜，曾一度到了离开驻日美军，日本就无法独立防卫其本土的程度。其实自卫队将领们也对这样的短视感到苦恼，尽管他们心知肚明却无计可施。从海自成立直到本世纪初，日本海上军事战略总是从属于美国的亚洲战略，海自缺少一个独立的身份，某种程度上只是驻日美军的附庸。

补给舰为主战舰艇供油

当然，日本是一个传统的海洋国家，发展海军有成熟的经验，日本海上力量在历史发展进程中逐步形成了独特的作战思想。一是不宣而战，由海军实施战略偷袭或进攻。二是“大炮巨舰主义”的海上决战思想。建设现代化海军，确保海上交通线是日本国防发展战略的重要思想，认为海洋国家的军事作战是以击破假想敌国的海洋战斗力，封锁海洋，从海洋向沿岸地域进行短促的军事干涉为特色的。三是“封锁与保交”思想。所谓“封锁与保交”，其内涵就是坚持《日美安保条约》，以封锁对马、津轻、宗谷三海峡和保护1000海里海上交通线为主要作战任务。因为日本四面环海，离开海上运输则无法生存，特别是吸取二次世界大战时被美军封锁失去海上运输线的教训，所以一向视海上运输线为生命线，可以说海自几十年的发展都是围绕这一主线的。

从发展状况看，海自在反潜、反舰和防空能力方面努力维持着相对平衡，不过似乎还不足以将海自视为具备完整力量编成和装备体系的独立“海军”。在日美联盟的约束下，从更广泛的层面来讲，今天的海自仍以配合美军作战为目标，只是美国海洋战略的附属物，缺少独立而连贯的海上军事战略和军事理论，从这个意义上而言，海自仍然只是一支在特定领域专业能力很强、部分领域有缺陷的海上力量。

离开美军，海自的独立攻防能力很可能“半身不遂”，当然，一旦美海军第七舰队和海自组成一支联合海军，其在西太平洋到印度洋海域将横行无忌。但是反过来说，海自力量的发挥须臾离不开美国在日本的海上军事存在，更离不开日美同盟，这个同盟一旦破裂甚至瓦解，缺乏真正航母编队的海自并不真正具备与海军强国进行独立抗衡的足够能力。

第二节
“联合舰队”高歌猛进

直升机航母的“带刀护卫”：“宙斯盾”防空驱逐舰

为提高“八·八舰队”的防空作战效能，海自从20世纪80年代末开始建造了装备“宙斯盾”作战系统和“标准”-2MR区域舰空导弹的“金刚”级防空驱逐舰。不过随着苏联的解体，日本的假想敌突然消失，其继续打造先进防空驱逐舰的必要性受到日本社会严重质疑，不过就在海自骑虎难下之时，第一次朝核危机爆发，朝鲜于1993年5月突然在日本海上空成功发射可覆盖日本的“劳动1型”导弹，震惊了日韩民众。拜金日成所赐，在一片“保卫领空”的呐喊声中，本来预定要下马的“宙斯盾”防空驱逐舰建造项目不但没有停止反而快马加鞭，

加装反导功能的“金刚”级防空驱逐舰

2016 年 10 月，防卫省为新型驱逐舰“朝日”号举行命名和下水仪式

于 90 年代一口气服役 4 艘“金刚”级（分别为“金刚”号、“雾岛”号、“妙高”号、“鸟海”号），从而使日本成为继美国之后世界上第二个拥有“宙斯盾”系统的国家。

2000 年 12 月，防卫厅发表的“01 中期防（2001—2005 年）”批准再建造 2 艘新型“宙斯盾”驱逐舰，代号为 14DDG 和 15DDG（意为在天皇纪年平成十四、十五年批准建造），由三菱重工长崎造船厂牵头建造，每艘造价 1400 亿日元，其中 14DDG 于 2007 年服役，配属护卫舰队麾下第 3 护卫队群，命名为“爱宕”号，15DDG 于 2008 年服役，配属护卫舰队麾下第 2 护卫队群，命名为“足柄”号。

下面援引日方公开的关于“爱宕”级的技术数据，简要介绍该级防空驱逐舰的结构布局以及所搭载各型装备的性能。

布局结构

“爱宕”级总体设计采用美国“伯克”Ⅱ A 级驱逐舰为蓝本，但其尺寸和吨位比“伯克”Ⅱ A 级要大。“爱宕”级全长 164.9 米、宽 21 米、吃水 6.2 米，标准排水量 7700 吨、满载排水量 1 万吨，最大航速 30 节，续航力为 6000 海里/20 节，人员编制约 310 名。

一般来说，军舰的战斗力和它的颜值成正比。平心而论，“爱宕”级的外形还是比较吸引眼球的，它采用了目前较为流行的高干舷、方尾设计，大飞剪型舰首，舰体横向剖面为深 V 形，舰体丰满且明显外飘，从舰体中部到舰尾部变化不大。全封闭式上层建筑以一体化设计集中在舰体中部，基本分为舰桥、烟囱和直升机库三段。在武器系统配置上，“爱宕”级在舰首布置了1门Mk45Mod4型舰炮，两座烟囱之间分别设有2座四联装和4座四联装反舰导弹反射装置，舰桥前甲板和直升机机库顶部配有垂直发射系统。

“爱宕”级非常重视隐形性能，其上层建筑为倒“V”字形，并尽量减少和遮蔽外露的装备，舰面还算简洁。为降低雷达信号特征，“爱宕”级将直升机机库宽度扩展为整个主甲板宽度，上层建筑侧壁呈一定角度内倾，表明光滑流畅，面与面的转角处全部采用圆弧过渡。烟囱外形也设计成多面体，主炮塔采用隐形多面体外形，舰面采用大量隐形涂装，这一切的一切都是为了减少雷达反射信号。

不仅如此，“爱宕”级在降低红外信号方面也煞费苦心，比如在烟囱、暖通、动力舱等发热部位都覆盖了隔热材料，烟囱内部安装了喷水降温系统。在红外特征最强大的排气管顶部安装了红外抑制设备。“爱宕”级还通过采用大量低

“爱宕”级防空驱逐舰每年都是海上自卫队阅舰仪式的主角

噪声机械设备、在主要设备上采用减震浮筏技术等手段来降低辐射噪声。针对动力系统这一最大噪声源，舰艇将LM2500燃气轮机安装在双层隔震弹性基座上，主机舱安装隔音防震舱壁。为降低螺旋桨转速，“爱宕”级还采用了5叶可调螺距螺旋桨，并应用了气幕降噪技术减少螺旋桨发出的空泡噪声。不过有一点可以说是白璧微瑕，就是“爱宕”级的隐形设计并不是非常彻底，上层建筑布局的众多装备、天线和栏杆在一定程度上影响了整体隐形性能的发挥，逊色于欧洲同类新型驱逐舰。

动力系统

在动力系统方面，“爱宕”级为全燃联合动力（COGAG），主机采用4台通用电气公司的LM2500燃气轮机，单机功率为25060马力，持续总功率10.2万马力，双轴推进。机组配置方式为4台发动机分成两个机组配置在前后2个机舱内，巡航时每个机组各开动一台发动机，高速航行时则4台并联齐驱。

为增强防护力，“爱宕”级的舰体和上层建筑全部用高强度钢建造，重要舱室如作战指挥室、通信室、弹药库、动力舱等都设在主舰体内部，舱壁采用“凯夫拉”装甲进行保护，具有很强的抗冲击性。此外，“爱宕”级装备有自动化的防核武器、生物武器和化学武器的过滤通风系统和先进的自动化损害管制措施，具备较强的抗毁伤能力，生存度相当高。

“宙斯盾”系统

作为铁杆盟友，“爱宕”级毫不犹豫采用了美国洛克希德·马丁公司的“宙斯盾”7.1型作战系统。这个系统不但具有强大的区域防空能力，还兼顾了中近程防空、反潜、反舰和反导作战能力。“宙斯盾”7.1型作战系统配备了新型AN/SPY-1D（V）相控阵雷达，具有极强的海上区域监控能力，尤其是提高了弹道导弹防御能力。AN/SPY-1D（V）相控阵雷达是“宙斯盾”系统的作战核心，4块八角形天线阵面安装在舰桥四周，可在以本舰为中心的360度半球形视域场内快速探测、识别和跟踪上至太空、下至海底的400—600个目标，对空搜索

“爱宕”级上密布各种尖端装备

距离最远高达1000千米。AN/SPY-1D（V）还可自动评估目标的威胁程度，设定攻击的先后顺序，同时对12—18枚飞行中的“标准”-2舰对空导弹发送中段修正指令，并且还提高了探测低空掠海目标和在濒海环境中滤除海面杂波的能力。总的来说，AN/SPY-1D（V）提高了探测、跟踪弹道导弹的能力，能够探测到射程远、末端速度很高的中远程弹道导弹。

区域与近程防空武器

“爱宕”级采用美制“标准”SM-2 Block Ⅲ A/B舰对空导弹作为主力防空武器。“标准”SM-2 Block Ⅲ系列是世界上最先进的中远程舰对空导弹之一，它配备高爆战斗部，具有较强的目标毁伤能力、命中精度和抗干扰能力，可有效拦截超低空高速飞行的反舰导弹等目标，能够在距离本舰20—25千米处拦截高度在10—15米的超低空目标的能力。“爱宕”级的96个Mk41导弹发射单元可混合装载80枚“标准”SM-2 Block Ⅲ A/B舰对空导弹和16枚“阿斯洛克”反潜导弹，既可单发又可多发连射，最小发射间隔为1秒，可同时攻击12个空中目标，抗饱和攻击能力相当强大。

在近程防空武器方面，“爱宕”级的近程防空武器采用2座Mk-15“密集阵”Block1B近防武器系统，它具有红外搜索跟踪装置，可提供24小时被动搜索和多光谱探测跟踪能力，能在复杂环境下实施全天候作战，特别是对掠海飞行的反舰导弹具有较好的拦截能力。

反导能力

为对付日益增长的朝鲜弹道导弹威胁，“爱宕”级在设计上要求具有海基弹道导弹防御能力。早在2008年初，“爱宕”级就装备了“标准”SM-3 Block1A，从而成为海自第一艘具备反导拦截能力的“宙斯盾”舰。“标准”-3导弹主要用于拦截大气层外沿预定轨道飞行的中远程弹道导弹，最大飞行速度12马赫，最小拦截高度15千米，最大拦截高度160千米，对高空目标最大射程达到500千米。主要有2艘装备“标准”-3导弹的“宙斯盾”防空驱逐舰，其防御范围即可覆盖整个日本本土。这种导弹的拦截方式采用波音公司研制的“动能拦截弹头”直接撞击目标，弹头由“标准”-3导弹发射到数万米高的大气层外，通过内装的高灵敏度红外传感器探测临近的弹道导弹，凭借巨大的动能摧毁目标。

舰载直升机

“爱宕”级在舰尾设有1座直升机机库，搭载1架SH-60K反潜直升机。SH-60K是2005年新服役的反潜直升机，在世界范围内看也比较先进，其最大飞行速度250千米/小时，作战半径200千米。SH-60K装有大量高新电子设备，包括日本自行研制的新型低频主动吊放声呐、ISAR逆合成孔径雷达、25管声呐浮标投放器、磁探仪和前视红外装置等探测设备，还增加了与僚机进行战术情报交换的功能。SH-60K执行反潜任务时可携带2枚97式反潜鱼雷（Mk46型也可）或深水炸弹。97式鱼雷是日本自行研制的新型反潜鱼雷，配备有威力较大的成形装药战斗部，不但可以攻击高速、深潜目标，还增强了在浅水区对付潜艇的能力。SH-60K还能挂载4枚激光制导的AGM-114M空地舰（对地）导弹（射程8千米）和1挺7.62毫米机枪，具备一定的反舰能力。

反舰武器

“爱宕”级主要反舰武器为2座4联装90式（SM-1B）舰对舰导弹发射装置，备有8枚90式中程舰对舰导弹。90式反舰导弹是日本20世纪90年代初研制成

“冬月”号首航仪式

“爱宕”级上的新型AN/SPY-1D（V）相控阵雷达

功的，最大射程150千米，巡航高度30米，末端攻击时导弹会自动下降到5—6米，距离目标3千米时可突然跃升而后俯冲攻击目标，以降低被拦截的概率，这种导弹单发命中概率高达95%。它可通过数据链接收来自SH-60K舰载机、预警机、反潜巡逻舰等探测平台的超视距目标指示信息，以打击150千米以外的各种超视距水面目标。不过“爱宕”级的对地攻击武器非常贫弱，只有1门Mk45Mod4主炮，不具备远程对地打击能力。

截至2016年末，海自的防空驱逐舰共有“旗风”级2艘（分别为“旗风”号和“岛风”号），搭载“宙斯盾”系统的“金刚”级4艘，以及“爱宕”级2艘。其中4艘“金刚”级已陆续接受信息化升级改造，特别是加装了反导系统。2艘非“宙斯盾”系统的“旗风”级驱逐舰自1988年服役至今即将满30年，其具备强劲反导能力的后继舰种27/28DDG已在紧锣密鼓的研制之中。设计建造中的27/28DDG整体结构、动力系统、各类舰载系统等都承袭自“爱宕”级，基准排水量8200吨、满载排水量1.1万吨，全长169.9米，体量比“爱宕”级更大，在作战功能上更为突出反导能力。到2021年最后一艘兼具防空反导能力的28DDG列装护卫队群之后，“旗风”级将全部退出现役，海自8艘具备高度防空反导能力的新型作战指挥体制将最终打造形成。

由于日本政治环境的限制以及海军作战思想的影响，“爱宕”级重点关注的是区域防空和反导作战，舰对地作战能力相对薄弱。而且“爱宕”级的“宙斯盾”系统和动力系统都引自美国，对美国技术有着很大依赖性，这是“日美同盟”带来的负面作用。

海上“多面手”：“秋月”级通用型驱逐舰

为了不至于过度沉溺于“反潜之上”的偏科，海自急需建造一种作为舰队基干力量的通用型驱逐舰，将过去以反潜为主的战术指标修正为吸收最新军事科技进步成果，兼具较强反潜、防空和反舰能力的新型舰艇。在这样的作战指导的指引下，2012 年 3 月，通用型驱逐舰“秋月”级首舰“秋月”号服役，之后“秋月”级就像“下饺子”一样，其 2 号舰至 4 号舰“照月”号、“凉月”号、“冬月”号保持每年一艘的节奏投入现役。

总体设计

作为“村雨”级、“高波”级的防空强化版，“秋月”级在总体设计上仍保

“秋月”级 2 号舰“照月”号

“秋月”级 4 号舰“冬月”号

持了前者的特征，在舰体设计上继续沿用海自使用多年的高干舷平甲板船型、深“V”形舰体，舰桥到舰艏明显呈上扬态势。自舰艏向后分为前部舰桥、主桅杆、前烟囱和后部的后烟囱、直升机机库两大构成，彼此之间以一层甲板式相连。值得一提的是，直升机机库前部增加了 FCS-3A 雷达天线的安装平台。

“秋月”级主要几何数据为长 150.5 米、宽 13.4 米、型深 10.9 米，标准排水量 5000 吨，满载排水量 6800 吨，比“村雨”级、“高波”级增加了 400 吨左右。在动力系统方面，“秋月”级仍沿用从“爱宕”级 DDG 开始的全燃动力模式（COCAG），不过主机统一换成了 4 台由石川岛播磨重工按许可证实现国产化的英制“斯贝”SM-1C 燃气轮机，双轴双桨推进。与“爱宕”级动力系统的布局相同，4 台主机每 2 台一组分别布置在 2 个机舱内，巡航时启动其中的 2 台，高速航行时则开足马力，4 台并联。为了降低水下声噪，“秋月”级也采用了气幕降噪技术的 5 叶变距螺旋桨。

舰载战斗系统

“秋月”级直接采用防卫省技术研究本部研发的“先进技术战斗系统”（ATECS），成为继“日向”级搭载后第二种装备该系统的海自舰艇。这款系统是海自多年潜心研究的集大成者，主要包括先进战斗指挥系统（ACDS）、火控指挥系统、反潜战情报处理系统（ASWCS）和电子战管制系统（EWCS）4 个子系统，各子系统间以光纤网络连接，再通过舰载网络与舰上其他系统相连。在 4 个子系统中，作为战术情报处理中心的 ACDS 是 ATECS 整个系统的核心，全舰或友舰的雷达、红外探测仪、声呐等搜集到的信息将由其统一处理，而后再和火控系统相配合，指挥舰载武器进行相应的作战行动。而 ASWCS 则负责整合舰上所有反潜传感器和反潜兵器，构成舰载反潜战系统。

防空效能

防空能力是“秋月”级的研制重点，该级驱逐舰也被称作“迷你宙斯盾”，可见其防空效能不会是浪得虚名。“秋月”级搭载了日本最新国产的 FCS-3A 型主动相控阵雷达，取代了此前装备于“村雨”级的 OPS—24 型三坐标对空搜索雷达。FCS-3A 是世界上第一座投入使用的主动相控阵雷达，其研制始于 1986 年，前后历经 14 年的艰苦努力，到 2000 年方告定型。该雷达采用 4 组固定式相控阵雷达天线，分别被布置于舰桥顶部桅杆基座平台和舰体后部直升机机库前部的安装平台上，前后各 2 组，每组覆盖 90 度方位，4 组天线即可实现 360 度全方位覆盖，一套 FCS-3A 能同时控制 10 枚以上舰对空导弹拦截多个空中目标。

得益于大幅提升的探测能力和多目标拦截能力，“秋月”级搭载的新型 RIM-162B“改进型海麻雀”舰对空导弹（ESSM）的防空作战能力得到了进一步发挥。舰艇舰艏炮位处安装了 4 座 8 单元发射装置，合计 32 个发射单元。按照海自重视反潜战的传统，其中 16 个单元装备了以许可证生产的垂直发射型“阿斯洛克”反潜导弹，另外 16 个单元则搭载了 64 枚 ESSM。除了主要防空武器的 ESSM 外，“秋月”级也装备了必要的近距防御武器 CIWS，其舰桥前部和后部直升机机库上方的 2 座 Mk-15“密集阵”Block Ⅰ B 近距防御系统是海自所有主战舰艇上的标配模式。

反潜能力

在反潜能力上，“秋月”级延续了海自一贯的“反潜之上”的传统，也延续了通用型驱逐舰标准的由舰载反潜直升机、垂直发射型“阿斯洛克”反潜导弹和轻型反潜鱼雷构成的远、中、近三位一体的反潜网络。其中，担纲中距反潜任务的“阿斯洛克”反潜导弹系由美制同款导弹升级改造而来。这款导弹飞行速度为0.9马赫，最大射程20千米，可自动搜索、识别和攻击水深40—1000米的水中目标，使敌潜艇无处遁寻。近距反潜主要由安装在舰体中部的2部HOS-303型三联装324毫米鱼雷发射管发射的97式轻型反潜鱼雷负责，该鱼雷最大航速40节，作战深度600米。

反潜直升机主要承担远距反潜任务，反潜机对于舰艇的价值已经越来越为海自所重视，甚至认为一架反潜直升机的作战能力不亚于一艘驱逐舰本身，这个主题后文会详述。由于采用双机库设计，使得“秋月”级成为第一款具备能同时携带和使用2架反潜直升机的驱逐舰，虽然此前“村雨”级号称在紧急状态下可容纳2架直升机，但其机库内却只有维护1架直升机的设备，给人以“务虚”之感，而“秋月”级双机库设计却是设备齐全的。不过从实际运用来看，为节约经费，“秋月”级一般只搭载1架最新型SH-60K型舰载机。

反舰能力

在反舰能力方面，“秋月”级装备的SSM-1B型舰对舰导弹系参考美制“鱼叉”导弹基础上研制出来的国产型号，主尺度和性能都与“鱼叉”相似，具备攻击视距外目标的能力，搭载量也是2部四联装发射装置，合计8枚导弹。“秋月”级还搭载1门美制Mk45 Mod4型127毫米舰炮，该炮为美国海军Mk45系列最新改进型，炮塔采用隐形多面体设计，炮重25吨，发射普通炮弹时最大射速20发/分，对地对舰射程39千米，对空射程15千米，具有很强的对舰对地攻击和支援能力，也可用于打击低速飞行的飞机，被公认为国际先进的大口径舰炮。在电子战方面，“秋月”

“秋月”级具备较均衡的反潜、防空和反舰能力

级装备海自标准的NOLQ-3综合电子战系统，另有4座Mk36 Mod12箔条诱饵发射装置以及4型拖曳式鱼雷诱饵。

“秋月”级的建造基本上可以被视为海自远洋舰队由反潜型向综合型过渡的一个缩影。纵观“秋月”级全舰，从总体设计布局到各个子系统，无一不是海自使用多年的成熟装备，其最核心的舰载战斗系统也有着在“日向”级上运用的经验。常年军事科研积累所表现出来的雄厚技术在某种程度上不能不让人佩服。随着“日向”级和“出云”级的陆续入役以及空自F-35即将引入，海自综合作战力量与真正意义上的航母编队之间已经不存在多少距离。即使海自舰载航空兵建设还不具备条件，不过随着新型“八·八舰队”体制的成熟和“爱宕”级、“秋月”级新型主战舰艇的新旧更替，不远的将来，海自水面舰艇编队战斗效能可能会迎来质变的日子。

“凉波”号驱逐舰

第三节 二战航母满血复活

1942年6月6日，编入中途岛海战阵列的日本帝国海军“加贺”号航母被从美“企业”号航母起飞的多架舰载机击中，带着万分遗憾沉入海底，这艘服役于1928年、曾经的侵华海军主力顷刻间灰飞烟灭。

日本二战期间的“加贺”号航母

谁也没有料到，73年后的2015年8月27日，“加贺”号起死回生。这一天防卫省为一艘新型直升机母舰命名为“加贺”号并举行了隆重的下水仪式，超过3500名普通民众来到横滨矶子造船厂一睹号称“亚洲最大军舰”的真容。2017年3月22日，“加贺”号正式服役，被编入佐世保基地的第2护卫队群，并成为该舰队的旗舰。该舰队服役标志着海自联合舰队的4个护卫队群分别拥有1艘直升机航母作为旗舰，也意味着海自20世纪头20年4个最重要的舰艇发展项目——“出云”级直升机母舰、“爱宕”级防空驱逐舰、“秋月”级通用型驱逐舰和“苍龙”级AIP潜艇全部取得突破性进展，海自新一代主战舰艇阵容悄然成形。

亚洲最大直升机母舰的颜值

“日向”级和“出云”级都将关注的焦点放在舰载机的搭载和使用上，不过后者更甚于前者，“日向”级拥有较为完备的防空反潜装备，而“出云”级拥

2015 年 8 月，防卫省为“加贺”号举行下水和命名仪式

有更大的船体，能够更出色地发挥为舰载机提供作战平台的功能，为此不惜将自身的防御系统降低到最低限度。

体量

从外观上看，“加贺”号可谓满满的即视感，它基本上是“日向”级的 2.0 版，其右舷分布着大型舰岛，舰首至舰尾由整块甲板贯通，从这个角度而言它有些类似于航母。它在外观上和“日向”级最大的不同是舰首吃水线以下没有装备半圆形声呐。“加贺”号对航空能力表现出了异乎寻常的重视，为了不妨碍舰载直升机起降，防空导弹发射装置没有安装在甲板上而是分布在舷侧，而且较之“日向”级，“加贺”号增设了一个舰载机起降点，达到 5 个。而且，考虑到执行多样化任务需要，舰内拥有搭载大型运输车辆的足够空间。

关于“加贺”号船体结构的主要参数如下：

○基准排水量：19500 吨

○满载排水量：26000 吨

○全长：248 米

○飞行甲板最宽处：38 米（不含升降机）

○高：23.5 米

○吃水：7.1 米

○发动机：4 台 LM2500 燃气轮机（COGAG），双轴推进

○输出功率：112000 马力

○航速：30 节

○舰载武器：2部“拉姆”近距离导弹防御装置、2部20毫米近距离防御武器系统

○舰载机：7架SH-60J或K型警戒直升机，以及2架MCH-101扫雷·运输直升机

○编制员额：约520名（其中司令部50名，女性队员90名）

“加贺”号驾驶舱

与“日向”级相比，“加贺”号的基准排水量增加了6000吨，满载排水量增加了7000吨，长度增加了51米，最宽处增加了5米，是目前海自最大规模的舰艇。

最高30节的航速与各国重型航母相比也不落下风。“加贺”号的发动机和发电机构造与“日向”级相同，随着船体的增大，输出功率也增加到112000马力，不过该舰的自我防御系统也缩减到了最小限度。“加贺”号乘员共520人，比“日向”级多了170人，这些人主要是飞行员和航空管制人员。其中常备人员为450人，而“日向”级只有100人左右，舰内居住区域面积因此大幅增加，并尽量确保宜居性和舒适性。

主要配置和布局结构

飞行甲板右舷中央是由舰桥、桅杆和烟囱构成的一体化舰岛。舰岛分五层，桅杆高约50米，由于设置了临时燃料输送装置，前后烟囱占据了较大空间。舰岛前部负责舰艇操控，设有通信设备室、气象海洋观测室，舰岛后部区域主要负责舰队指挥和分配作战任务，舰岛侧面设置了飞行员候机室。舰岛前后部都装备了OPS-50有源相控阵雷达，这种雷达不具备“日向”级FCS-3多功能雷达拥有的导弹控制引导功能，不过在桅杆的下端装备了OPS-28水面雷达和OPS-20航海雷达。舰岛前部甲板装备了11联装“拉姆”近距防御系统，原本配置在

“日向”级甲板正面的NORA-7卫星通信装置被挪移到了飞行甲板的侧面。舰岛03甲板前部是舰桥，后部是航空管制室。舰桥后部设有舰长休息室。“加贺”号有两部用于飞机运输的升降机，位于前部的升降机和“日向”级相同，是隐藏式的，另一部升降机采取了甲板式。甲板式升降机在构造上向右舷大幅突出，在舰艇停靠栈桥式码头时会受到相当大的制约，难以作业，但也同时大幅提升了舰载直升机运用的自由度和便捷度。而且隐藏式升降机，其位于飞行甲板下部的机器室占据了很大空间，而甲板式升降机这方面的制约要小很多。

设计人员根据“日向”级的运用经验和教训，在舰体总体设计上不断优化，比如，在飞行甲板右舷位置设置了人行通道，方便通行和作业，并将“日向”级原本位于舰岛前方飞行甲板的海上补给装置和直升机供油装置移到了舰尾。前面提到，舰岛前部甲板装备了11联装“拉姆”导弹发射装置，在舰尾左舷的第四甲板也有这种装备，舰尾右舷则装备了20毫米“密集阵”近程防御系统。

“加贺”号共设有八层甲板，飞行甲板（即第一甲板）之下是第二甲板，这层甲板是舰艇的作战指挥中枢，指挥控制中心就位于此，旁边是舰载机乘员候机室、士官室、军士长室、舰长室、司令办公室以及医疗区。在第一升降机的前部是乘员居住区和士官寝室。机库占据了第三到第五甲板，其天花板相当于第二甲板，地板是第五甲板，共有两个，停放库旁边是直升机维护保养区。机库甲板与升降机和用于车辆进出的步板相连。第四甲板两侧位置是停放登陆艇的空间，第五甲板左舷设有飞行控制室和

“加贺”号上的官兵

民众参观“加贺”号崭新的舱室

停船装置。位于直升机停放甲板下面的第六甲板称为应急甲板，甲板中部设有操作室兼应急指挥所，旁边有食堂（该舰有 3 个食堂）、厨房，需要指出的是，为给乘员提供可口的饭菜，食堂人员的编制数量较多。此外这层甲板还分布着从事各种业务的办公室、士官寝室和科员居住区，机械室、发电机室也位于这层甲板。第七甲板设有第一、第二发动机室，科员居住区，冷库和航空弹药库。第八甲板是“加贺”号的最底层，这层主要是航空弹药库和仓库。由于该舰兼有补给功能，因此仓库里堆满了各种燃料罐、淡水储存罐。

与“日向”级相比，“加贺”号在设计的诸多方面得到了改进和完善。考虑到人员规模的增加和任务的强化，舰上大幅扩充了医疗场地设施，医疗区占据了很大空间。医务区分为手术室、牙科、集中治疗室、医务办公室等多个科室。“加贺”号的另一特点是增加了乘员居住区面积，由于舰上常备人员由“日向”级的 100 名猛增至 450 名，舰艇势必要增加乘员的居住空间以适应执行任务之需。船体右舷的侧门比“日向”级更大，30 吨以上的大型车辆也可进出自如。舰内总共可以搭载 50 辆陆自通用型载重卡车，还可运载空自“爱国者 -3”导弹发射车。当然，通过舷侧的升降机也可将车辆、物资运入机库。

此外，随着人员数量的增加，食堂的规模也相应扩大，每个食堂都配有相应的厨房，可做出上百种款式的菜肴。此外，海自对舰艇管理非常严格，舰上对安全、战备、卫生等事项都有严格的规定。以“加贺”号为例，舰上每扇水密门槛底部、通道、舱室内一些突出部位上都涂有黄黑相间的夜光油漆或贴有舰艇安全警示牌，以防舰员碰伤。每台仪器设备上都有标签，设备使用、维护责任人的姓名、职务和保养要求等等都清楚标明，以严格落实使用、维护和保养责任，有的舰艇虽然服役一二十年，但舰上见不到一丝污迹，每个角落每件物品都是崭新的。不过，虽然“加贺”号较之“日向”级在很多方面都做出了改进，但也有一些不足，比如登陆艇停放库直接暴露在光天化日之下，据说由于经费不足而未安装遮盖板。

发动机室

“加贺”号的发动机构造和“日向”号相同，由 4 台 LM2500 燃气轮机组成，双轴推进，可变螺旋桨。由于船体的增大，势必要加大马力，“加贺”号通过燃气轮机输出的功率竟从“日向”号的 12000 马力陡增至 112000 马力。发动机室的结构和“日向”号类似，分为第一和第二机房两处，中间还设置了备用机室。每个发动机室都装备了 2 台 LM2500 燃气轮机和减速装置，第一机室负责左舷轴的运转，第二机室负责右舷轴的运转，备用机室和发电机室都装有主发电机。而发动机的操控室位于舰桥内，同时，前面提到的位于第六甲板中央部位的舰艇操控室兼应急指挥所也能对舰艇进行操控。由于舰艇中央是机库，因而发动机和发电机的排气口都经右舷直通舰岛的烟囱。送气口位于舰岛以及左右舷的主船体上部，各送气口都采用隐形和防波设计，烟囱也使用了反雷达探测材料，发动机和减速装置采用了防震设计和水下防噪设计。该舰的供电模式采用的是极为少见的高压配电方式。这种配电方式在商船上较为多见，但在需要精密电流的舰艇上还不曾看到。高压配电方式的详情目前不得而知，但据说该配电方式能够有效减小电阻，提升供电效率。

弱化舰载武器的深意

“加贺”号直升机母舰的舰载武器可以用寒碜来形容，只装备了两部 11 联装“拉姆”导弹发射装置、两部20毫米“密集阵”近程防御系统，以及鱼雷防御装置。这样的配置根本无法单独遂行防空和反潜战，这种明显暴露短板的设计是出于什么考虑呢？其实，真正目的旨在通过减少舰载武器的配置，腾出大量空间以最大限度保障航空功能的运用，谋求制空权的获取。

飞行甲板

“加贺”号的直通型飞行甲板也称为第一甲板，其长度为245米，几乎和该舰的长度相等，宽38米，而“日向”级飞行甲板长195米，宽33米，因此“加贺”号的飞行甲板面积约是“日向”级的1.5倍。作战装备的削减为“加贺”号大幅增加了航空运用的空间，该舰可确保7架SH-60J型反潜直升机和2架MCH-101救援运输直升机同时执行任务，最多可搭载14架。

由于船体设计成倾斜形，相对而言上宽下窄，因此其飞行甲板的宽度比吃水线所在平面的宽度要大得多。飞行甲板右舷中央部位的舰岛宽度和“日向”级相同，该部分飞行甲板宽约29米，完全可以容纳直升机起降。舰岛左前方有一部隐藏式升降机（长20米、宽13米），舰岛后方右舷侧面有一部甲板式升降机（长

“加贺”号的飞行甲板

15 米、宽 14 米），此种设计方式使得战机输送和运用更为便捷。飞行甲板左舷侧设置了 5 个直升机起降点，同时右舷前部还设有一处停机点。飞行甲板侧面设有人行通道，提升了通行和作业效率，这一设计是“日向”级所没有的。人行通道设有直升机供油设备和消防设备，此外还安装有通信装置等支援设备。考虑到甲板左侧战机起降之需，各种探测天线都安装在飞行甲板的右舷部位。

机库

机库位于飞行甲板之下，可以通过升降机的操作将战机直接输送到飞行甲板上。机库占据了舰内很大一部分空间，长 125 米，宽 21 米，高 7.2 米，比“日向”级大很多。从舰首到中部分别设置了第 1、第 2 两个停放库，中间用防火帘隔开。第 1 停放库前部是升降机操作间，左侧是机电室，该停放库后部直通右舷侧门，方便车辆进出。第 2 停放库后部右舷侧直通另一部升降机的操作间。不仅如此，考虑到“日向”号的多功能性，机库还为陆上自卫队的 3.5 吨载重卡车和航空自卫队“爱国者 –3”防空导弹牵引车预留了停放位置。机库左舷部位设置了第 1、第 2 停放库控制室，用于引导管制库内的战机、车辆的出入，以及紧急情况下指挥消防设备的使用。

连接机库的是战机整备保养库，保养库的天花板就是飞行甲板，其空间很大。此种设计可能并不是为了仅仅满足直升机维护保养的需要，完全能够满足其他大型战机的保养需求。战机整备保养区和机库之间也是用防火帘隔开。可以想见，机库能够容纳的直升机数量应该是“日向”级的两倍。而且第 1 停放库的前部和战机整备保养库的后部还设有车库，牵引车和其他车辆在此停放绰绰有余。

航空功能区划

除机库外，舰上与航空运用相关的区划还有很多。舰岛后部配有航空管制室，该室不仅担负着引导飞机起降的任务，也负有对飞行甲板上的飞机实施管制的职责。舰岛内还设有舰载机飞行员待命室和气象水文观测室，气象状况是直升机执行任务所必须掌握的最紧要信息。位于飞行甲板之下的第二甲板设有舰载机乘员待命室，用于乘员等候命令或休息。紧邻机库的是位于左舷第三甲板的维护保养人员待命室，而在第五甲板左舷则是舰载机养护室。同样在第五甲板左舷还设有航空电子技术员工作室，主要负责飞机电子器材的存放和维护，此外在第五甲板还设有舰载机养护电源室、充电室以及各种仓库等。舰内还设有舰载机专用的弹药库，弹药通过专门的升降机运送到甲板。对舰载机实施燃料、弹药（导弹、鱼雷）的装卸作业不在机库内进行，而在飞行甲板上进行，这是出于一旦发生火灾，尽量把损失降低到最小限度的考虑。与航空装备相关的区域除了前述之外，在舰艇前后部都设有航空燃油存放室、水泵室、消防器材室、声呐器材库、火工品库和其他相关仓库。另外，桅杆顶部还设有TACAN型天线，桅杆中部还有与直升机进行通信联络的雷达。

“加贺”号航母宽敞的直升机机库

停放在机库中的 SH-60K 反潜直升机

航空保障设施

二战后，日本舰艇在设计上充分吸取了战前重进攻不重防御的深刻教训，注重人性化和安全性，这与战前日本海军的舰艇设计理念形成了鲜明对照。战前日本陆海军都片面强调进攻而轻防御，忽视中弹情况下的紧急处置，极其不重视损管训练，导致战时本不该沉没的舰艇常因缺乏应急处理能力而沉入大海。“加贺”号所有的甲板地面都喷涂了防滑涂层，而且机库、车库、维修保养库都装有舰载机和车辆的固定装置，防止船体不稳时车辆移动。飞行甲板的舰首和舰尾部分都装备有安全网，飞行甲板侧面人行通道也比“日向”级更宽。在舰载机起降点附近，装备有飞机供油装置、灭火器以及其他各种必要的保障器材。一旦飞行甲板着火，不但可以使用消防水管，还配有海水喷洒装置，能快速利用海水进行灭火。

从“加贺”号的实用性这一点来看，它完全是从实战出发着手设计的，考虑到在战时船体可能被击中而浸水的情况，舰上不但安排了大量的消防装置，也设置了排水装置和排烟装置。同时，舰上布满了各种管道，如灭火管（分为海水类和化学类）、注排水管、通风管，还有作为舰载机燃料的油管、真水管、空气管等。对直升机供油方式有两种，一种是在飞行甲板上进行供油，另一种是对处于悬停状态的直升机进行空中供油。为防止火灾，对直升机实施供油和燃料装卸作业同样不在机库和维护保养库内进行。

舰载机须全天候执行任务，特别是夜间训练时一般都会模拟实战，实行局部灯火管制，即使是舰载机起降也没有例外，必须将灯火使用控制在最小范围，无论是飞行员还是甲板作业人员都必须适应这种环境，只能在只有微弱红灯的条件下作业。当然，飞机在舰上起降需要一定的航空标识灯来引导，主要分着陆指示灯、甲板状况灯、界限灯、舰首尾灯、甲板照射灯、上部建筑照射灯等。

海自对航空装备的极度重视，实际上是对二战前海军忽视舰艇航空、防空能力陈旧思想的纠正。二战前日本舰艇设计理念上仍沉浸于一战前的“巨舰大炮主义”，即比谁的火炮口径大、射程远，以大炮对轰的方式将对方击沉，这种作战理念只有在缺乏航空力量的情况下才可能适用。太平洋战争前后的日本海军全然不顾时代和战争样式的变化，依旧狂造巨型战列舰，在航空力量主导战争进程的二战时期，这一陈旧理念彻底破产。以“大和”级的二号舰“武藏”号为例，该舰满载排水量 72809 吨，舰身长 263 米，舰上有 3 座三联装 460 毫米口径主炮，该炮最大射程 40 公里，光炮弹就重达 1460 公斤；还有 4 座三联装 155 毫米火炮，6 座双联装 127 毫米高炮。当时世界上还没有在吨位和舰炮火力上能和“武藏”号及其姐妹舰“大和”号相提并论的战舰。然而由于制空权的丧失，毫无掩护的“武藏”号在 1944 年 10 月 24 日的莱特湾海战的“死亡之旅”中，在 9 小时之内即被美军炸沉，证明了“巨舰大炮主义”的完败。虽然日本早在 1922 年就独立建造了当时世界上第一艘真正的航母——“凤翔”号，但日本海军并未真正认清航母的意义。战后的海上自卫队充分吸取了作战思想落后、不重航空能力的沉痛教训，格外注重舰艇航空支援能力的发挥，并在“加贺”号设计建造上发挥到了极致。

贫弱的舰载武器系统

由于运用思想稍有不同，“加贺”号的武器系统和之前的“日向”级有着较大差异。“日向”级搭载一套完备的武器系统，装备有舰对空导弹（ESSM）、“阿斯洛克”反潜导弹以及 20 毫米“密集阵”近战武器系统，还有垂直发射系统和反潜鱼雷发射装置等反潜武器，具备不亚于普通护卫舰的独立战斗功能。与此形成鲜明对照的是，“加贺”号的武器仅能用于自我防卫，只是装备了两部 11 联装“拉姆”导弹发射装置以及两部 20 毫米“密集阵”近程防御系统，以及鱼雷防御装置。

其中，20 毫米“密集阵”近程防御系统反应速度快、射击精度高，射速高达每分钟 3000 发，主要用来对付低空来袭的飞机和导弹，有效拦截距离 1.5 千米。该近程防御系统在“日向”级上也有，但所不同的是，“日向”级上的是最新型的装备，而“加贺”号上的则是老款，由于预算吃紧，不得不将原本安装在退役护卫舰上的相同装备拆卸下来转用到“加贺”号上。

“加贺”号的武器系统中可圈可点的是首次引进了“拉姆”导弹发射装置。

“加贺”号上的“密集阵”近距防御武器

该武器业已装备在美海军独立级沿海战斗舰上。该武器系统的特点在于，只要操作手预先设定好发射条件，就能够在威胁迫近时自动发射，最大限度地缩短反应时间，提高战斗效率，而且不需要安装制导装置，日本媒体声称该系统能够有效击毁超低空飞来的巡航导弹。为了不留死角，总共安装了 4 部近距离防御系统，其中两部是 20 毫米“密集阵”近战武器系统，另两部为 11 联装“拉姆”导弹发射装置。

“加贺”号自身不拥有反潜武器，当然也没有反潜指挥系统，而只能纯粹依靠反潜直升机执行反潜任务。舰上的声呐系统采用的是和“秋月”级通用性驱逐舰相同的 OQQ—22 声呐，能够探测鱼雷和漂浮水雷。“加贺”号还配有“日向”级所没有的鱼雷防御系统，该系统能够被动探测敌鱼雷在水中航行所产生的声波，从而投射静止式干扰器和移动式干扰体进行防御，使敌方鱼雷偏离预定射击目标。

“加贺”号装备有用于对空搜索和航空管制的 OPS–50 有源相控阵雷达。直升机母舰的防空雷达对于舰艇周边区域进行航空管制和空域管理极为重要。OPS—50 在同时追踪多个目标方面具有极佳的可靠性，对于承担舰载机基地的直升机母舰而言是一款非常适合的装备。此外，“加贺”号还装备了用于探测反舰导弹的国产 OPS–28 水面雷达。但有日本军事专家对此提出疑问：为什么不采购国外物美价廉的高性能 X 波段雷达，而要选择这款昂贵的国产雷达呢？此外，位于舰内第二甲板的作战指挥中心能够容纳 100 人进行联合作战指挥和训练。

舰上八角形的相控阵雷达

“加贺”号的最大舰载机搭载能力是14架，平时可能的搭载数量为7架SH-60K反潜警戒机和2架MCH-101扫雷运输机。SH-60K反潜警戒机于2002年度起由海上自卫队采购，当时设想每年采购7架，但由于最近日本严峻的财政状况，2013年度一架都未采购（2012年度采购了3架）。海自担心不追加SH-60K的采购数量，如果要满足直升机母舰的舰载机搭载需求，那么必定会出现通用性驱逐舰直升机数量不足的矛盾。也有人提出，如果实在无法解决这个问题，可以考虑用无人机来代替SH-60K执行任务。联想到近几年来海自无人直升机的研究论证费用连年翻番，可以推测此番言论并非空穴来风。由于舰载机数量不足，直升机母舰至今迟迟无法利用大规模机群进行空域管理科目的演练。

新型“八·八舰队”羽翼渐丰

从直升机护卫舰到直升机航母

直升机护卫舰始终是海上自卫队的作战核心，如果回顾历史，就不难发现，自卫队对于直升机护卫舰的渴望可以追溯到50多年前执行“一次防”时代（昭和三十三年至三十五年）。当时防卫厅就指出建立直升机部队之于反潜作战和护航不可或缺，并计划建造排水量6000—1.1万吨的直升机护卫舰（CVH），这一计划本已正式列入“二次防”（昭和三十七年至四十一年），但由于政局纷乱，造舰计划最后变成了一纸空文。

前面提过，到了“三次防”（昭和四十二年至四十六年）期间，以直升机为主力实施反潜战的夙愿终于实现了，搭载3架直升机的43DDH“榛名”级和45DDH“比睿”级开始研发和建造。4架舰载反潜直升机作为一个作战集群，考虑到保飞率，防卫厅认为须保持6架舰载直升机才有可能实现作战目标。随着直升机护卫舰的接连投入现役，一支拥有6架反潜直升机的护卫队群逐渐浮出水面。“四次”防决定创建多功能部队和反潜部队，为此重点发展能够搭载3架直升机的50DDH“白根”级护卫舰和51DDH“鞍马”级。在之后的“后四次防”时代，防卫厅的作战思想进一步发展，认为须以“八・八舰队”作为一个独立的作战单元，即设想一个护卫队群拥有8艘护卫舰和8架直升机。之所以将一个护卫队群的反潜直升机从原先“八・六舰队”中的6架增加到8架，是因为潜艇性能不断提升，而且潜艇逐渐具备在水下发射反舰导弹的能力，模拟推演的结果认为一个舰队必须配置8架反潜直升机才能满足作战需要。

“日向”级所属“日向”号和“伊势”号2艘直升机航母是在周边国家潜艇性能进一步发展的背景下出炉的，旨在有效应对新的威胁和遂行多样化任务。其建造计划在《2005年以后的防卫计划大纲》（以下简称“04大纲”）中提出，

停泊在港内的舰艇

"日向"级 2 号舰"伊势"号

以取代"榛名"级直升机母舰。"日向"号不但是反潜中枢，其战机指挥引导能力和部队通信控制能力也十分出众。此外，其兵员装备运输能力也远超之前型号的直升机母舰。另一艘"日向"级直升机母舰"伊势"号也于之后投入现役，取代"比睿"级。鉴于此前该舰在执行赴印度洋为美军输油、赴索马里打击海盗等任务过程中的不凡业绩，防卫省认为直升机母舰在使用时并不用拘泥于"八·八舰队"的编制体制，可以根据不同的任务灵活确定部队编成和所需舰艇、直升机数量。

"出云"级直升机航母首舰"出云"号的造舰计划也是在"04 大纲"中提出的，并在 2010 年度防卫预算案中予以确认和批准，作为"白根"级的下一代舰艇。同型号第 2 艘的造舰计划在《2011 年以后的防卫计划大纲》（以下简称"10 大纲"）中提出，并在 2012 年度防卫预算案中被确认和批准，作为"鞍马"级的下一代战舰。第二次安倍内阁成立后，日本判断其周边安全形势"日趋严峻"，认为周边各国的高性能潜艇不断投入现役、各国加大反舰导弹的研发采购、其领海领空多次“受到不法侵入”，安全保障环境的变化迫使日本对“10大纲”进行修正，谋求构筑新的海上防卫体制。

“加贺”号作为直升机作战运用的基地，大幅增加了舰载直升机数量，其直升机平时搭载数从“日向”号的4架（警戒巡逻机3架、搜救运输机1架）增长到目前的9架（警戒巡逻机7架，搜救运输机2架）。直升机不仅执行搜救和运输任务，更重要的是执行ISR（情报搜集、海上监控、侦察）任务和反潜作战任务。近年来周边各国的新型潜艇不断下水，对舰机之间在更广袤的海域实施联合行动提出了更多的要求，为满足连续作战需要，势必要配备更多数量的舰载机。不仅如此，“加贺”号拥有更多的内部空间，可以容纳多架陆上自卫队CH–47大型运输机，该舰还能一次搭载50辆执行灾害救援和岛屿攻防任务不可或缺的3.5吨卡车。此外，“加贺”号安装了“日向”级所没有的大型吊机和侧门，卡车和其他装备可从岸上直接开进舰内甲板，吊机也可将岸上物资吊运到舰上。

直升机母舰的服役经历

在此前执行灾害救援、联合军演等一系列任务过程中，DDH作为海上部队指挥中枢、直升机母舰和海上基地发挥了核心作用。2004年12月印尼海啸发生后，应印尼政府的援助请求，日本于次年1月紧急派遣了海上自卫队直升机母舰“鞍马”号、运输舰“国崎”号以及补给舰“常磐”号投入救援。第三护卫队群司令官一方面作为派遣部队最高长官坐镇“鞍马”号指挥救灾行动，另一方面负责与陆上、航空部队以及统合幕僚监部进行协调联络。日本舰载直升机首次出现在执行国际紧急救援行动的舞台上，陆上自卫队的两架大型直升机CH–47JA和一架多功能直升机UH–60JA由“国崎”号运抵灾区周边海域，而“鞍马”号则直接搭载一架警戒直升机SH–60J。海自舰艇成为陆自部队的海上活动据点，而“鞍马”号则是此次部队行动的指挥中枢和直升机作业中枢。不过遗憾的是，当时海自舰艇的综合性能还不尽如人意，虽然“国崎”号负责运载陆自直升机，

建造中的“加贺”号

但该舰由于舰内空间所限，并不具备大型直升机的搭载能力，不得不将直升机的旋翼取下固定在甲板上，到达灾区后以陆地为基地进行活动。

2011年3月11日东日本大地震发生后，新锐直升机母舰“日向”号于第一时间投入救灾，该舰不仅运用搭载的4架警戒直升机在灾区上空展开搜救行动，而且作为指挥中枢发挥了比以往DDH更重要的作用——既指挥同一海域执行任务的海自其他舰艇，又是日美联合救灾协调联络中心。灾难发生后，驻日美军和太平洋舰队迅速出动1.6万人执行代号为“友军支援作战”的救援行动，还派出了“里根”号核动力航母和“埃塞克斯”号两栖攻击舰。“日向”号利用其强大的指挥信息系统遂行了日美联合救灾行动，实际上，将之视为日美联合作战的实兵演练也不为过。“日向”号的直通型甲板构成了陆海空自卫队以及美军运送人员物资的海上中转基地，此外该舰还充分利用自身的医疗资源和携带的淡水为灾民提供医疗服务和洗浴服务。

2013年6月，陆海空自卫队远赴美国加州圣克利门蒂岛和彭德尔顿海军陆战队基地实施名为“黎明闪电—2013”的日美联合军演，主要演练水陆两栖作战，“日向”号和“宙斯盾”驱逐舰“爱宕”号、运输舰“霜降”号共同参演。“日向”号成为两架武装直升机AH–64D和两架大型运输直升机CH–47JA的海上基地，这一情形与2004年派遣DDH去印尼救灾时已是不可同日而语，当时的DDH尚不具备投送多架直升机的能力。在该次日美联合演习中，AH–64D和CH–47JA

每艘直升机航母都有数十名女性队员编制

以“日向”号为母舰，分别演练了对敌阵地火力压制和人员物资远程投送等科目，而陆自队员乘坐“霜降”号两栖运输舰搭载的登陆艇，携带车辆和迫击炮实施岛屿进攻战，与此同时，“爱宕”号的127毫米62口径舰炮为登陆队员提供了有效的火力支援。此外，美军的倾转旋翼机“鱼鹰”首次飞抵“日向”号实施起飞、着陆训练和升降甲板停放训练，同时，海自和陆自官兵还利用“日向”号的中央指挥控制平台演练了与美军的情报交换和日美联合指挥协调能力。通过此次日美联合军演，自卫队检验了“日向”号的综合作战能力和对“鱼鹰”的指挥运用能力。

未来旗舰功能如何发挥

日本作为一个岛国，资源匮乏，战略资源和商品市场都在国外，国民经济对海外资源的依赖性极强，海上交通线的安全是关系到国家生死存亡的根本问题。日本认为其周边安全环境正日益恶化，为确保海上交通线的顺畅，反潜和岛屿攻防成为海自当前和未来面临的最紧迫任务，而未来形成战斗力的直升机母舰舰队能为这一任务的顺利遂行提供有力保障。当前海自面临的最大威胁无疑是敌方高性能潜艇攻击海上交通线。直升机母舰作战体系一旦打造完成，海自能够从事反潜战的海域将从欧亚大陆东岸扩张到第二岛链。直升机母舰将确保从南海到巴士海峡东侧的海上交通线的安全，在第一岛链周边对抗中国的“区域拒止”战略，并为在一、二岛链之间航行的船舶提供护航任务，以及为来援的美海军航母打击群提供护卫支援。

一旦日本与别国发生战争，奉行“洋上歼敌”战略思想、以“保卫1000海里交通线”为使命的海自无疑将冲在第一线。在此之前，每支护卫队群中通常编有一艘“榛名”级或“白根”级直升机驱逐舰，载3架各型反潜直升机，而新型直升机母舰编队打造完成后，将取代“榛名”级和“白根”级。

2018年至2019年左右，海自将正式打造完成以2艘“出云”级和2艘“日向”级直升机母舰为旗舰的4个新型“八・八舰队”，每支舰队含1艘直升机母舰、2艘“宙斯盾”防空驱逐舰和5艘通用型驱逐舰。具体而言，新的舰队作战体制将是由“日向”级或“出云”级担任舰队指挥舰并负责反潜，2艘“金刚”级或“爱宕”级防空驱逐舰和5艘“秋月”级通用型驱逐舰分别担负舰队的远程和中近程防空和反舰任务，用于反潜和反舰作战。此外，舰队还配备一艘8000吨级的远洋综合补给船，担负舰队的远洋补给保障。届时，从2009年开始打造的新型“八・八舰队”将最终完成作战平台建设和技战术演练，部署在横须贺、佐世保、舞鹤以及吴港四个港口。

未来，以“加贺”号为代表的直升机母舰将扮演作战指挥中枢、反潜战中枢、通信指挥中枢、兵力投送中枢和海上补给中枢“四位一体”的角色，大幅提升新型“八・八舰队”的综合作战效能。

反潜作战平台

反潜侦察与作战历来都是联合舰队的强项。“日向”级以后的直升机母舰都装备有OQQ-22型声呐，能够探测鱼雷和漂浮水雷。“加贺”号还配有“日向”级所没有的鱼雷防御系统，该系统能够被动探测敌鱼雷在水中航行所产生的声波，从而投射静止式干扰器和移动式干扰器进行防御，使敌方鱼雷偏离预定射击目标。舰队所有驱逐舰都装备有1座八联装“阿斯洛克”反潜导弹发射装置和2座68型三联装MK46-5型反潜鱼雷发射管。MK46-5型反潜鱼雷采用主动和被动声波自导方式，速度大于40节，射程达11千米以上；“阿斯洛克”反潜导弹的射程在20千米以上，它是以MK46-5型鱼雷为战斗部的固体火箭助飞

以直升机航母为核心的作战指挥体制日趋成熟

鱼雷，用以攻击较远距离的水下目标。这些装备保证了舰队具备中近距离反潜能力。

舰载直升机作为舰队机动侦察和打击力量，是直升机母舰舰队实施反潜作战的中枢。每架SH-60K反潜直升机都载有4枚MK46型反潜鱼雷或MK9航空深水炸弹，用以攻击所发现的目标。在直升机母舰形成战斗力之后，光直升机母舰就至少自带4—6架反潜机，加上舰队中的1艘防空驱逐舰和4—5艘通用性驱逐舰各自携带1架反潜机，整个直升机母舰舰队所拥有的常备反潜直升机规模能达到10—12架。反潜直升机、反潜导弹和反潜鱼雷组成了直升机母舰舰队远、中、近距多层次反潜攻击力量，在战时能有效阻止邻国潜艇靠近其水面舰队，为舰队扫清数百平方海里的水面和水下障碍。

通信指挥平台

新型直升机母舰拥有比“日向”级和“出云”级更为强大的指挥通信系统。海上自卫队实施作战时，通常建立统一指挥、分区负责的作战指挥体制。指挥顺序为：防卫大臣经统合幕僚监部下达命令，联合舰队司令根据防卫大臣的命令，通过中央指挥系统给护卫舰队和其他作战集团下达命令，随之护卫舰队司令再向直升机母舰舰队下达具体作战指示，实施作战指挥。直升机母舰拥有强大的指挥控制平台，足以承担作战指挥中心的功能。2015年“加贺”号正式服役，下一代卫星通信系统也投入使用，以直升机航母为核心的护卫舰队构建起了实施网络中心战的有利态势。未来新型卫星通信技术手段能使海自舰队和美海军进行顺畅联络，共享时刻变化的海洋信息和敌海空军兵力部署情况。

兵力投送平台

直升机母舰舰队和目前的“八·八舰队”或“九·十舰队”在遂行反潜作战、岛屿攻防、大规模救灾等行动时，其周边须伴有多艘承担防空反潜任务的各型护卫舰，因此以“出云”级为代表的直升机母舰就能从单纯的战斗任务中解脱出来，作为海上基地而在兵员物资投送、为直升机提供作战平台等方面发挥更大的价值。以“加贺”号为例，它除了可搭载最多 14 架舰载直升机外，还能够存放 50 辆陆上自卫队的 3.5 吨载重卡车和多部航空自卫队“爱国者 –3”防空导弹牵引车，即使是 30 吨以上的大型车辆也可进出自如。不仅如此，还能容纳 10 辆岛屿攻防战必备的两栖登陆车，并可运送约一个大队 500 名全副武装的步兵，而这一数字恰好是实施两栖登陆和岛屿攻防所需的兵力。

海上补给平台

新型直升机母舰同时还兼有海上补给功能，以“加贺”号为例，该舰在一定程度上还是一艘补给舰，舰上携带的约 3300 千升燃料能为其他护卫舰进行海上供油，由此大幅提升整个舰队的机动能力和行动范围。“加贺”号最底层的甲板实际上是航空弹药库和仓库，堆满了各种燃料罐、淡水储存罐。在“3·11”东日本大地震后，“日向”号曾停泊于受灾较重的宫城县沿海，让数千名几周未洗澡的灾民上舰，为其提供洗浴服务和食宿，显示出了直升机母舰强大的后勤补给能力。此外，舰上医疗场地设施完备，医疗区占据了很大空间，医务区分为手术室、牙科、集中治疗室、医务办公室等多个科室，其中手术室有 35 张床位。

日本海自的野望

直升机母舰停泊能力评估

码头和栈桥是支撑舰艇执行任务最重要的港口基础设施，强度、长度和水深

民众观摩舰载直升机飞行表演

是考察码头和栈桥总体规模的基本要素，如果不能满足这三个要素，舰艇将无法靠岸停泊。以“日向”号为例，它基准排水量13950吨、满载排水量19000吨，全长197米，宽33米，吃水7米，其母港是亚洲最大的军港横须贺，为容纳其停泊，海上自卫队特地建造了名为“逸见码头”的新码头。该码头长390米、宽28米、水深11米，逸见码头的新建大大缓解了海自大型舰艇停泊设施不足的矛盾，增强了物资补给和后方支援能力。不过问题在于，今后“加贺”号能否在逸见码头靠岸？该舰长248米，比“日向”号还要长50米，满载排水量达到了26000吨，光是这一艘就能占据整个码头。不难想见，“加贺”号以及正在建造的直升机母舰“24DDH”服役后将给海自后方基地设施保障能力造成相当的压力。

客观而言，与其他发达国家相比，海自基地的舰艇停泊吞吐能力还存在一定差距，比如美国的圣地亚哥军港建有13座栈桥，可以停泊包括“卡尔·文森”号航母和“里根”号航母在内的60艘舰艇。当然，造成差距的原因一方面在于硬件条件建设跟不上舰艇下水的速度，另一方面也有自己的“委屈”：以横须贺基地为例，该港自明治维新起就开始经营，港内基础设施其实非常完备，但该基地不仅是海自横须贺地方幕僚监部所在地，更是美海军第七舰队司令部驻地，最好的硬件目前都为美军所占据和使用。比如美军在该基地共有各种码头18座，分为19个泊位，其中有2座分别长255米和280米的码头可供航母停靠，

1940 年建成的容积达 22 万立方米的干船坞也由美海军独自使用，该船坞最初是为建造第三艘“大和”级战列舰“信浓”号（该舰后改成航母）而建造的，现在主要用于维修航母，是美国在夏威夷以西海域唯一能容纳航母的船坞。不过即使美国海军占用了该基地最好的位置和设施，横须贺基地仍是海自最重要的基地，不但自卫舰队司令部驻扎于此，而且整个海自舰艇总数的 40%（约 115 艘）也驻泊于此。

除了横须贺基地之外，海自的主要舰艇基地还有大凑、吴、佐世保和舞鹤。大凑基地是支援北海道和日本海北部作战的重要基地，位于本州岛北端、陆奥湾东北部，与函馆、三泽共扼津轻海峡，水深较浅，只有 5—6.5 米，以前很难停泊大型舰艇，目前经过扩容已能停泊“村雨”级和“高波”级护卫舰，但不可能成为“日向”级及其以上规模舰艇的母港；吴基地现在是“日向”级二号舰“伊势”号的母港，它位于本州岛西南部濑户内海广岛湾，三面低山环抱，

海自舰艇停泊能力日益拓展

为天然良港，港口水深3—20米，可容纳80余艘舰船，并设有海上自卫队最大的油库和最大的船坞，但如果将来要停泊“出云”级的话，还须对栈桥进行扩建。佐世保基地是海自第二大作战和综合保障基地，它位于九州岛长崎县西北部，为黄海和日本海之间的交通要冲，扼朝鲜海峡。佐世保基地水域面积33平方千米，基地可修造大型舰船，但大部分区域归美军使用。从运用实际来看，该基地现有舰艇驻泊用的码头24座，海自近年来刚投入使用的栈桥式码头可容纳“日向”号和“伊势”号在港内停泊，未来也可能停泊正式服役后的“加贺”号，同时海自的4艘最新型的“宙斯盾”防空驱逐舰也驻泊于该基地；舞鹤基地是本州西海岸唯一的海军基地，位于本州岛西部，面向日本海，是海自在日本海作战的重要依托，而且南可支援佐世保，封锁对马海峡，北可支援大凑基地，控制津轻海峡。该基地水域面积25平方千米，水深6—20米，可停舰船60余艘。不过该基地舰艇停泊设施较为老旧，如果要停泊直升机母舰等大型舰艇，须对码头和栈桥附近水域进行疏浚。

总而言之，将来要让“出云”级自由出入上述基地，须对所有基地的舰艇停泊设施进行大规模改建和扩容。而且直升机母舰自身还存有一些特殊的矛盾。为保证飞行甲板有足够的面积，“加贺”号等直升机母舰左舷一般大幅向外突出，这意味着该舰旁边无法再停靠一般的护卫舰，为此一艘DDH将独自占据栈桥的一侧。而在一般情况下，一座码头每侧采用并靠方式能停靠2艘舰，共可停靠8艘。

军用码头的建造与扩容耗费时日，逸见码头从2005开始动工建设，5年后方告竣工。海自从目前各基地舰艇停泊设施的现状出发，认为以每个基地容纳一艘直升机母舰为目标对现有设施进行改建是符合实际的。不过问题没有这么简单，由于现在正在新建和扩建的码头、栈桥的长度有限，如果两艘直升机母舰同时入港，将会出现第二艘无法停泊的窘境。不仅如此，即使经过扩建，部分基地可能仍然不具备满足“加贺”号停泊的设施。如果真是如此，那就意味着“加贺”号和以后的24DDH无法在母港以外的基地停泊。

基地综合保障能力探微

各军港拥有完善的保障设施

后方基地对于舰艇的支援保障功能并不仅仅停留在码头和栈桥这一点上，各种舰艇补给设施不可或缺。海自的五大基地周围城市林立、工业发达、交通便利，可为基地提供丰富的物资支援和各种可靠的后勤保障。基地内普遍设有专用铁路线，码头上都有必要的工程设施，可用起重机和浮吊为直升机母舰等大型舰艇装运弹药、物资，基地内还设有军械库、补给中心、弹药库、油料库和海自医院。

当前，对停泊在基地的舰艇进行淡水补给和电力补给已经不成问题，不过电力补给需要有供电设备。当然，直升机母舰携带了发电机，能够进行自我供电，但这十分消耗燃料，因而也要接受来自陆上的电力补给，为了向“加贺”号这样的庞然大物供电，不得不对供电设备进行扩容。同时，对直升机母舰进行燃料补给也将成为一个大问题，以“加贺”号为例，该舰本身也兼有补给舰的功能，能对其他舰艇进行油料补给，因而需要携带比“日向”级更多的储油罐。而且，考虑到“加贺”号可以搭载14架直升机，还要为直升机准备巨量的航空燃料，所以基地必须使用专门的油轮对直升机母舰进行大规模燃料补给。值得关注的是，海自各基地拥有较为完善的储油设施，以横须贺基地为例，该基地储油设施面积约84万平方米，有大小油库37个，储油总容量约40万千升，品种有航空汽油、喷气机油料、汽车汽油、柴油机重油等8种油料。此外，离该基地不远的横滨还有旧海军时代就建造的柴油库，占地约52万平方米，并有26个储油罐，可储油约42万千升，可供油轮直接停靠装卸燃油。

舰艇维修保养能力也是评价基地综合保障能力的重要指标。海自基地普遍具备较强的舰艇维修能力，维修人员具备的基本素质、维修经验和能力都称得上是亚洲首屈一指的。海自每一艘舰艇的服役寿命、服役期间进行的定期维修升级以及日常的维护保养，都是在舰艇下水之前就制定好的。海自在长期的发展过程中逐步形成了一套较为完善的舰艇维修保障体系。一些紧急维修保障也会由民间船厂承担，造船厂则会对主战舰艇在服役期间进行一次“恢复原始状态”的换料复合大修，因此海自的舰艇维修能力也深得美国海军信赖。例如 1980 年 7 月美国海军“中途岛”号航母在菲律宾西南海面与巴拿马商船碰撞舰体破损后，虽然被拖到菲律宾苏比克基地修理，但仍然请求横须贺派技术人员前去支援，因此，一旦美军在亚洲海域需要维修航母，只有日本的基地可以承担此重任，否则只得开回夏威夷，或者航行 14 天远涉重洋开到美国的西海岸。

还有一个需要解决的问题就是防舷物，乍看这不是什么大不了的问题，但如果要保障大型舰艇在基地停泊，势必要准备特殊的防舷物，即使栈桥的长度、强度和水深都足够，也不一定能保证舰体顺利停靠栈桥。之所以需要特殊的防舷物，并非仅仅因为舰体巨大。考虑到隐形性，必须尽可能地减小雷达反射截面积，为此将舰体的横断面设计成倒“V”字形，可使敌方雷达接收到的反射波强度大为减弱，但就是这样一种特殊的船体设计，使得基地必须准备具有特殊形状的巨大防舷物。不过，目前海上自卫队没有哪个基地拥有这样的特殊防舷物。即使是某一艘直升机母舰的母港装备了与之相适合的防舷物，但若进入其他基地或是商用码头，将一筹莫展，唯一的办法恐怕是紧急将防舷物从母港运抵现场。这些问题都将制约着直升机母舰在母港之外的运用。

一旦舰艇在母港以外执行任务受到制约，会产生什么问题呢？为了回答这个问题，首先必须了解大型直升机母舰的作战构想。“日向”号以后的直升机母舰和之前的通用型护卫舰不同，以航空力量的集中运用为目的。战机种类既包括舰载警戒直升机，也包括投射陆上兵力装备的运输机。实际上，舰载机的运用并不会增加后方基地设施的负担，因为舰载机一般都会在舰艇驶离基地、到达目标海域后才会起降。航空部队所需留意的，是针对本舰的任务定位，大幅增加舰载机数量和航空人员的配备。

因基地设施制约所带来的负面影响是大型车辆的运输问题。“加贺”号设置了侧门，方便大型车辆进出和运输，而且连“爱国者 –3”型导弹发射车也能顺利出入。但问题在于，车辆进出“加贺”号时舰体必须停靠码头，由于一个基地的设施只具备保障一艘直升机母舰停靠的能力，这就意味着所有车辆只能开到直升机母舰的母港才能上船。如果是在紧急情况下要发射“爱国者 –3”防空导弹，而基地保障设施的局限又无法满足作战需要，这显然会给作战进程带来极为不利的影响。其实后方基地保障设施对于直升机母舰的制约并不仅于此，对直升机母舰进行消磁作业也是一项繁重的任务。消磁作业是为了去除舰艇金属外壳上残留的磁场，以免在运行过程中被其他潜艇和水面舰艇监测到，遭受水中武器的伤害。据日本媒体报道，目前海自五大基地消磁站的消磁能力还不足以对“加贺”号进行全面保障。

目标：远洋攻防

众所周知，后勤保障从来都是确保战斗力生成的重要来源，当前很多海自干部认为，自卫队到今天还没有摒弃战前“重作战、轻后勤”的落后思想，后方基地保障能力建设始终没有跟上新型舰艇研发采购的节奏，在作战运用的总体筹划上缺乏通盘考虑。实事求是地说，自卫

海自佐世保基地

战前海军军官的摇篮——位于江田岛的海军兵学校

队的装备发展水平、人员训练水平都是可圈可点的，这可以从战前陆海军官兵身上找到渊源，旧日军主战部队的整体素质一直比较高。以陆军参谋本部为例，自设立以来就非常重视作战指挥，“作战部”始终是强力部门，但是对于“兵站”的重视程度就差远了，这个“传统”直接影响到海上自卫队后方基地保障设施建设。

虽然海自基地综合保障能力目前仍不尽如人意，但这一状况已得到较大改观。2013年12月17日，日本首相安倍晋三主导的国家安全保障会议发布了新版《2014年以后的防卫计划大纲》，决定2014年度起增加2.6%的防卫费开支，其中提到“须加快海上自卫队的发展步伐，强化远洋机动作战力量建设和基地综合保障能力建设”。从某种意义上说，一个国家基地综合保障能力甚至比装备能力更紧要，因为从它的建设水平可以推测出这个国家能够支撑一场何种规模等级的战争。在装备发展上，安倍内阁意图不断推动海自舰队向大型化、导弹化、远洋化发展，重点发展直升机航母、“秋月”级新型通用性驱逐舰以及“苍龙”级新型潜艇，决定将现有47艘护卫舰增至54艘，增加2艘“宙斯盾”防空驱逐舰，达到8艘，并将目前18艘潜艇增至22艘。而为了支撑这一庞大的扩军计划，加大对基地保障设施建设的投入已是势在必行。

日本是一个始终充满危机意识的民族，虽然舰艇基地保障能力建设总体上滞后于其先进装备的下水速度，但主要原因并非基地基础设施落后而是装备发展步伐太快。从装备发展水平、基地保障能力、人员素质及训练水平以及曾经的战争经验而言，海自或已具备远洋攻防能力，初步具有支撑一场中等规模战争的能力。海上自卫队编制员额只有4.5万人，但它最大的特点是技术水平高、战斗能力强。目前，日本除了未发展核潜艇和航母外，拥有其他所有类型的作战舰艇150余艘、潜艇18艘，各型作战飞机230架，总体实力已超越拥有现役官兵3.7万人的英国皇家海军和编制规模4.3万人的法国海军，位居世界前列。

当然，一支军队的战斗力并不是只由它的硬件决定的，除了所装备的武器之外，还要看官兵对于装备的运用水平，更重要的是这支军队的战略思维和传统。不拥有战争经验的海军是不能被称作海军的，没有过胜利经历的海军也不能称为强大的海军，苏联海军的表现即为明证。虽然目前的《日本国宪法》不承认日本拥有军队，但由于旧日本海军和当前的海上自卫队有组织和战略思想上的血缘关系，所以海自有着比它所拥有的现代化装备更为可怕的威慑力量，它曾经在甲午战争、日俄战争和太平洋战争初期有过惊人的表现。

从近几年“日向”级和“出云”级直升机母舰接连下水的举动不难看出，日本不会放弃“航母梦”。日本是世界上较早研发航母的国家之一，二战期间，日本建造了25艘航母，太平洋战争初期一度横行海上，但到战败投降前只剩一艘航母“凤翔”号。战后，日本放弃进攻性武器的研发采购，航母自然也在禁止范围之内。但由于日本拥有建造航母的技术和基础，加上再现昔日称霸海洋的辉煌一直是其挥之不去的情结，日本国内几次出现要求重造航母的声音。

时至今日，日本受国内法律和国际法限制不能发展航空母舰等进攻性武器，不能发展实施远程精确打击的弹道导弹和巡航导弹，这成为日本打造远洋作战能力的最大障碍，但是值得注意的是，日本拥有发展航母的技术实力和经济实力，一旦需要就会很快拥有这两种装备。虽然日本将包括“加贺”号在内的4艘舰艇称为“直升机驱逐舰”，但从其排水量来看，每一艘都已达到了轻型航母的水平，因此它不只是直升机驱逐舰，实际上是以反潜为主的直升机航母，其设计离航母标准虽存在不小的距离，但它正向真正的航母靠拢，日本正是通过这种“小步快走”的方式，在技术上稳步积累建造和使用经验。而今后一旦有机会将 F–35B 或 F–35C 配置到直升机母舰上，直升机母舰将有可能变身为真正意义上的航空母舰，而不再仅仅将执行反潜任务作为主要目标。

第四节
恢复昔日“荣光”

日本版网络中心战怎么打

由于信息化装备陆续列装，盗版自美军的“网络中心战”概念逐渐成为指导海自建设的主流思想。所谓网络中心战，是指通过网络系统，将陆、海、空、水下、太空等环境相互联通，共享所有情报，在此基础上，在极其广大的空间迅速而高效地实施作战。这个概念是美海军中将阿瑟·塞布罗夫斯基于 1998 年在某会议论文集中提出的。除了网络中心战，他还提出了情报战（IW）和基于知识的作战（KBW）等新概念，这些后来都成为美军的建设方针，而网络中心战则是美军军事理论的核心。

“金刚”级 2 号舰“雾岛”号

日本防卫大臣稻田朋美视察“出云”号

日本人很快将上述理论落实到海自作战指挥体系的具体实践中。“综合集成射击指挥体系”是海自重点打造的下一代网络化指挥体系，该体系由E-2D预警机、“宙斯盾”防空驱逐舰、联合作战系统（J-CEC），以及SM-6远程对空导弹等众多尖端作战平台构成，试图将所有打击装备联为一体。其中的J-CEC是“综合集成射击指挥体系”的核心，集成了日本最尖端军事科技，它能够捕捉和融合陆海空天所有来袭目标的信息，实时将之传输到各部队，使海自各兵种之间、海自与美军之间实时共享敌水面舰艇、潜艇等目标情报，并且具备极高的精度。预警机一旦探测到超视距来袭目标之后，会通过J-CEC将目标定位和跟踪数据实时传送至“宙斯盾”防空驱逐舰，为其提供精确目标指示，即使驱逐舰自身不对目标进行探测，同样能够发射SM-6实施精准拦截。下一步，J-CEC还将与在日本西南诸岛最新部署的陆自、空自战术数据交换体系对接，实现陆海空之间的敌情信息共享，率先在其西南海域建成陆海空联合作战体系。

目前的“综合集成射击指挥体系”正处于调试阶段，相关联网装备尚在建造和试用过程中，计划2018年形成战斗力。海自2015年和2016年建造的“爱宕”级防空驱逐舰将搭载J-CEC和SM-6导弹，而E-2D预警机已于2015年列装航空自卫队。这个体系成熟后将同步和美军联合作战系统无缝对接，实现日美两军作战指挥体系互联互通。

为破解反舰导弹威胁，在网络中心战的作战理论指引下，海自将进一步优化以拦截导弹和飞机为目标的防空战（AAW）、以击毁发射载体为目标的反舰战（SUW）及反潜战（ASW）等作战样式。长期以来，以导弹拦截为主的防御性防空和反舰作战是海自主流作战样式，随着反舰导弹的远程化和高性能化，海自意识到今后必须实施进攻性防空战和反舰战——在敌舰艇和轰炸机进攻之前即将其击溃或使之失去作战能力。不久的将来，不仅是防空驱逐舰，作为舰队主体的通用型驱逐舰也将装备各型远程导弹。这样一来，海自的防御区域或大幅扩展，初步具备远洋作战能力。

先制攻击

中国老电影《地雷战》中的日军小队长有这样一句经典台词，“我们悄悄地进村，打枪的不要”，表现了日军趁天黑夜深偷偷进村袭击的情节。这些并非凭空杜撰，日本自古以来特别是明治维新以来历次战争的胜利，得益于突然袭击，以出其不意的时间、地点、方法、手段发起“闪击战”，达成作战目的。搞突然袭击和偷袭，是日本惯用的手法。

联合舰队所属舰艇实施海上射击训练

从世界海军发展史不难看出，未来海战爆发的突然性正在加大，现代作战如果没有完善的侦察保障，敌人的导弹随时可能袭来，而且速度之快是风帆时代所无法想象的。突然袭击正是习惯于以小博大的日本“擅长”的作战方式。海战尤其如此，从甲午第一战的中国运输舰“高升”号被袭，到日俄战争的爆发，再到偷袭珍珠港，这样的招法，日本在近现代屡试不爽。近现代的日本没有长时间与西方强国军事抗衡的实力，既要对美国开战又想稳操胜券，就必须以偷袭的方式先发制人，以闪电战的方式将对手击倒使其无还手之力。

无可否认，突然袭击常使日本在战争初期取得巨大优势。甲午战争开战具体时间选择在《日英通商条约》签订后。1894 年 7 月 16 日《日英通商条约》墨迹未干，19 日即向海军下达自由行动的命令，7 月 25 日在丰岛海面袭击中国运兵船；日俄旅顺港一战，日本击毁了俄国 3 艘装备最优良的战列舰“勒特维赞”号、“齐萨列维奇”号和“帕拉达”号，联合舰队据此取得了舰队的局部优势，暂时掌握了制海权；偷袭美国珍珠港，日本共击沉美各种舰艇 40 多艘，击毁美机 300 多架，毙伤美国官兵 4500 多人，使美国在珍珠港的太平洋舰队几乎全军覆没。

海战中突然袭击的威力也可用数据来说明。美国著名海军军事理论家韦恩·休斯指出，如果 B 方拥有 2 艘载有作战飞机的航母突袭拥有 3 艘航母的 A 方，B 方将能一举击沉 A 方的 2 艘航母，并立即拥有作战优势。如果是导弹联合攻击，则可能使整支舰队遭到类似的沉重打击。

为顺利实施“闪击战”就必须冒极大的风险，其成功必须具备诸多因素，并且创造出有利条件，日军自述关键在于“秘密准备，突然行动”这八字要诀。日本发动的战争无一不是经过周密准备、长期策划，待机而发的，因而总是选择对日本最有利的时间，突然向对手发起攻击。

为了达成未来信息化战场上的突然性，战场欺骗手段花样百出，否则突然性就难以达成。战术欺骗可能使敌人火力无效、侦察延迟或指挥混乱，并对舰队最终取得作战上的成功起到重要作用。虽然在当今时代，因为敌我双方都搭载了高性能的警戒监视系统，一支舰队要实施突袭而不被敌人有丝毫察觉已越来越困难，不过侦察系统作用距离大、结构复杂，对情报处理的过程也变得更加复杂，这都为战术指挥官实施战场欺骗打开了方便之门。

分散进攻战术：制海权关节点

海自联合舰队最大的担忧来自“周边大国”，认为“周边大国”的陆基反舰弹道导弹“东风”–21D、从俄国采购的各型俄制潜射导弹、轰–6携带的各型反舰导弹对海自和驻日美军构成严重威胁，因为这些反舰导弹较海自的射程更长，可进行超视距饱和攻击，特别是“东风”–21D具备直接击沉美航母的能力，自卫队担忧这将严重阻碍美海军及其自身在东海方向的军事行动。

为此，今后几年海自打算优化和改进舰队装备体系，引入更具进攻性的作战平台，与美海军联合实施所谓“超视距分散攻击”战术（系海自战术新概念）。所谓进攻性作战平台，是指建造拥有较强防护能力的小型水面舰艇，这些舰艇搭载比周边国家射程更长的导弹。为此海自拟制了有些一厢情愿的“未来作战想定”：战时，每一艘小型水面作战舰艇可自成一个作战单位，通过自卫队“综合集成射击指挥体系”的情报传输，在对方发射反舰导弹前即实施大规模导弹齐射，发动超视距饱和“先制攻击”，击毁发射载体。在获得制海权后，美军航母开进目标海域，向对手发起对地攻击。根据联合网上推演结果，海自与

海自举行舰艇海上分列式

穿越大桥的海自舰艇

美海军认为，小型舰艇是实施“超视距分散攻击”战术的先锋部队，有利于强化水面舰队整体作战效能。

之所以要实施“超视距分散攻击”，是因为联合参谋部认为未来海战的发展趋势是分散配置兵力，由指挥控制系统指挥疏散队形和分散部署实现对敌火力集中打击。以地面部队为例，它并不是均匀而是分群散布在战场上的，一个排是一小群兵力，一辆坦克相当于一个大群。在海上，舰艇无论是从火力、人力还是从造价来看都是更大的兵力群。一艘舰艇是所能分散的最小单位，当分散作为主要防御手段时，小型舰艇和分散的火力是一个重要优势，分散的小型舰艇增加了敌方寻找目标的难度，而大型舰艇虽有兵力集中的特点，有利于更好地打击敌人，但正由于对敌方威胁大，反而更容易遭到打击。二战时期太平洋上的航母互殴战说明，一支兵力应该集中还是分散完全取决于它的防御能力。在信息化的今天，如果指挥官率领的舰队由众多舰艇组成，并具有强大的防御能力，那么应集中起来歼灭敌人，如果他只有少量舰艇或防御能力薄弱，则应该疏散配置。

虽然地面或者舰队的防御系统可以击落或驱散大多数来袭飞机和导弹，但是当面对密集协同的空中攻击时，对空防御系统最终会在某些点上达到饱和，使得部分来袭导弹和飞机能够突破防御。因此，海自强调在未来海战中，其新型小型作战舰艇应采用超过对方饱和防御能力的集中攻击战术率先击破对方。

未来“海上打手”：濒海战斗舰现身

基于海自未来作战想定，引入濒海战斗舰等新型多功能护卫舰成为日本今后10年力量运用的重要一环。海自认为，新型濒海战斗舰列装后可满足全天候执行任务之需，平时可承担警戒监视、处置海上非法行为、布雷扫雷等多样化任务，特别是在发生不明国籍潜艇侵入领海等“灰色事态”时，濒海战斗舰将是首轮出动的主力舰艇。而在战时，则可发挥攻防兼备的效能。其一，可作为水面主战舰队的伴随舰艇，在防空驱逐舰外围实施警戒监视等防御性任务。其二，其搭载的各型导弹具备超视距对地、对舰、对空和对潜攻击能力，可作为水面舰队的先头部队主动迎击敌方舰队，构成分散进攻战术的重要一环。其三，可用于加强沿海和离岛地带的防御能力，并能在两栖作战旅开展“夺岛”作战时封锁沿海并实施对地火力支援。

具有科幻感的美军“濒海战斗舰”

“14 中期防”中可以找到新型护卫舰的踪影——DEX。与造价高昂的“爱宕”级防空驱逐舰和“秋月”级通用型驱逐舰相比，濒海战斗舰排水量小、造价相对低廉，但功能强大，具备一定反潜和反舰能力，2016—2020 年，日本将如下饺子一般建造 20 艘以上的濒海战斗舰。

日本濒海战斗舰的布局构造显然深受美国海军濒海战斗舰 LCS–1 的影响。船型上，DEX 和美海军 LCS–1 “自由”号采用的先进半滑行船体非常相似，而且艏部折角线更为明显、艏部横剖面也更趋尖锐，似乎有着糅合深 V 船型和半滑行船型各自优点的设计初衷。在规格和性能上，DEX 的排水量可能和“自由”号接近，主尺度应该也不会有太大差异，因此基于“自由”号 47 节的超高航速指标，想象力丰富的日本媒体认为 DEX 应该装有两台 MT–30 和两台柴油机的豪华配置，为时速 40 节的“海上飙车”提供必要动力。

在武器配置上，DEX 可能装备主炮、各型远程对舰对空导弹、深水炸弹和近距反恐武器，部分舰艇还将搭载 SH–60K 型直升机和 MQ–8B 型无人机，同时，舰载雷达天线以及舰载电子干扰装置等将实现集成化和小型化。而且有一点几乎可以肯定，一贯重视反潜和扫雷战的海自不会放弃在 DEX 上装备反潜和扫雷系统。

具有科幻感的美军“濒海战斗舰”

第五节
“海中忍者”伺机而动

2017 年 11 月，“苍龙”级 10 号艇“升龙”号下水

潜艇称得上现代海军关键攻击性武器装备之一，大致可分为战略核潜艇、攻击核潜艇和常规攻击潜艇三大类，前两者都属于核潜艇范畴，核潜艇无须燃料补给，不用浮上海面进行吸排气作业，理论上可在水下潜航数月甚至数年，但潜艇乘员是人，在没有昼夜之分的潜艇上连续工作的极限是 2 个月。战略核潜艇搭载潜射核导弹，长期在大洋中潜航，具备强大的核遏制能力，目前保有战略核潜艇的国家只有联合国五大常任理事国。攻击核潜艇具备复合型作战能力，既可以探测和追踪对手的战略核潜艇并择机将其击毁，也可在己方舰队外围担任警戒，用鱼雷或反舰导弹击沉敌方的军舰或商船，除此之外还可用巡航导弹攻击敌方地面目标或敷设水雷。常规攻击潜艇在潜航状态以锂电池推进，在海面航行时以内燃发动机推进，因速度小于攻击核潜艇而无法对其进行打击，但是在水中低速航行时发出的噪声极小，有利于在水下伏击敌方潜艇或水面舰艇。

海自目前不保有核潜艇，拥有可投入作战的常规潜艇 16 艘、训练潜艇 2 艘。对此海自高层长期怀有不满，认为即使从反潜、护航和封锁重要水路的角度考

二战期间的日本イ型潜艇 39 号艇

虑，潜艇数量至少应达到现有的两倍，提出了“潜艇倍增构想”。海自对战时潜艇部队的作战想定如下：封锁日本周边海峡和主要港湾，阻止敌方潜艇或水面舰艇侵入。由众多岛屿构成的日本拥有大量海峡，为提前阻止敌方潜艇在日本沿海敷设水雷或阻碍内部航路，海自要求战时至少须封锁宗谷海峡、石狩湾、津轻海峡东西出入口、仙台湾、东京湾、骏河湾、伊势湾、若狭湾、纪伊水道、丰后水道、朝鲜海峡、对马海峡、一歧水道、大村湾、岛原湾、鹿儿岛湾、大隅海峡和庆良间海域（冲绳岛与宫古岛之间的海域），按每处至少需部署 2 艘潜艇来算，至少需部署 30 艘潜艇。而潜艇出动率不可能达到 100%，为此须保有 40 艘以上方可执行战时海峡封锁任务。

二战中日本海军饱受美国潜艇封锁之苦，冷战期间又以苏联核潜艇为主要作战对象，所以战后 70 年来日本一直把潜艇视为“海中忍者”，作为重点来发展。2017 年 11 月 6 日，海自新一代“苍龙”级潜艇 10 号艇“升龙”号下水，预计 2019 年 3 月正式服役，编入海自潜艇舰队。此举意味着海自本世纪头 20 年 4 个最重要的舰艇发展项目——“出云”级直升机母舰、“爱宕”级防空驱逐舰、“秋月”级通用型驱逐舰和“苍龙”级 AIP 潜艇全部取得了突破性进展，海自新一代主战舰艇阵容悄然成形。

“苍流”的霸者

当前日本新型潜艇以祥瑞动物“苍龙”命名，与二战期间的“苍龙”号航母同名。“苍龙”级潜艇首号舰“苍龙”号早在 2009 年 3 月已正式入役，到 2020 年左右总共12艘“苍龙”全部竣工后，将成为新一代水下杀手。

停泊于日本著名军港吴基地的潜艇群

“苍龙”级堪称21世纪初叶日本乃至世界常规动力潜艇技术的顶峰之作。潜艇设计之初，海自就提出要实现三大理念——以新的“3S”（英文全称Smart、Stealth、Saving）取代旧“3S”（英文全称Single、Screw、Submarine，此前风靡世界的泪滴形设计正是秉承了此种理念）。何谓新“3S”？Smart意味着潜艇性能必须卓越，Stealth要求新一代潜艇必须更加注重隐秘性和低噪化，除满足前两个“S”之外，还要充分考虑到省钱这个因素，提出了以降低造价为目标的“Saving”理念。“Saving”还有一层意思，意味着新一代潜艇应兼备灵活性和小型化。

20世纪90年代中期，海自新“3S”技术日臻成熟并尝试在下一代潜艇上应用，其中最关键的是AIP技术。AIP英文全称为Air Independent Propulsion，是指“不依赖空气动力推进装置”。常规动力潜艇有个最大的毛病就是潜航一段时间就需要上浮至通气管航行状态，利用柴油发电机组对蓄电池充电。此时的潜艇很容易被发现和遭袭。回想起二战中德国的U形潜艇被盟军大批击沉的历史，就不难想象潜艇艇员在潜艇上浮充电时的心情是多么忐忑。正因如此，瑞典研制出了使用斯特林发动机的AIP装置，利用自身携带的氧气为发动机提供燃烧环境，提供潜艇水下航行所需的推动力。普通的常规潜艇水下航行时间一般不超过三天，而AIP潜艇至少能在水中闷上一星期，隐秘性较一般常规潜艇更优越，能够获得更长的“猎杀”时间而不易被对方反潜平台发现。

自卫队受“和平宪法”约束，不能研制与核有关的武器装备，而AIP技术使得常规潜艇的作战效能成倍提升，已经接近于“准”核潜艇，AIP潜艇自然成为海自潜艇部队的不二选择，于是宁静的大洋深处又掀起了一股躁动的暗流。2005年3月31日，第一艘AIP潜艇“苍龙”号在三菱重工神户造船厂开工，后续艇由该公司和川崎重工轮流建造。按照防卫省的规划，在下一代“高科技潜艇”服役前，日本以一年一艘的速度稳步推进着“苍龙”级潜艇的建造，计划2020年12艘潜艇全部入役。

设计有创意，性能更卓越

从性能上看，“苍龙”级综合集成了日本战后数十年积累的技术精华。“苍龙”级的外形与海自另一款常规潜艇“亲潮”级基本相同，艇形采用了所谓的“卷叶形”，水面排水量2950吨，水下排水量约3300吨，长83.7米、宽9.1米、高10.3米。艇体长度虽然比“亲潮”级增加2米，但考虑到其中有11米是专门的AIP舱段，该艇其实已经实现了小型化，并且最大限度地吸收改造了“亲潮”级的各项先进技术，堪称日本潜艇技术的集大成者，比如潜艇指挥台围壳和艇体上层建筑的横截面呈倒V字形锥体结构，艇体侧面还敷设了吸声材料，目的是吸收敌方主动探测声呐，提升隐身性。

“赤龙”号下水

“苍龙”级的动力推进系统包括2台柴油机、4台斯特林发动机和1台主推进电动机。该级潜艇水面最高航速12节，水下最高航速20节。斯特林发动机的搭载使其水下续航力比“亲潮”级有了大幅度改进，该发动机系瑞典考库姆公司的4冲程V4-275RMk3型，属于外燃机，燃料可持续燃烧，蒸发的膨

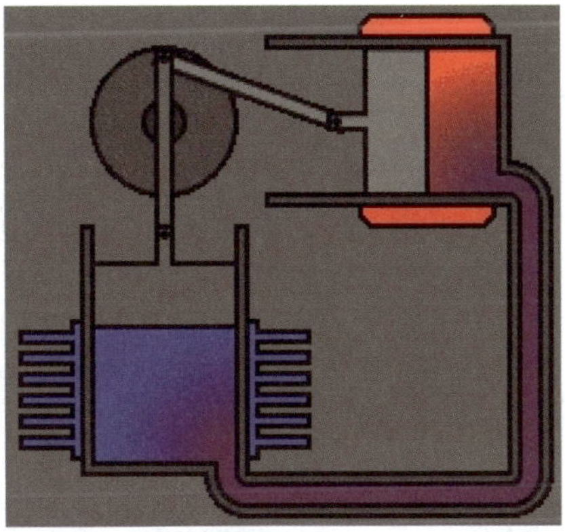

斯特林发动机的工作原理

胀氢气作为动力气体以供活塞运动，膨胀气体在冷气室冷却，反复进行这样的循环过程，就可把热能转换为机械能，为外机提供动力。

为使潜艇适应潜航状态的特殊环境，斯特林发动机内部有促进燃料和纯氧充分燃烧的高压燃烧器，可利用燃烧压力将燃烧生成的废气与海水充分搅和后排出艇外，不会在周围环境中形成气泡，从而减少尾迹，降低红外辐射。斯特林发动机不仅提高了燃烧效率，而且由于是连续燃料，比起柴油发动机的爆炸燃烧更能减轻振动而降低声噪。

斯特林发动机的额定转速为每分钟2000转，连续输出功率65千瓦(约88马力)，它作为辅助动力系统，主要是当潜艇在水下以4—5节的低速航行时使用，以此速度推算，水下可潜航至少2周而不必上浮，低于4节则持续潜航时间可延长到3周。

除了斯特林发动机，“苍龙”级潜艇的一体化控制系统也是亮点，比如将之前由各部门分头执行的监控与操作任务集中到了指挥控制中心，实现高效能集约化操控。一体化控制系统分为舰体控制系统和武器系统。舰体控制系统也称“人机指挥控制中心”，位于潜艇的左舷前部，布局非常流畅，主要由艇体操控台、X舵控制台和移动控制台构成，负责潜艇动力、航向、重量和艇内环境的管理，实现了对包括斯特林发动机在内的各种自动运行装置的远程监控和操作。“苍龙”级的艇上武器系统一般位于潜艇右舷部，主要负责潜艇的传感控制、信号与情报处理，以及攻击系统的操控，搭载了多功能水冷式通用控制台，还采用了商用综合情报处理系统。“赤龙”号艇首上部装备6门HU666型533毫米鱼雷发射管，可发射89式长鱼雷和反舰导弹，此外“赤龙”号还首次装

训练中的日本潜艇

备了鱼雷防御装置。

“苍龙”级的声呐系统由潜艇首部的圆柱形声呐、艇首上部的侦察声呐、艇体侧面的共形声呐基阵以及从艇尾释放的拖曳声呐等构成。此外位于武器系统后部的电子海图能够实时显示敌情或战斗情况。艇上除了有一套贯通式光学潜望镜外，还有非贯通型数字潜望镜，能够进行实时全方位监控搜索，将艇外的高清图像传输到电子显示屏上。

在潜艇建造方面，日本除了发展常规动力潜艇外别无选择，不过无论是常规动力潜艇的研发技术还是制造工艺，日本都跻身世界前列，这得益于日本“官民一体”的军工产业体制。潜艇建造对于企业的资金和技术要求极其严苛，战后担纲潜艇制造的企业只有川崎重工和三菱重工两家民营企业，每家企业都拥有独立的潜艇研发机构和生产线。在制造方面，川崎重工和三菱重工又将不同的零部件生产任务外包给其他中小企业，得到各种订单的中小企业不仅严格遵照合同办事，而且在交付产品时往往会拿出超越合同要求的更高品质的产品，这不能不说是日本“工匠文化”的传承。他们充分发挥日本人手巧艺精的特点，

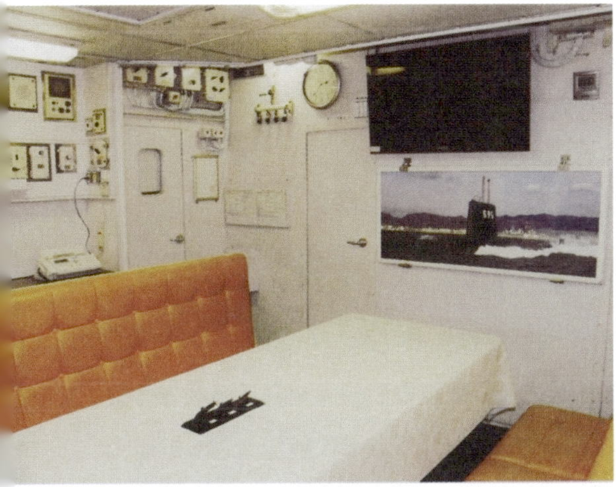
日本“亲潮”级潜艇内部

“黑龙”号举行首航仪式

将工艺锤炼到极致，通过这样的方式，所有参与制造的企业都共享了某一领域的技术成果。

自 1957 年三菱和川崎联合打造战后第一艘常规潜艇“亲潮”号开始，经过 60 多年的全力发展，川崎和三菱共自行研制了 9 种型号 45 艘常规潜艇。从 1976 年至今的 40 余年时间里，日本潜艇经历了“夕潮”级、“春潮”级、“亲潮”级，再到“苍龙”级的小步快走，到 2020 年，日本潜艇数量将从 16 艘扩充至 22 艘。

第六节
魔道之争：反潜技术新突破

反潜战被视作当今世界海军公认的最大难题。战后，在驻日美军“指导”下，海自逐渐被打造成适应美海军需要的辅助性军种，以反潜和扫雷为第一要务，俨然成为第七舰队“反潜小分队”。进入新世纪以后，为契合日美双方“空海一体战”的战略诉求，海自和美国海军进一步加强了反潜作战能力。一方面，双方不断进行反潜战演练，切磋联合反潜战术，与此同时，双方又不断研究新型潜艇搜索技术，并改良反潜武器，以求创新反潜作战模式，赢得反潜战的胜利。

潜艇与反潜技术互博

声学探测是当前反潜领域的核心技术，在对潜搜索、攻击和拒止方面发挥着重要作用。然而，潜艇静音化技术的实现，可能使现行反潜探测方式不再“灵光”。潜艇技术和反潜技术这种相互赶超的态势，经历了一个发展过程。

使用电波探测曾是二战期间重要的潜艇探测方式之一。二战中，美英通过电波广域搜索，围歼德国潜艇，取得了反潜战的胜利。大量战例表明，一旦潜艇觉察到自身被探测，即使进行紧急潜航，由于其速度较低，一般都无法顺利脱离战场。反潜部队只要把握敌方潜艇的大概方位，即可用声呐和磁性探测仪（英文缩写“MAD”）进行高效再探测。不过，从二战后期开始，潜艇采用通气管状态下潜航的方式，以及保持无线电静默或抑制通信输出等手段规避电波搜索，而战后核潜艇的登场也是对抗电波搜索的有效方式，这些规避手段使得电波搜索不再适用于反潜作战。

二战后，各国反潜部队加快了反潜技术研发的步伐，诞生、发展、成熟了以

潜艇浮上水面

声学搜索为主的被动探测模式。20 世纪 70 年代，美国海军反潜部队成功实现了远距离探测潜艇声噪。随后，基于这种被动探测模式，水下声音侦察评估系统（海底反潜网）、反潜驱逐舰和搭载高精度声学解析装置的反潜巡逻机 P–3C“猎户座”，陆续列装美国海军。正是由于这种被动探测模式的运用，反潜部队再次确立了针对潜艇的优势。这种模式可灵活用于广域搜索，定位和追踪敌潜艇，并将其歼灭。20 世纪 80 年代，海自引进了反潜巡逻机 P–3C，在演习中取得了对潜艇部队的重大战果。这表明，当时的潜艇已无法有效抵御基于声学探测的被动搜索模式带来的巨大威胁。

进入 20 世纪 90 年代，被动探测模式也开始面临严重挑战。为应对被动探测模式，潜艇技术持续改进，日益向静音化靠拢。静音化主要有三种方式，一是为各种机械装置安装由弹簧支撑的防振床以减小振动噪声，并使防振床避免直接接触耐压船体的边缘，阻断其在海水中的振动传播。二是对各种机械接续部的配管和阀门进行柔韧化改造。传统的刚性配管利于传播机械振动，而配管的柔韧化可大量吸收振动。三是增大螺旋桨口径以降低转速，抑制或者减少螺旋桨产生的空泡噪声。以上三种方式都是通过抑制不同机械结构产生的噪声，达成静音化。

之所以能够实现静音化，缘于能够实时监测潜艇声噪的噪声测定装置的研发。20 世纪 80 年代，潜艇还无法测定执行任务中潜艇的声噪，后来通过潜艇自带的拖曳声呐，从而得以大致测定潜艇的噪声辐射。到了 20 世纪 90 年代，随着噪声测定装置的列装，艇员已经能够在巡航过程中实时测定船体各处的噪声和振动。噪声测定装置通过平时的持续监测，及时判明微小噪声及其发生的区域，再通过对相关机械进行开关机操作确定噪声源，从而对该型机械设备进行静音化改良。必要时，可以停止使用该机械抑制噪声。静音化的成果，使得被动探测模式逐渐失效。

日美强调，随着周边大国军力的提升，日本海自和美国海军必须致力于实现潜艇静音化。日美认识到，周边国家以引进俄罗斯基洛级潜艇为契机，使潜艇的性能，特别是静音化水平得到长足发展。

反潜新技术横空出世

为对抗实现静音化的潜艇，日美正在研究演练新型潜艇搜索技术。当然，新

P–3C 反潜巡逻机仍是海自主力反潜装备

技术不再基于被动式探测原理。从能力上说，日美希望至少在距敌60千米外探测到敌方潜艇。目前，日美已着手研发此项技术，其中美国正研发大功率主动探测声呐，并意图投入大量无人机进行广域搜索，日本则致力于发展非声学的电波搜索法。

低频率主动声呐技术可能成为未来广域搜索的最有效有段。使用低频率设备能够有效遏制因探测距离增大而产生的音效衰减，而大功率震荡能够大幅增加探测距离，只要确保实现大功率，即可实现主动探测方式。该技术于本世纪初开始研发，据称可在150千米外探测到敌方潜艇。另外，低频率和大音压也同时得以实现。在试验中，主动声呐的实际音压达到了235分贝，音压传播到潜艇或疑似潜艇（鲸类）上能够反射给主动声呐，从而大致判明敌潜艇方位。这项技术目前仅局限于水面舰艇运用，美军设想在大功率发音弹列装后，反潜巡逻机也有望对潜艇实施主动搜索。不过，主动声呐技术还远未发展成熟，很难在短期内期待该技术实现飞跃性突破。

大量使用无人机也是未来潜艇探测的手段之一。按照海自的设想，无人机从空中、水面和水下大面积对敌方潜艇展开搜索。无人机安装主动声呐、磁性探测仪、水温感知器、红外探测器、柴油气味感知器等类型多样的传感器，将探测结果实时在传感器之间乃至无人机之间进行对比识别，从而探知潜艇。不过，与低频率主动声呐相比，无人机探测费用相对高昂。从这个意义上说，使用无人机对潜艇实施广域搜索的实用价值较低，未来海自可能将其作为低频率主动探测方式的后备手段。

电波搜索的复活。随着雷达探测技术的新进展，对浮出水面的潜艇实施电波探测成为反潜新手段，不过，该技术运用成功的关键在于敌方潜艇须整体或一部分浮出水面。实际上，潜艇不可能在所有阶段都处于潜航状态，即使是续航能力很强的核潜艇和不依赖空气推进的AIP潜艇，在对水面目标实施攻击时一般都要使用潜望镜进行确认，常规潜艇充电时也必须将通气管露出水面，这些动作都为雷达探测提供了可能。当前，日美通过舰载用X波段雷达和海上巡逻机反潜搜索雷达对敌方潜艇实施电波搜索，已经进入实战演练阶段，未来这将成为有效的搜索手段之一。

对反潜武器进行改良

在研发新技术的同时，日美还致力于改良反潜武器。这些反潜武器被改良后，可谓如虎添翼。

反潜鱼雷的改良。潜艇静音化技术不仅改变着现行探测模式，也深刻影响着对潜攻击武器的运用。当前，水面舰艇和海上巡逻机的反潜武器主要有反潜鱼雷、深水炸弹和水雷。其中，反潜鱼雷构成当前主要对潜攻击武器。不过，该型鱼雷也基于被动探测原理实施制导，由于潜艇静音化技术的实现，反潜鱼雷的威力大幅削弱。为此，日美认为有必要对鱼雷技术实施改良。当然，强化被动探测能力是不现实的。由于鱼雷在水中高速运行，其听音环境较差，不但如此，因鱼雷直径受到制约，无法增大传感器的尺寸，因此，鱼雷在信号处理方面已遇到瓶颈，缺乏进一步提升的空间。

根据日媒关于最新鱼雷技术的报道可知，改良鱼雷只有通过主动制导方可实现，增大主动振荡功率或者采用半主动制导成为今后发展方向，因为这种方式不再受听音环境和信号处理能力的制约。然而，要使新型制导方式有效，势必增大鱼雷尺寸以增加电池体积和

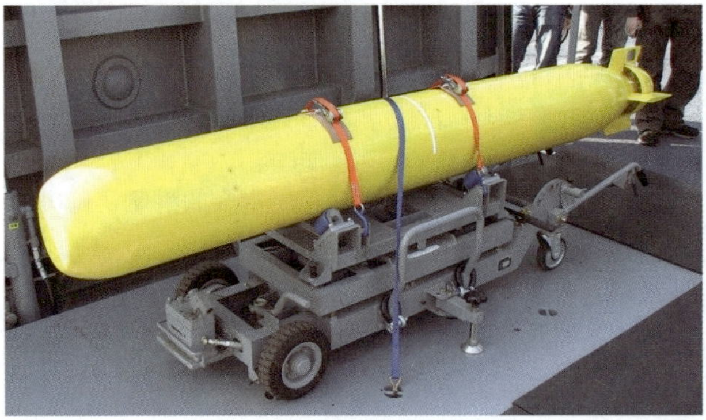

97式鱼雷模型

增强传感器功率，这意味着现有鱼雷发射装置不再适用。

值得注意的是，对反潜鱼雷进行改良并非可靠的对潜攻击手段，因为反潜鱼雷的攻击成效至今尚未得到实战和实践检验。马岛战争时，英国海军进行过唯一一次反潜鱼雷实战发射，可惜偏离了目标。当然，这并非是鱼雷性能不稳的原因造成的，事实上为避免鱼雷发射后误伤己方舰艇，一般都会为鱼雷设置固定发射水深（日美两国为反潜鱼雷设置的最浅水深为 15 米），但这样做，往往无法命中上浮中的敌方潜艇。

老式反潜兵器的再利用。重新装备深水炸弹、水雷、磁导探测器等无制导的老式反潜兵器，同样构成日美未来反潜策略。一旦反潜鱼雷无法适用于实战，由于深水炸弹通过定深引信在水中下沉到一定深度时引爆，其在使用时不受潜艇性能提升的任何影响，因此可通过大量投放的方式对敌潜艇造成破坏。

潜艇的静音化趋势对反潜拒止武器的使用效能也产生了巨大影响。智能反潜水雷是当前日美保有的反潜专用武器。这种水雷内藏鱼雷，具备自动跟踪和上浮能力，敷设于海峡和敌军港外围，阻止敌军舰只通过重要海峡和水道。不过，这款武器也是依赖于被动探测方式，随着潜艇静音化，美海军的 MK60 “捕手”水雷已退出现役。该型水雷列装时间为 1974 年，内置高性能声学分析装置，然而，对于现今静音潜艇却无能为力。即使敌方静音潜艇近在咫尺，由于接收不到潜艇声波信号，水雷仍然无法被动感知敌方潜艇的存在。日美担心，未来周边大国潜艇可能在琉球群岛至先岛群岛一线“自出自入”，反潜水雷将无法发挥应有的作用。

日美联合反潜新构想

日美一致认为，潜艇的静音化和反潜技术的创新直接影响未来的反潜战结构，因此，必须研究并构筑起新型反潜战模式。日美两军认为，未来反潜战包括积极的反潜战和消极的护航战，这些战术不再以广域搜索为前提。日美反潜力量将强化协调，建立完善的对潜观察、侦察和预警系统，准确掌握敌方潜艇兵力的部署、活动规律和行动企图，制定多种反潜作战预案，有重点地部署反潜兵力和反潜警戒，充分发挥各种反潜兵力兵器的作用。

这期间，潜艇围歼战的传统模式必须被摒弃。鉴于基于被动探测模式的广域搜索已日渐失去效能，改变传统反潜作战样式，是因技术变化而必然采取的举措，今后在外洋围歼敌方潜艇的反潜战术已不再适用。现行日美反潜战构想是围歼前出至外洋的敌潜艇，具体而言，是对在太平洋海域活动的敌潜艇进行搜索、攻击、歼灭的反潜战术。不过，这种战术以有效的广域搜索为前提条件，如果缺乏探测敌潜艇大概方位的有效手段，潜艇围歼战术将无法付诸实施。由此，日美正在演练其他反潜战术。

在当前日美反潜力量视野中，反潜战模式有 4 种，有攻势—守势、积极—消极之分。所谓攻势的、积极的反潜战，即攻击敌军港和造船基地；攻势的、消极的反潜战，是指封锁海峡和水道、阻止敌潜艇侵入；守势的、积极的反潜战，即潜艇围歼战；守势的、消极的反潜战，是指护航和航路欺骗等。

当前，日美已在部署实施反潜新战法方面积累了一定经验。冷战期间，美国海空军在远东地区拥有强大的军事存在，攻击并用水雷封锁苏联军港以歼灭其潜艇部队是美军重要战略意图之一。与此同时，日美还合力封锁了津轻海峡、宗谷海峡和琉球群岛线，阻止苏联潜艇通过，并联合对日美舰艇和商船实施护航。当然，当时的演练重点仍偏重于潜艇围歼战术的训练。军港攻击、潜艇拒止、潜艇围歼和护航这四项任务的比重大致为 2∶2∶5∶1。不难想见，今后日美执行反潜任务的类型将发生重大变化。

攻势的能动的反潜战：攻击摧毁敌潜艇基地。围歼战术的无效，将导致日美反潜战的样式转移至攻势反潜。攻势反潜主要由美军对敌内陆地区的造船基地和鱼雷工厂实施突袭，而海自重点以水雷封锁敌军港，或在敌军港附近对潜艇实施埋伏，伺机攻击出入的潜艇。日本联合参谋部认为，周边大国海军尚不

“日向”号直升机航母兼具反潜指挥中枢的功能

具备强大的反潜能力，从这个角度而言，实施这一战法并不存在极端的危险性。今后日本海自、空自将部署实施攻势的水雷战，战时可能对敌国军港及其周边地带部署智能反潜水雷，而布雷装备将由军舰为主转变为以飞机为主。当前海自、空自正在试验评估飞机高速布雷的效能，该技术成熟后有望运用战斗机布雷，并将这一新技术出口至美国。

攻势的被动的反潜战：控制海峡、封锁关键水道。今后，日美也将日益注重实施攻势的被动的反潜战术。该战术通过设置反潜障碍，阻止或限制敌方潜艇前出至日美控制的海域。在海自看来，琉球列岛一线是唯一能阻止外国潜艇活动的屏障，日美反潜部队应围绕该海域集中展开。今后，海自可能以冲绳一线的多处军事基地为核心，在外国潜艇必经的海峡和狭窄水道布设反潜水雷障碍，并派舰艇和反潜飞机进行海上巡逻，组成严密的反潜封锁区。另一方面，日美将对新型水下声音侦察评估系统实施升级改造，以搜集周边国家舰船在这一带的活动情况，并研发新型磁性探测仪等各型主动探测装备器材。

守势的被动的反潜战：实施直接或间接反潜护航。根据日美反潜作战计划，如果未能成功将敌潜艇阻挡于外洋，就不得不实施被动防御性质的反潜战。自卫队可能动员舰艇和航空部队进行直接或间接的反潜护航，通常组成远（反潜巡逻机）、中（反潜直升机）、近（反潜舰艇）三层反潜警戒护卫圈，对敌潜艇实施迂回、欺骗等战术，以确保己方舰艇和商船免遭敌潜艇攻击。

第七节
岛国缘何醉心“机雷战”

水雷因造价相对低廉且布设方便，常被作为“穷国的武器”，事实上，海军将领们应该反思一下他们这种不尊重的态度了，水雷在实战中既可攻击水面舰船，也可用于封锁航道，是物美价廉的称手兵器。二战期间，光是区区10万枚水雷就炸毁了高达2600多艘船只，也就是说，平均每37枚水雷就能消灭一艘船，实在称得上是大杀器。作为岛国，日本一贯重视各型水雷（日本称“机雷”）的研发以及布雷扫雷战术的演练。岛国开发水雷已有近百年历史，早在日俄战争期间就曾有使用触发锚雷击伤俄舰的记录。日美每年都会在石狩湾和硫黄岛海域举行两次联合布雷和扫雷训练，由此可见海自对水雷战的重视程度。

水雷“展览馆”

战后海自非常重视水雷研制，不惜投入大量人力物力财力，不过另一方面又极力掩饰自身的布雷作战能力。1956年，也就是自卫队组建仅仅两年后，海自就开始采购国产水雷，可以说，水雷是日本军工产业最早研发生产的装备。虽然当年只采购了50颗，但10年之后海自的采购量达到了年均500颗。与此同时，日本国产水雷的质量和性能也在逐年提升，在国产化初期，日本的工厂只能制造旧海军的93式水雷，但不久之后，在获得美制旧式水雷的生产许可证后，日本吸收借鉴了美国技术，开始了国产化研发之路。

水雷型号和性能是日本的高度机密，在自卫队秘密等级中属于最高的“极密”级，其采购和库存数量从未发布过，也没有公开过相关图片，不过可以通过对相关公开资料的梳理，推测出海自研发了14种水雷。其中机械触发型2种、沉

等待布设的水雷

底感应型4种、非触发感应型3种、上浮跟踪型4种、自航型1种，可以说，日本的水雷研发生产能力已跻身当今世界一流水平。具体而言，机械触发型水雷有55式（海自正式称谓为K–13）和66式（K–15）两种锚雷，55式是最早采用的型号，实际就是旧海军的93式，66式就是美国的Mk6型水雷。

沉底感应型水雷有进口自美国的Mk25、Mk55和Mk18三种，以及一种反潜深水炸弹的改良型。沉底雷是一种非常厉害的水雷，要扫除也相当棘手，它贴在几十上百米深的海底，跟一块石头没什么区别，声呐很难将其和周围环境有效区分开来，即使被发现，要深入海底将其清除也很麻烦。Mk25系列是二战期间的美制航空水雷，细分为Mk25和Mk36两种型号，海自从美国引进后称为K–14。Mk55系列是美制战后改良型机雷，细分为Mk55和Mk52两种，海自引进后对其技术进行消化吸收，此后开启了独立研发、试制国产水雷之路。Mk18是用于港湾防御的威力超群的水雷品种，日本在参考了该型水雷设计理念之后，研制出了67式水雷K–16，它以垂直磁力感应形式为主，并兼容其他感应形式。

非触发感应型水雷有71式（K–5）、Mk57、83式等三种锚雷，其中Mk57也引进自美国，该型水雷由潜艇在水中布设，技术含量较高；上浮跟踪型水雷分为80式、91式、K–RX3式，以及15式四种型号，由于缺乏公开性能参数资料，只能做概略性介绍，所以关于日本水雷的技战术性能难以给出确切的评价。80式和91式是火箭助推上浮水雷，K–RX3式为自动跟踪水雷，15式具体情况不详，不过也应属于上浮水雷；此外，海自自航式水雷型号为K–RX2，目前只有试制品，没有进行量产。自航式水雷在二战期间就已发明，在技术上并没有大的发展，之所以至今未量产，主要是因为只要改良美制M k67型水雷即可得到K–RX2的替代品。

日本常年保有大量水雷，但消耗量微乎其微，加上不断对各型老式水雷的感应装置进行升级改造，20世纪50年代的老式水雷至今仍在服役。由此不难判断，目前海自水雷的库存量相当大。从1970年起日本水雷制造理念转换为以生产感应水雷为主导，其造价约为机械触发式水雷的10倍。感应水雷年均仅生产50颗左右，但是由于水雷的消耗量很小，库存压力日益增大。虽然海自每年都会在硫黄岛实施水雷实爆训练，但用雷量仍远远赶不上新采购的数量。另外，从海自不断推进弹药库建设中也能研判出其水雷库存数量之巨。几十年来，海自始终为其弹药库容量捉襟见肘而烦恼，其中很大一部分原因可能是因为库存水雷数量的与日俱增。弹药库能够容纳的弹药主要由火药总重量决定，其中的炮弹和导弹的火药量只占一小部分，大部分都是水雷炸药和鱼雷的实用弹头。

一切为了反潜

没有哪个国家像日本那样光是水雷就有14种大的型号（8种是其国产装备），而核心目的只有一个——反潜，其中的71式、80式、83式、91式、K–RX3式和15式六种型号都是纯粹为对付潜艇而研制的。

冷战期间日本将大量上浮跟踪型水雷布设于本国津轻海峡、宗谷海峡、根室海峡三大海峡，的确收到了较好的效果。结果，这种冷战军事思维决定了日本水雷生产的理念和指向，直到今天。

日本对反潜战的重视很大程度源于对太平洋战争历史教训的深刻反思。日本认为，虽然战时其本土遭到美军持续的战略轰炸而损失惨重，但海上航路被美潜艇彻底摧毁，以及各港口被美军水雷封锁从而战略资源输入通道被切断才是日本败北的根本原因。

1944 年 12 月，美太平洋战区总司令尼米兹上将主持制定了以水雷封锁日本本土的“饥饿计划”，就是以水雷封锁日本的港口、海峡和航道，实现彻底封锁日本海上交通的战役企图。“饥饿计划”收到了奇效，布设在日本各大港口的 1.2 万余枚水雷使日本国内生产停滞，大批飞机瘫痪，舰艇由于燃料极度缺乏而被迫停飞停航，直接影响了部队战斗力，由于航运中断，250 万吨大米堆积在朝鲜港口，而日本国内的粮食供应却极其困难。可以说，水雷封锁结合战略轰炸加速了日本军国主义的败亡。痛定思痛，战后创设的海自极其重视反潜战，不惜一切地研究各种战例，其影响直接波及水雷反潜领域。日本之所以投入大量精力研制上浮跟踪型水雷，其作战指导正是在于反潜。要有效针对苏联实施反潜作战，上浮跟踪型反潜水雷不可或缺。

在反潜为海自头等大事的冷战时代，水雷被要求拥有封锁海峡的能力。当时日美海军提出了反潜作战的四大目标：一是攻击敌军港，二是封锁第一岛链，三是在公海实施“狼群战术”驱逐敌潜艇，四是护航水面舰船。在海自看来，第一和第二项属于进攻型反潜战中积极和消极的做法，第三和第四项属于防御

新型扫雷艇下水

海自举行扫雷训练

性反潜战中积极和消极的做法，而在进攻性反潜战中，水雷都有着充分的“用武之地”，第一项攻击敌军港的任务由美军承担，而后者水雷封锁的任务则由自卫队负责。

可以这么说,海自不遗余力装备反潜水雷的目的正是在于封锁第一岛链之需，因为水雷封锁是最为有效的遏制手段，它从不休整，24 小时全天候工作，而且敌潜艇很难发现它的存在，是替代人力封锁的最佳装备，也最大限度避免了人员伤亡。当然，除此之外还须投入水面舰队和航空部队，甚至陆自也会加入水雷战，其相关部队或运用水中音响探测器或固定式磁性探测仪等手段协助实施水雷封锁。

结果，用于反潜和海峡封锁的水雷成为海自水雷家族的绝对主力。冷战期间海自面临的最大威胁无疑是部署于苏联远东军港符拉迪沃斯托克（太平洋舰队的母港）的潜艇部队。上浮跟踪型系列的水雷是潜艇的克星，它能够布设于深海大洋中，每颗水雷的作用范围较广，从实际成效看，它的运用的确对苏联核潜艇构成了严重威胁。从 20 世纪 70 年代以后，海自采购的水雷除了 K-RX3 式外，几乎清一色都是上浮跟踪型水雷。当然，这种“偏爱”水雷战的作战指导和装备运用方式也是《日美安保条约》对日本做出的规定：驻日美军承担进攻任务，而自卫队做好防卫和后勤保障即可。

磁性感应与音响感应的比拼

不同类型的水雷，它的作用原理和感应形式大相径庭。对于水雷的感应方式，日本的分类方式将其分为利用电磁感应原理的磁性雷和利用水压变动原理的音响雷。前者进一步细分为电磁感应和水下电势场（UEP）感应，后者细分为声响感应、振动感应和水压感应。由于磁性感应不依赖周围环境状况，且感应范围和杀伤范围基本一致，因此磁性感应的可靠性要优于音响感应。

磁性水雷适用度较广，可感应一定距离内通过的舰船所形成的磁场，这种感应形式较为稳定和灵敏，只要目标舰船是钢铁制成的就能感知，甚至木船上的金属物品也在磁性水雷感应范围内，且不受水雷放置场所的影响。如果是运用地磁场磁力变化，也可感知消过磁的舰船。由于这种感应方式不依赖于媒介，可以无视水温或水压的变化，说得极端一点，它甚至可以用于陆地。UEP感应同样对周边环境没有要求，它是利用水中电位差原理而设计的感应方式，能感知目标船体的防蚀电流或消磁电路等发出的超低频率电流，不仅是钢制船，连扫雷舰艇都难以逃出其魔掌。无论是电磁感应还是UEP感应，它们的可怕之处在于，当磁场或水中电位处于从增强到减少的临界点上时，水雷能自动感知其与目标之间处于最短距离，从而启动引信将船体直接炸沉。另外，磁性雷的感应范围与其有效杀伤范围基本一致，由于该类水雷感应半径相对较小，起爆后可有效控制杀伤范围，也就是说在其杀伤范围之外的舰船，磁性雷几乎感应不到。

上浮跟踪型水雷即音响感应雷，它兼有水雷的长期威胁作用和鱼雷的主动攻击能力，是自导鱼雷和水雷的结合体，兼有水雷的长期威胁作用和鱼雷的主动攻击能力，主要用于攻击潜艇。它由雷体、雷锚和识别控制系统等组成，雷体是一个大型密闭容器，装有一颗制导鱼雷，布设入水后，由雷锚将其系留在一定深度，以锚雷的形式潜伏于深水中。当目标进入其作用范围时，雷体上的智能识别装置具备一定的编程能力，能自动对目标进行判别，确认是攻击目标后雷体盖会打开，鱼雷从雷体内射出，在自动制导装置控制下跟踪攻击目标。

岛国自行研制的上浮跟踪型水雷

上浮跟踪型雷不采用磁性感应方式，因为它一般布设于较深的广阔海底，离目标舰船较远，难以有效感知舰船的磁场，除非使用机载高敏度磁力传感器，普通上浮跟踪型水雷无法感应。所以，上浮跟踪型水雷只能采用音响感应方式，但是这种感应方式最大的问题在于可靠性不尽如人意。海自也意识到上浮跟踪型水雷很难探测“周边大国”的静音潜艇，于未来作战不利。

上浮跟踪型水雷

采用音响感应形式的上浮跟踪型水雷是利用压力变动原理制成的，但是压力变动的发生和传播过程并不均匀，稳定性较差。音响的频率在10赫兹到100千赫兹之间，振动的频率在10赫兹以下，而水压频率在0.1赫兹上下。由于舰船及其航行状况的巨大差异，不同舰船的频率发生和传播状况可能会大相径庭，所以不管是哪一种音响感应形式都不太理想。

先来看声波感应。首先，舰船输出功率各异，不同舰船之间产生的噪声量和频率波谱的差异极大，如果音响雷以大噪声舰船为作战目标，那么静音型舰船将无法探测，反之同理。其次，这种感应方式还受垂直方向海水温度和潮汐的影响，有时即使在至近距离都很难感知目标。另外，除舰船自身发出的声音外，海生哺乳动物、鱼类等自然界发出的各种声音也会成为相当大的背景噪声，如果设定的是高敏度感应方式，那么反而会增加目标的探测难度。

振动感应同样不稳定。虽然它是音响感应方式中相对最可靠的形式，但是因为各类舰船状况不同，其振动的发生、扩散、衰减的距离差别很大，对于上浮跟踪型水雷而言，很难设定合适的感应距离。这种类型的水雷更易于探测到搭载柴油机的登陆艇和蒸汽发动机的老式舰船，但对于静音性能与日俱增的潜艇和扫雷舰就无能为力了。

最后，水压感应也很难运用于实战。水压的传导范围有限，水雷要感知水压变动需要满足一定的条件，只有吃水较深并以一定速度航行的舰船才有可能被感应到。由于水压变动信号一般来说非常微弱，且呈球面扩散，所以这种雷只能在水深极浅的海面才能使用。

上浮跟踪型水雷淡出江湖

战术思想决定装备运用，现有的上浮跟踪型水雷的固有技战术特性决定其将难以在未来大规模运用。大量使用上浮跟踪型水雷在冷战时期并不是问题，苏联潜艇噪声大，可远距离探测到，但随着冷战的终结，日本的假想敌由俄国转为中国及其海军，其防卫重心也从东北转向西南，在这样的背景下，一成不变地采用传统水雷战模式将导致事倍功半。很多海自将领认为不应再对这种类型的水雷抱有什么期待，因为中国的静音化潜艇能轻松规避上浮跟踪型水雷的探测。而且，海自认为水雷在新形势下还有新的进攻性用途，即用于进攻军港和实施反登陆作战。

第一，上浮跟踪型水雷重量、体积过大限制了战场运用效率。这种水雷由于体量巨大，每次进攻只能布设数颗，特别是航空布雷时，携带更为不便。一是上浮跟踪型水雷质量较大。由于雷体具有浮力，为让其停留在海底，必须用雷锚将其系住，从而增加了其重量。二是雷体体积庞大。上浮跟踪型水雷属于高科技水雷，雷体安装了上浮和制导装置，同时为了保持其在水中运行的姿态，还设置了浮力室，另外，该型水雷由火箭助推，弹头部分一般装有制导跟踪鱼雷，推进装置进一步加大了体积。

第二，威力较小无法构成有效杀伤。正是由于安装了上浮和跟踪装置，所以无法容纳更多的炸药。也许会有人说只要增加装药量就可以解决问题，但实际上，雷体的上浮跟踪装置的体积也不得不随着装药量的增加而变大，从而导致浮力增大，而这势必反过来增加雷锚的重量。这种低效性和适用于进攻的沉底雷相比高下立判。比如，俄国的 RM2 上浮雷总质量 870 千克，而战斗部装药量仅有220千克，只占四分之一；另一款美制自动跟踪水雷的总质量达到了惊人的1.1吨，而装药量居然只有区区45千克，仅占总质量的5%！相对而言，沉底雷的装药量一般能占到总重的一半以上。比如英国的某款沉底雷总质量770千克，而装药量达到了500千克，美制Mk55型水雷总质量约1吨，而装药量达到590千克。上浮跟踪型水雷之所以装药量少、威力小，主要是因为它除了用于反潜外没有别的用途，潜艇在水中的防御能力相当脆弱，几十千克的炸药即可置潜艇于死地。如用于攻击水面舰船，一般很难有效将其炸伤炸沉。

第三，难以用于中国沿海。上浮跟踪型水雷不适宜在浅海运用。由于假想敌中国的沿海深度很浅，这种水雷难以在中国各军港、海南岛周边、台湾海峡等关键航路布设。水深60米以内一般使用沉底雷，200米以内一般使用触发雷，不适合用上浮雷。如在中国沿岸布设上浮雷还有一个问题，就是听音环境相当

扫雷训练

复杂，特别是靠近海岸的区域杂音很大，大幅降低了水雷工作效率。

第四，战时无法大量补充。一是上浮跟踪型水雷造价高昂，可谓高科技的结晶，这决定了它无法在战前大量生产，也不适合战时大规模应急生产。现实而言，水雷战的成败主要取决于数量而非质量，水雷是一种概率性兵器，不可能期待少量水雷能够制造出奇效，要取得战果，必须以量取胜。从这个角度来看，冷战结束以来日本的水雷战指导方针出了问题。近30年来，水雷的作用在不断提升，进攻型水雷战、反登陆作战、琉球群岛封锁战这些作战样式越来越多地被讨论，这些作战无一例外地需要全天候大规模运用水雷。如果加上进攻敌军港的需要，光是一处就需要500—1000颗各型感应水雷。海自通过网上推演，认为九州到台湾之间从南到北依次分布着55个大小岛屿，若将每个岛屿之间的最短距离相连接设置一条水雷封锁线，那么在这条长约1200千米的岛链上至少要布设5000—1万颗水雷。一战时期，光是英国就在宽400千米的北海布设了惊人的7.3万颗水雷。

另一方面，水雷的损耗也是相当惊人的，布设于海里的部分水雷会失效或自爆，必须不断追加和补充。假设在一个2000颗雷的布雷区，平均每半年必须增

海自扫雷舰

补十分之一的损耗，如此算来，每年需要增补 400 颗水雷。战后日本年均最大生产量是 500 颗，其中一大半还是生产工艺简单的触发雷。所以日本是否有能力生产众多昂贵的上浮跟踪型水雷是一个疑问。从现状来看，目前日本的水雷产能，包括每年制造的上浮跟踪型水雷、战时应急生产 Mk55 型水雷和库存老式水雷，这个量也只能满足根室、宗谷、津轻三大海峡封锁的需要。

时代已经发生了重大变动，今日日本的战略假想敌已经从俄国变成中国及其海军，作战想定区域不再是日本海，而是拓展到东海、南海、太平洋甚至印度洋，水雷战的作战目标和样式也变得更具进攻性——封锁敌军港甚至内河。防卫省已经意识到，在这样的背景下，将水雷战的目标定位于反潜这一单一任务的作战指导势必要重新审视，今后海自的水雷运用思想将从装备用于海峡封锁、反潜的高性能水雷转变为研发反舰反潜兼顾、兼容性更强的通用型水雷。

海自认为，鉴于国际局势和周边安全保障环境的变动，现行以上浮跟踪型水雷为主的指导方针，无论是在品质上还是数量上都已跟不上形势的变化。今后日本将调整水雷战指导方针，一是停止上浮跟踪型水雷的研制生产，适当保留部分库存品用于海峡封锁和反潜；二是大力研制新型航空水雷和潜布水雷（自航水雷）；三是更新《战时水雷应急生产计划》，Mk55 型水雷是 30 年前日本确定的应急生产型号，未来将试制新型应急品种；四是确保高性能炸药生产量，扶持肥料工业。炸药不仅是制造鱼雷、各型航空水雷的必备原料，也会被战时大规模生产的应急水雷大量消耗，为此海自要求确保炸药工业的产能不下降。不仅如此，日本甚至提出将未雨绸缪地扶持肥料工业，肥料因其产能大且价格低廉，可在战时成为炸药的替代品。

第四章 “东洋之鹰”由守转攻

第一节
"空中武士"日渐坐大

日本航空力量有着辉煌的过去，"零"式战斗机曾经横行于亚太的天空，不过战后日本受"和平宪法"限制，一度无法自行研制先进战机，不得不从美国先后购入 F-86F、F-104J、F-4CJ 和 F-15J 的生产线，后来空自也自行研制了性能相对逊色的 T-1、T-2、T-4 教练机和 F-1 战斗机。

再度起飞

"一次防"开启了日本军用装备国产化之路。比如防卫省要求将美国提供的 PSZ-7 大型反潜机实现国产化，并编入了 1958 年度防卫预算。另外日美安保委员会于 1957 年 12 月开始向日本出售由红外线制导的空对空导弹，使自卫队首次拥有了小型导弹。其后，日本积极组织力量对导弹进行研发，至 1962 年底，空自配备了 33 个飞行队，约 130 架飞机。

在"二次防"期间，空自新设立了西部航空方面队，与原有的北部和中部两个航空方面队一起，实行对全国划区管辖的防空体制。"三次防"实施过程中，

日本自主研发的 F-2 战机

F-35C 垂直起降战机

空自将 2 个防空导弹大队增强到 5 个，并改用新型地对空导弹，并明确了下一代战斗机、教练机和运输机的机种，并成功实现了国产化，同时继续建设以雷达防御网为主的防空体系，配备装有雷达的预警机。

20 世纪 70 年代，自卫队逐渐具备独立的海上和空中防御能力以及机动作战能力。比如空自装备的新型地对空导弹射程 150 千米，高度可达 32 千米，速度为 3.3 马赫，可以装载核弹头，能够拦截各种先进飞机。到了 1976 年，空自更是拥有新型幻影式 F–4EJ 歼击机及 RF4E 侦察机 60 架、国产 T 系列教练机 59 架，以及国产 C–I 运输机 20 多架，还新编了 3 个地对空导弹群。

1977 年 9 月，福田赳夫首相与美国就进一步加强日美同盟体制达成一致意见，在同年 12 月的国防会议上，决定采用美国麦克唐纳—道格拉斯公司的 F–15 战机为新一代主力机型，同时采用洛克希德的 P–3C 飞机为下一代反潜巡逻机。F–15 不仅是最新式的歼击机，如果通过空中加油提高续航能力的话，还具备对地攻击能力（采购初期该性能被美国屏蔽）。福田赳夫首相不仅引进了 F–15 战斗机，同时抛弃历来实行的不给战斗机空中加油护航的政策。

到了 20 世纪 80 年代，空自采购了更多的地对空导弹品种，大量配备 F–15 战机、E–2C 预警机，并对各型直升机进行改装，优化其性能。20 世纪 90 年代初，空自拥有的 F–15 总数达到 187 架，P–3C 反潜巡逻机的数量达到 100 架，形成反潜“百机体制”。

除了生成对空拦截和打击能力，空自还致力于打造“洋上防空体系”。防卫厅于 1986 年 4 月设立了“洋上防空体制研究会”，同时又抓紧从美国买进超远程警戒雷达、空中加油机、导弹护卫舰等装备平台。到 90 年代初，可以监视三四千米以外的固定式超远程警戒雷达、延长战斗机续航距离的空中加油机等构成“洋上防空体系”的关键装备全部采购到位。

羽翼渐丰

总体而言，20 年来自卫队的翅膀越飞越硬，今后 5 年，自卫队航空力量将加速转型，其中“隐身”和“进攻”将成为未来发展的关键词。从实际动作来看，日本或将全要素整合空自和海自所属航空力量，聚焦战时海空自卫队航空力量的一体化运用，开展密集的新型作战平台采购部署、升级改造以及编制体制调整，加快信息化军事变革推进步伐。

空自表面上是在发展国际维和、人道救援等国际安全任务所必需的指挥、控制、通信能力和运输支援能力，实质上在大力强化空自的远程化、信息化和整体综合作战能力，自卫队赴海外实施军事行动的能力增强不少。种种迹象表明，虽然表面上宣称仍将遵循“专守防卫”的援助，但是实际上日本正在放弃消极被动的“专守防卫”思想，转为主动的积极防御态势，由“纯防御”型向“攻防兼备”型转变。其作战区域由“本土防御”扩大到“周边地区”乃至全球，作战地区日趋多元化，初步具备一定的战略进攻能力，谋求实现既能确保日本本土安全，又能插手国际安全事务的目标。

从防卫省已公布的文件看，2020 年前空自将系统优化战斗机部队编制，同时陆续列装一系列新式作战平台，这些举措或将大幅提升日本争夺制空权及其在境外展开行动的能力。

空自现有 290 架 F-15J、F-2 等主力战斗机，40 架 C-1 和 C-130H 运输机，还有 46 架运输直升机和救援直升机，另有 4 架先进 E 767 空中指挥预警机，还有 13 架 E -2C“鹰眼”空中预警雷达机，可以夜以继日在全境巡逻以防导弹突袭。

在空自编制体制调整层面，为确保战时夺取和维持航空优势，今后数年空自将强力整合全国战斗机部队的力量部署，体系化推进部队编制体制改革优化。一方面是增兵冲绳，在西南地区新编第 9 航空团。为构筑和充实西南区域快反作战体制，空自在废止第 83 航空队的同时，于 2016 年 1 月 31 日在冲绳县首府

2016 年 1 月 31 日，空自成立第 9 航空团

空自小松基地机库内景

那霸基地正式新编第 9 航空团。具体而言，空自将驻筑城基地的第 8 航空团所属的第 304 飞行队整体移驻至那霸基地，加上原先部署在那霸的第 204 飞行队，该基地的 F15 战斗机部队保有量将增至 2 支，从而以此为基础组建拥有 40 架战机的第 9 航空团。目前空自正耗资 34 亿日元抓紧扩建改建那霸军用机场及相关设施以满足新部队的驻扎。

另一方面，优化部署本土战斗机部队。根据“14 中期防”，第一，从 2016 年起，第 3 航空团（驻三泽基地）所属第 8 航空队编入筑城基地的第 8 航空团，改编完成后该航空团将拥有 2 个 F–2 战斗机部队。第二，第 5 航空团（驻新田原基地）所属第 301 航空队（装备 F–4 战机）移驻百里基地，此外，该团所属飞行教导群拟移驻拥有广大空域的小松基地。第三，现驻百里基地的 F–15 战斗机部队第 305 航空队移驻新田原基地，归入第 5 航空团序列。以上编制调整在 2016 年底全面完成。

在部署新式作战平台层面，一是高调引进部署下一代新式作战平台 F–35A 战机。为抗衡周边国家，日本计划在未来 20 年采购 100 多架 F–35A 作为空自第四代主力战机，以取代日益老化的 F–4 机型，但由于研发工作晚于预期，首批战机预计至 2017 年才能交付。前述战斗机部队编制调整完成后，到 2017 年前，驻三泽基地的第 3 航空团暂时只保有第 6 航空队一支战斗机部队，而到 2017 年

6架洛克希德马丁公司研制的首批F—35战机交付空自后，该基地将率先组建F-35A航空队。自卫队认为，作为当今首屈一指的最先进战机，F-35在日本的部署将是保障日本未来获取制空权的关键，由于具备较强的对地攻击能力和不易被各型雷达探测到的高度隐身性能，空自列装F—35A后，可能对周边国家构成非对称突防优势。

二是研发更先进战机，改造老式机种。一方面，抓紧对空自下一代战机X-2进行各项性能测试，尽快达到量产和列装部队的要求，这一主题将在后文详述。另一方面是对11架F-2实施升级改造，以适应未来信息化背景下作战之需。为升级其对空作战能力，加装99式中距离空对空导弹发射装置，同时加装机载数字通信系统，实现与自卫队空天预警系统之间的情报共享和互联互通。

三是加紧部署全天候警戒监测“千里眼”。强化西南地区周边空域的警戒监控能力是打造“西南防线”的重要目标，这表明为确保领空安全，空自将持续加强预警监控，预判来袭方向和目标，有效收集分析周边海空域情报。预警机被视为现代航空兵战斗力的“千里眼”和进攻型空军的基本标志，尽管已经

E-767预警机

美制“全球鹰”无人机

拥有亚太地区最庞大的预警机群，但出于情报收集、远程预警等意图，日本丝毫没有放松各型预警机采购部署的步伐。空自拟于2018年前采购列装4架新型预警机E-2D（一架238亿日元），专门部署于西南地区，可以夜以继日在全境巡逻，以防导弹突袭。该型预警机配备比其他型号机型更先进的探测雷达，可实施陆基固定雷达难以企及的对超远方和低空目标的警戒监视任务。此外，着眼更好地发挥空中指挥中枢的机能，空自正在升级改造4架E-767型预警机，换装新型中央处理器和电子战支援设备，使其警戒管制能力达到美空军E-3A的水准。

四是引进RQ-4B“全球鹰”无人机，增强情报搜集和持续滞空能力。为显著提升对周边空域的情报、监视和侦察能力，空自将保有一定规模的高性能滞空装备视为必要途径。2016年，自卫队拟耗资367亿日元从美国引进3套RQ-4B“全球鹰”无人机系统。有着“大气侦察卫星”之称的该无人机系统可在距离基地2000千米外保持18000米高度滞空24小时，执行持续监控任务，“全球鹰”大航程、长滞空的飞行性能特别适合运用于广阔的太平洋地区。该无人机系统最大续航时间超过32小时，最大航程达到22000千米，巡航速度约600千米/小时，可穿透云、雨等自然障碍监视移动目标。

执行海上侦察任务时，对于经过日本近海上空和超低空飞行的飞行物均可实施探测，可有效识别、跟踪和监视敌方水面舰艇编队，可自动搜索、探测识别和定位信号。执行沿海侦察任务时，可探测纵深600千米内的雷达目标，并监听敌方无线电通信。不仅可飞入朝鲜以及俄罗斯领空，同时还与地面雷达系统相连接，可提前探测到袭击日本的弹道导弹，以便进行有效拦截。另外，对于朝鲜火箭发射卫星的飞行轨迹也可以准确把握。“全球鹰”无人机系统的加盟，或将弥补日本情报侦察体系存在的侦察分辨率不够高、空中侦察时间短范围小、侦察海域滞空时间不足等弱点。

五是增强空中加油机和运输机部队实力。为确保制空权，增强兵员装备投送能力、支撑持续飞行和作战能力，自卫队着力提升空中加油机和运输机部队实力，计划通过采购新型机种等途径，使空中加油和运输机部队数量从1个飞行队增加到2个。首先，在保有8架波音KC-767型空中加油运输机基础上，再采购3架下一代空中加油机KC-46A，计划在2020年前后陆续部署到位。该机型列装后将大幅增强空中加油能力，以预警机为例，该机型在接受空中加油后可持续飞行24小时，而各型运输机在接受KC-46A空中加油后即具备战略投送能力，能将部队和物资投送到全球任何区域。其次，作为岛屿遭受攻击局势下快反能力建设的一环，对总共15架C-130H型运输机实施升级改造，赋予其空中加油机能，使之能为“鱼鹰”倾转旋翼机、UH-60J多用途直升机等多型机种实施空中输油，以拓展相关机种的作业范围、延长作业时间。再次，部署10架C-2大型运输机。空自当前服役的C-1运输机已使用40多年，出现老化等问题，为此防卫省开发了续航及运输能力为C-1运输机3倍以上的C-2，然而在2014年1月增强舱内压力的测试中，发生了货舱门破损等事故，防卫省判断该机型抗压强度不足，故而推迟了研发部署进程。

最后，在太空装备方面，日本过去几年已发射多枚光学侦察卫星和雷达侦察卫星，致力于建立天基军事侦察和预警能力，估计2020年建成集侦察、预警、监视和通信于一身的高科技军事情报网。届时可从太空、空中、地面、海上、水下和网络，对敌方进行全方位监视和监听，为导弹防御系统安装更多的“千里眼”和“顺风耳”。防卫省认为这些举措可以增强日本的“安全感”和先发制人的能力，为将来在太空部署武器及组建“天军”打好基础。

第二节
目标：非对称空中突防

生成非对称空中突防能力始终是空军这一进攻性军种的建设目标。美国战略思想家和军事理论家约翰·博伊德提出，能否在空战或其他战斗中取得胜利取决于战斗人员做出决定的速度和准确度，即要首先完成观察、调整、决策和行动，成败取决于获得信息优势的一方。从这一理论出发，要获得信息优势，战机的高科技含量必须提高到无以复加的地步。服役近 30 年的 F–15J 和即将装备的 F–35A 正是日本谋求航空优势的称手装备。

F–15J：战略进攻的主角

在冷战时期，日本是美国在亚太地区抵御苏联的前沿，空自的主要作战任务就是防御苏联的空袭，支撑到美军增援部队到达战区。所以美国在 20 世纪 80 年代初期就把当时最先进的 F–15 战斗机出售给日本，并允许日本自行生产。日本拥有的 F–15 机群数量到现在为止一直仅次于美国，是美国的盟友中最多的，但是美国一开始出售给日本的 F–15 完全是防空型，机上的电子设备比较老旧，功能简单，没有外挂各种攻击吊舱的功能，飞机本身也没有红外夜视设备；所装备的 APG–63 雷达的主要功能对空、对地探测功

空自主力战机 F–15（一）

空自主力战机 F–15（二）

能比较简单；火控系统一直没有升级，没有发射各种新型精确制导武器的接口。说白了，F–15J 只能实施对空拦截，不具备对地和对舰攻击能力，这让日本情何以堪?

日本当然不可能安于现状，为了提升 F–15 作战性能，日本沿着“采购—国产—改进”模式开始对 F–15 进行大规模升级改造。2008 年日本共斥资大约 9 亿美元用于升级改造 F–15。空自对 F–15 战机改造升级的目标相当清晰，即重点提高远距离空战能力、对地打击能力，同时对航电设备进行升级换代。

改进后的 F–15J 可以同时跟踪多个目标并搭配中距导弹进行持续攻击，使得日本 Fv15 真正拥有了多目标超视距作战的能力。为了最大限度发挥新式雷达的性能，日本还采用了新式 AP–1R 中央计算机，极大地提高了储存能力和运算性能。在改进过程中，日本最大限度使用本国产品和美国方面的成熟产品，既追求性能亦对可靠性做出了相当高的要求。因为日本提出了要拥有精确对地攻击的能力，所以新雷达还特意加入了地面精确搜索技术，使得对地攻击能力大为提高。

除了雷达探测部分外，日本还进行了新型弹射座椅的实验，以及 LINK16 数据链的实验。日本研制了数字通信系统，提高了飞机的信息化程度，降低了信息传输中的风险。改进工作还包括安装类似苏—27 红外跟踪与探测系统的装备，使得 F-15 可以根据敌军飞机的红外信号探测敌机的具体方位。更重要的是，这种装备还具备搜索辨别多目标的能力，使得改进后 F-15 的探测能力有很大提高。作为机载武器国产化的重点，F-15 将具备使用日本自己研制 AAM-4 和 AAM-5 空空导弹的能力。

当前空自已是一支规模较大、装备先进的空中力量，其主要飞机为：F-15J 203 架，F-4EJ 91 架，F-2A/B 约 70 架，F-1 18 架，RF-4E/EJ 27 架，E-2C 13 架，E-767 4 架。其中，F-15 战斗机是空自目前最主要的作战力量，近两年用于拦截中国飞机的是那霸基地的 F-15J 战机，号称“最强 F-15 部队”。

日本 F-15J 作战半径超过 1000 千米，从冲绳起飞，可以到达中国沿海福建、浙江和江苏等省，如果进行空中加油，作战半径至少可以增加到 1500 千米，在必要的情况下，其作战范围可以延伸到中国江西、湖南，向南可以到达东南亚各国。当然，要深入中国内地，突破防空圈不是一件很容易的事情。因此，日本在对战斗机作战范围的划分上很明确，F-15J 主要用于远程制空和远程攻击，真正构成日本的战略进攻力量。

F-35A：一机打遍天下

F-15J 部署至今已经历了 30 年，早晚会面临老旧化的问题，为此，居安思危的岛民早在 10 年前就在考虑 F-15J 的下一代机型了。2016 年防卫省曾高调宣布将从美国采购 6 架 F-35A 型（F-35A 主要有 3 种型号，即 F-35A，常规起降，属于空军型号；F-35B，能垂直起降，是美海军陆战队的要求；F-35C，短距离起降，用于舰载）战机，它预示着自卫队航空力量将在今后 5 年加速转型。

前面提到，目前驻三泽基地的第3航空团暂时只保有第6航空队一支战斗机部队，而按照计划，2017年6架洛克希德马丁公司研制的首批F-35A战机交付后，该基地将率先组建F-35A航空队。当然这只是牛刀小试，未来日本可能引进部署更多的F-35A作为空自新一代主力战机，以替代F-15J。由于F-35A具备较强的对地攻击能力和高度的隐身性能，部署后可能对周边国家构成非对称空中突防优势。

F-35A在设计上充分体现了博伊德的思想，把信息因素及其获取、融合、展示和应用的速度作为研发重点。F-35A战机出众的机载设备处理能力，可使飞行员同时实施以往由多个平台接续开展的多项操作，实现各项数据自动处理并融进信息系统，使飞行员具备极高的态势感知能力，进而更加全面地做出决策，创造一个更加完备的作战环境和指挥控制体系，带来一场以人工智能为代表的作战革命。它装备的AN/APG-81型相控阵雷达，具有搜索空中目标、探测地面目标、制导空空导弹、操控空地导弹、进行通信领航、实施电子对抗等多种功能，可以在较远的距离对目标进行精确的探测和识别，完成高分辨率成像、自动跟踪、

空自预定采购的F-35A战机

F-35 起飞瞬间

红外搜索和跟踪等任务，帮助飞行员实时了解战场电磁环境，增强自我保护能力。

F-35A 系列飞机不仅是具备隐身性能的武器系统，而且是重塑未来空中作战的中枢。F-35A 的研发是建立在允许各作战系统相互作用的基础之上，共同构成一个由机载电脑统一管理的作战体系，通过高速数据总线，将包括导航与识别系统、有源电子扫描阵列雷达、光电分布式孔径系统、电子战系统、光电瞄准系统联成统一的整体，为其他各种前沿部署的作战平台提供相互连接。

所以尽管 F-35 研制计划一再延迟，日本仍决定购买 F-35A 型战机。日本作为美国“宙斯盾”系统的重要合作伙伴，对于整合海自“宙斯盾”系统和 F-35A 战机能够创造的作战优势非常了解，不仅因为二者传感器系统的无缝连接，更是由于 F-35A 具备管理众多海空装备的能力。

日美宣称 F-35 系列飞机凭借其独特的隐身技术和超群的电子战能力，其空中攻防效率较上一代战斗机高 15 倍以上。卖到日本的 F-35A 号称几乎能够执行作战飞机的全部任务，但“万金油”式的全能在成就其优势的同时也成为其软肋。根据作战对手不同，其“一机打遍天下”的设想难以奏效，在诸多关键技术不够成熟的情况下仓促上马，导致屡屡受阻，即使是财大气粗的美国也感到难以为继。在空战方面，F–35 缺乏四代机典型的超机动和超音速巡航能力，在空中的优势也没有期望的那么大。虽然 F–35 飞机采用减小机头锥度和机身的圆截面、采用雷达吸波涂料等隐身手段，不过还是可以通过加强天基手段和超视距雷达建设来扩大预警范围，增强探测 F–35A 的能力。

第三节
岛国航空产业“最强大脑”

从 F-15J 到即将列装的 F-35A，长期以来日本主力战机都是美国设计的。美国一直主张日本应该停止所有与其不具备通用性飞机的开发投资，将其注意力和研究资源转移到少数几个世界级产品上来，并要求从美国购买日本自己造不出的装备。日本也确实从美国采购了 F-35，但它绝不甘心“吊死在一棵树上”，相反，作为一种反制手段，日本目前正在大力自主研发各型下一代战机，这表明一旦日美出现矛盾，美国最先进的各种机型都将不可能对日本形成代差优势。

X-2：未来空中肉搏大杀器

防卫装备厅于 2016 年 1 月 28 日在三菱重工的小牧南制造基地正式发布了空自下一代技术验证机的型号——X-2。X-2 由防卫省技术研究本部和三菱重工联合研发，以字母 X 开头的飞机是防卫省出于验证技术的成熟度及作战运用的可

空自对“未来型”战机 X-2 寄予很大期待

靠性等目的而研制的系列型号，从阿拉伯数字“2”的命名中不难看出，空自希望这款战机兼具强大的隐形性能和超机动能力。空自认为未来与对手进行空战的概率越来越高，所以在设计上不遗余力地希望降低飞机被探知的概率（至少是推迟被发现的时点），并提升空对空导弹的战术性能。

X–2 本来计划 2016 年 2 月份试飞，因各种原因经历了多次拖延后，防卫装备厅终于于 4 月 22 日上午在小牧基地完成首次试飞，通过严苛的测试，检验了飞机在真实飞行环境中的隐形和超机动技术的有效性和可靠性。飞机隐形测试结果为，其在雷达屏幕上显示为中等鸟类以下、飞虫以上的飞行动物或物体。防卫装备厅由此做出了进行量产并在未来 15 年内列装部队的决定。

发动机

X–2 现阶段使用的是全重 644 千克的小型涡扇发动机。根据防卫省装备厅公布的结构示意图，其基本设计应该是源于英法联合研制的阿杜尔发动机，并做出了部分结构上的改进和优化，比如增加了风扇和压气机的级数，使用先进的材料以减轻重量，并达到极高的 1900K 涡轮前温度，而且其发动机的最大推力从不到 3.5 吨增加到了 5 吨。

隐身性能

20 世纪 80 年代以降，在军用飞机领域最引人瞩目的莫过于隐形技术的突破性进展。从原理上来说，隐形飞机并不是人们肉眼看不到的飞机，而是让雷达无法侦察到飞机的存在。所谓隐形飞机通常是指使用各种探测手段也很难被发现的飞机。为了感知世界万物，人类和其他动物都拥有视觉、听觉、嗅觉、触觉和味觉这五官。对人类而言，感知事物存在与否主要依赖视觉，虽然人类的嗅觉和听觉能力远逊于犬类等动物，但是由于视觉的感知需要区分色差和通过大脑进行记忆，视觉无疑是五官中最关键的感知器官。当然，高速飞行中的飞机肯定会发出巨大的轰鸣声，发动机也会排放大量刺激性气体，理论上也能通过听觉和嗅觉探测敌方飞机，但是实际上这两种感官往往发现不了飞机的存在，因为人类听觉和嗅觉的探测距离很短，感知度很低。所以，如果能进一步欺骗人的视觉器官，那么飞机就能实现良好的隐形性能。

虽然低噪化本身也是隐形技术的构成之一，不过这个技术始终未被重视，长久以来人们都在不遗余力实现同一个目标——让人无法通过肉眼发现飞机。早在一战时期，交战国军队就开始对机身进行迷彩涂装，使飞机和周围环境融为一体，但是并不存在万能迷彩涂装，一旦作战环境发生变化，迷彩颜色也必须改变。

目前，隐形飞机从最早的美国20世纪60年代的TR-1型飞机，发展到20世纪90年代的F-117“夜鹰”隐形战斗机、F-22型先进战术战斗机和A-12“复仇者”海军舰载隐形攻击机等，隐形和反隐形的博弈将使未来飞机的结构设计和性能进一步优化。

战机在外观设计上对隐形性能和机动性的追求是截然相反的，而X-2正是为了解决这一问题。与世界主流隐形战斗机相比，X-2身形娇小，机身全长14.2米、翼展宽9.1米、高4.5米，起飞重量8吨。为增强隐形能力，该机在结构设计上使用了不平整的表面和机翼角度调整技术，以缩小雷达反射截面积（RCS）。进气口采用曲面设计，以抑制来自发动机前方的电波反射，同时X-2头部上下接合处有非常明显的折角隐身处理，这是第四代隐形战机经常采用的设计。值得注意的是，X-2雷达整流罩后方沿下机身半圆弧搭载了5个类似离子发生器的主动隐身装置，这在中美俄三国的四代机设计上都未曾有过，如果未来能在实战中运用，将是日本首创。

性能检测中的X-2

材料工艺也是关乎隐形

性能强弱的关键，为此 X–2 机身的某些特定部位采用了非金属材料或吸波材料，从而最大限度吸收对方发射的雷达波或使之变成乱反射波，使对方雷达的探测目标发生偏移。运用这种最新材料，隐形飞机在雷达上反射的能量几乎能够做到和一只麻雀的反射能量相同，吸波材料属于保密材料，具体材料成分尚不得而知，所以仅仅通过雷达就想分辨出隐形飞机是非常困难的。

客观而言，日本在现代战斗机结构制造上一直拥有非常高的水平，掌握了非常强的钛合金加工能力。二战以后，日本航空并未像德国一样一蹶不振，而是迅速复苏并自行研制了多款军用飞机。有了这些设计经验作为基础，日本在 F–2 研制过程中很快吃透了 F–16 的相关设计规范，不仅掌握了传统金属材料结构的损伤容限设计等三代机结构技术，而且还利用自身全球领先的化纤工艺优势，为 F–2 更换了复合材料机翼。虽然此后日本一直没有开发过新的战术飞机，但是在航空复合材料结构设计上，其积累经验、探索先进设计理论的脚步却从未停止过。日本拥有世界上顶级的高性能纤维和机体材料提供商，在飞机的复合材料结构设计制造领域，日本有着极强的技术能力。

X–2 的腹部结构

X–2 的腹部结构

另外，尽量减少机身的反射“亮点”、发动机的噪声以及机体本身的热辐射，也是增强隐形性能的重要方式之一，因为这些方面问题的存在也容易“出卖”飞机。例如，SR–71 黑鸟飞机就采用闭合回路冷却系统，把机身的热传给燃油，或把热在大气不能充分传导的频率下散发掉。隐形飞机在现代战争中发挥着重要的作用。例如，在 1991 年的海湾战争中，美军派出了 42 架 F–117A 隐形战斗机，出动 1300 余架次，投弹约 2000 吨，以仅占美空军 2% 架次的比例攻击了 40% 的重要战略目标，自身未受到任何损失。随着新型材料技术的日新月异，飞机的隐形能力将越来越强，在未来战争中的作用会日益突出。

超机动能力

X–2 的超机动能力同样不可小觑。第一，液压系统功率大。对于飞行控制系统的动力部分来说，飞机的大部分活动部件，比如水平尾翼、襟副翼、方向舵这些都需要液压系统进行驱动，X–2 液压系统功率较大，舵面偏转的速度快，飞机反应相当敏捷，适合超机动飞行。第二，研发人员移植了另一款正在形成战斗力的海自下一代巡逻机 P–1 的最新科技——用光导纤维和机上电脑相连，对飞行进行全面控制，实现了更强更灵敏的操控性。此外，X–2 使用了两块不规则双梯形平尾燃气挡板，它赋予机身一个很大的瞬时力矩，使得飞机可以轻松完成各种战术动作。

航电系统

X–2 目前只是一架不搭载任何传感设备的技术验证机，飞机的尺寸也无法

X-2 验证机着陆时的情形

容纳任何实弹武器。不过 X-2 量产后可能采用主动相控阵雷达、电子战系统和多功能射频传感器，还会在脊背两侧进气道后上方安装光电报警装置——瓦片式相控阵雷达天线，以提升雷达探测距离，可用来探测中国歼 -20 和美国 F-35 机头下部安装的红外跟踪与探测装置发出的红外激光信号，一旦探测到自身被扫描则可以立刻做出应对措施，这一招相当厉害。如果把 X-2 用作下一代主力战机的话，还要对飞机进行不小的升级改造，比如须大幅增加机体的尺寸，同时为了提升隐形性能，飞机还必须内置武器舱，并加装无线电通信和电子战设备。

X-2 及其发动机等最新成果在实战中真正运用可能要到 2030 年前后，届时随着 F-2 的退役，X-2 的量产机型或将作为 F-2 的下一代战斗机来使用。此款飞机的最终服役，将标志日本战机自主研制能力开始跻身世界一流水平。未来 X-2 量产机的研制将成为整体提升日本国内军用机制造水平的良机，届时 230 多家日本国内企业将共同参与数十万零部件的研制，国产化率可能高达九成。

提防美国被外界认为是日本研制第五代战机的另一大重要因素。当 X-2 的科技水平达到相当高度时，必然会对美国 F-35 形成非常严重的冲击。即使日本不对外销售 X-2，仅仅是 F-35 对日销量的萎缩，也会对美国造成严重的经济损失并导致干预能力下降。X-2 在很大程度上是一款政治型号，向外宣示日本军事发展决心和实力，又能在日美军贸中为日本添加砝码。

三菱重工相关负责人表示，今后 10 年 X-2 将陆续列装空自，逐步取代 F-2 和 F-15。日本希望通过该项目的实施，把战斗机整个研制过程走一遍，以使航空工业跻身世界领先水平。当 X-2 从现在的验证样机发展成完全体的中型甚至重型五代机时，它的性能将会达到怎样的程度？美国会支持日本发展到哪一步？最后能否容忍定型的X-2战斗机出现？目前只能在密切关注其发展动向的同时，静观后续发展。

P-1："百机体制"2.0 版

P-3C 是目前海自航空集团的主力海上巡逻机，先后装备了 101 架，号称"百机体制"，而 P-1 正是未来取代 P-3C 的后继机型。P-1 搭载 4 台日本国产的 F7-10 型发动机，推力 6.1 吨。F7-10 充分吸收了空自下一代战斗机 X-2 使用的 XF5-1 型发动机的先进技术和研发经验。P-1 从 2002 年开始研发，一开始的设计阶段比较顺利，不过其后技术专家在结构强度测试中发现舱门破损的问题，直到 2007 年 9 月 28 日才实施首次试飞，时间比预定推迟了近半年，当时该验证机被暂时命名为 XP-1。2011 年，在 XP-1 的强度测试过程中，主机翼和机身之间惊现一道长长的裂纹，导致其无法如期列装部队。直到 2013 年 3 月防卫省才正式宣布 XP-1 完成研发和测试，两架量产机首次部署于厚木基地，XP-1 正

未来型海上反潜巡逻机 P-1

式被定名“P-1”。

然而在实际运用过程中，P-1 的问题仍层出不穷。在 P-1 配备部队不久之后的 2013 年 6 月，一架 P-1 在飞行过程中出现一台发动机突然熄火的险情，于是防卫省立即命令所有 P-1 停止升空。牵头研制的方川崎重工在对发动机进行改造之后，同年 10 月 P-1 再次进行飞行试验，从这之后才算消停，没有再出大的问题。2015 年 2 月，P-1 在夏威夷实施了空对舰导弹发射实验，同年 7 月该机又飞赴英国参加国际航展。在归国途中又“顺便”经过了非洲国家吉布提，在日本驻该国的军事基地进行了起降训练。

P-1 的机翼位置较低，这一布局与美国海军 P-3C 的下一代机型 P-8A 相同，机身上部装有 ESM 天线和用于卫星通信的天线，机身下部设计了吊放声呐的发射孔，机体后方还装备了探测潜艇的磁性探测仪，P-1 的整体反潜能力不亚于 P-8A。为使飞机在低空也能确保良好的机动能力，技术专家设计了足有 170 平方米的大型机翼，虽然大型机翼不利于高速飞行，不过机身整体上设计成了适合飞行的形状布局，一定程度弥补了大机翼的不足。适合高速飞行的机身设计与体积小但高推力的 F7-10 的组合，使得 P-1 的巡航速度远高于 P-3C 的 610 千米 / 小时，也略高于 P-8A 的 815 千米 / 小时，达到 833 千米 / 小时。

P-1 是当代日本尖端科技的集大成者，飞机大量运用了人工智能技术，比如

P-1 具有较高颜值

民众观摩 P-1

其自带的HQA-7型音响处理装置能够将吊放声呐收集的音响情报进行实时解析，自动计算出最佳作战方案并传输给乘员。HQA-7的搭载不仅大幅提升了对敌方潜艇动力推进系统所发出噪声的探测能力，而且还能探测到敌潜艇鱼雷发射管的开闭音甚至操舵音这些微小的声音，而这些技术完全由日本本土企业研发。P-1还大幅增强了目标的自动探测和跟踪能力，特别是对浅海区域目标的探测能力。P-1装备的武器主要是Mk84型短鱼雷、反潜炸弹（航空炸弹），以及AGM-65“小牛”空对地反坦克导弹（可用于对舰攻击），具备与P-3C势均力敌的反潜和反舰作战能力。

P-1最大的性能优势在于它是世界上首款通过光导纤维对飞机实施控制的实用机型。目前作战飞机的主流飞行控制系统是以电路传输信息，使用光纤的优势在于它不像电波那样容易受到电磁波的干扰，而且在电子对抗战中消耗的电力较少。

早在2015年，防卫省就获批了33架P-1的经费预算，2016年已有9架交付海自航空集团。虽然还不清楚P-1最终的采购数量，不过从P-1在续航距离和持续巡逻时间上超越了P-3C这一点来看，装备数量较少的P-1即可拥有与P-3C同等能力的警戒战斗能力，海自估计可能最终装备P-170架左右。翻越以往自卫队国产战机采购历史，P-1的采购数量仅次于空自T-4教练机（212架）、T-2教练机（96架）和F-1支援战斗机（77架）。

一专多能的P-1平台

由于P-1平台具有较强的兼容性，在今后实际运用过程中，以P-1为平台生产的机型可能远超70架。目前一架P-1验证机正在被改造成UP-1型多功能机，开展各种测试。可以想见，今后海自所属的EP-3电子情报侦察机和OP-3图像收集机的后继机型很可能以P-1为原型平台进行研发，这两种机型将各研制5架。

另外，空自正在研究通过P-1平台研发E-2C预警机下一代机型的可行性。

E-2C 是空自现役一线预警机，但从 20 世纪 80 年代服役至今已经历了 30 多年，机身日益老旧化，而且对隐形机和高性能弹道导弹、巡航导弹等新型威胁缺乏足够的探测能力。为此防卫省希望能研制性能更优越的新款预警机，它不仅搭载探测雷达，还要装备红外线传感装置，提升对敌飞机和导弹的探测能力。

不过防卫省内部也出现了一些质疑的声音，有人指出 E-2C 的后继机型采用像 P-1 这样的大型平台是不是有必要？后来经过周密论证，认为采用 P-1 平台还是合适的，因为后继机型的作战需求不仅仅在于承担单一的预警机的功能，还将赋予其一定的指挥管理中枢职能和不间断警戒巡逻能力。防卫省论证报告指出，从后继机型未来的功能定位来看，以 P-1 为平台开展研制是完全有必要的。

研制 P-1 的另一大好处在于“出口创汇”。2014 年 4 月防卫省拟制颁布了《防卫装备转移三原则》，允许救援运输类、警戒监视类和扫雷类武器装备可以堂而皇之地出口到“友好国家”。作为警戒监视类装备，P-1 很可能被列入军工出口的“拳头产品”之一。目前加拿大、挪威、新西兰等领海辽阔的国家未来都可能成为 P-1 的大客户，连阿联酋也对此表现出了浓厚兴趣。不过 P-1 也面临着 P-8A 等同级别海上巡逻机的竞争，而且前者零部件的兼容性不足，比如 F7-10 发动机仅适用于 P-1，无法搭载于其他机型，这些都是 P-1 出口的不利因素。

C-2：离经叛道的运输机

除了 X-2 和 P-1，空自下一代战略与战术运输机 C-2 是另一款几乎与 P-1 同时研发的所谓“姐妹机”。早在 2000 年，当时的防卫厅就已启动 C-1 后继机型的研制计划，命名为“C-X”计划，其目的除了装备空自，也出于日本国内航空军工产业技术积累的考量。川崎重工、三菱重工和富士重工三家企业激烈竞标，经反复审查论证，防卫省最后敲定该项目由川崎重工牵头研制，三菱重工、富士重工、新明和工业、日本飞机、昭和飞机等多家制造业巨头组成豪华阵容共同参与，号称汇聚日本航空工业的“最强大脑”，光是参与研制的航空设计师就多达 1800 人，占日本该行业总人数的三分之一。

C–X 的 1 号验证机于 2006 年交付防卫省，但由于铆钉强度试验不合格，研制方川崎重工不得不对机体进行重新设计，直到 2010 年才进行首次飞行并定名为“C–2”。C–2 和 P–1 的很多零部件是通用的，包括主机翼、水平尾翼、图像显示仪、辅助动力装置等等，通用部分约占机体重量 15%，各类机载系统的相同程度达到 75%，由于这两款都由川崎重工牵头研制，总计节省了高达 250 亿日元（约合 14 亿人民币）的研发费用。

C–2 主机翼配置部位较高，尾翼呈 T 字形，作为一款功能强大的运输机，其设计可谓中规中矩。与主机翼配置于机身中央部位的低机翼相比，高机翼所受的空气阻力更大，其实不利于飞行性能的发挥，但是此种设计能使其少受各类冲击波的影响，其最高时速可达 890 千米 / 小时，大大高于 C–1 的 650 千米 / 小时。C–2 的动力体系采用了 CF6–80C 型发动机，因 CF6 系列发动机同时也将用于空自 E–767 预警机和 KC–767 空中加油运输机，因此 C–2 在零部件更新和维护保养方面会相对高效和便利。

C–2 是高科技的结晶，它装备了新研发的战术管理系统，在超低空飞行时系统会推荐最佳飞行线路，并标出飞行过程中可能遇到的威胁，同时还搭载了导弹预警装置和雷达警报器，极大地提升了飞机生存能力。不过令人大跌眼镜的是，虽然 C–2 的尺寸与中国的运 –20 以及其他国家研发的同类运输机相差无几，货舱的容量也大幅增加，但是 C–2 的有效载荷只有 30 吨（C–1 更是只有区区 8 吨），还不如半个世纪前的 C–141（有效载荷 40 吨），与有效载荷超过 60 吨的运 –20 相比更是差距巨大。如此小的有效载荷只能容纳 1 架陆自 UH–60J 多功能直升机或 1 辆 16 式轮式装甲车。C–1 货舱的物资装卸系统可圈可点，只要 3 人即可方便地进行自动化物资管理和操作。

集日本科技成果之大成的堂堂下一代运输机，其有效载荷为什么会如此之小呢？问题出在当初的设计指导思想上。与其他国家重视运输机的有效载荷能

外形稍显奇特的 C–2

力不同，C–2 在规划上似乎更看重“快速反应”和“远程投送”能力。由于 C–1 短距离起降能力和续航距离不尽如人意，因而很难长途飞赴海外执行任务。为破解这一矛盾，C–2 被要求赋予更强的续航能力。相比续航距离 1700 千米（设定搭载物资 2.6 吨）的 C–1，C–2 的续航距离长达 8100 千米（设定搭载物资 18 吨），也就是说，飞机在未着陆情况下往西最远可飞抵印度新德里，往东最远可飞抵夏威夷的檀香山，在有效载荷 26 吨的情况下只加 2 次油即可飞赴加勒比海。为实现这一远程投送目的，不惜盲目添加复合材料，直到导致机身呈现结构强度不同的问题。

C–1 出众的快反和续航能力确实达到了现行《防卫计划大纲》期待的打造“联合机动防卫力量”的军力建设目标，一旦装备部队并形成战斗力，自卫队的快反应急能力的确会得到较大提升。当然，如此强调快反能力也是为了满足防卫省的要求——期待 C–2 在今后自卫队履行海外维和与抢险救灾这两大职能过程中扮演更重要的角色。C–2 于 2014 年末正式定型量产，于 2016 年正式开始配备部队，其采购数量将在 30 架以上，如果考虑未来的海外订单的话，生产数量可能超过 40 架。

但是，这可是一款如假包换的运输机而非战斗机，过分地突出快反机动能力、远程投送能力而牺牲了有效载荷，这样的飞机设计规划是否明智实在值得探讨。

值得关注的是，C–2 除了作为大型运输机而存在，它还能改造成各种派生机型，比如未来空自的 YS–11EB 电子情报侦察机的后继机型和 EC–1 电子对抗战教练机的后继机型都有可能以 C–2 为平台进行研制。

C–2 可谓一款自卫队“私人定制”的运输机，因为它除了能满足空自快速反应和超长续航距离的需要外，几乎不符合其他国家对于大型军用运输机的定位，不过即使这样，川崎重工仍然寄希望把如此独特的 C–2 出口到别国，不仅如此，川崎重工还可能将 C–2 进一步改造成民用运输机，实现商业化运作。不知道这一切是否是一厢情愿?

C–2 有效载荷只有 30 吨

第四节
“战力倍增”：舰载直升机重点增强计划

进入本世纪，海自的职能任务和活动范围都得以倍增，为同时实现作战能力的“倍增”，防卫省从强化海自水面战斗力的角度出发，开出一方“良药”——尽快拟制实施所谓“舰载直升机重点增强计划”，集中有限财力用于大幅增加舰载直升机数量，暂停主战舰艇更新，减少固定翼巡逻机的采购数量。这到底是海自的一厢情愿，还是基于现实做出的正确抉择呢？

舰艇机库严重闲置

“秋月”级的直升机机库

从作战效能角度而言，海自认为舰载直升机是主战舰艇配属的威力最强的武器装备，只要不实施对空作战，舰载直升机在飞行过程中能够有效执行与主战舰艇相同的任务。然而，目前海自舰载直升机数量之少与舰艇机库大面积闲置，形成鲜明对比。海自主战舰艇现有 85 架舰载直升机，而机库能容纳 99 架直升机。而且，这 85 架舰载直升机也未全部投入实战使用，其中约 10 架没有停泊在主战舰艇机库内，而是供陆上基地和科研机构使用，剩余 75 架除去维护保养的，保飞率一般在八成。也就是说，海自平时真正能有效执行任务的舰载直升机，只有约 60 架。

一般而言，每艘主战舰艇执行任务时理论上搭载直升机 2 架，从实际运作情况看，每艘主战舰艇仅配置 1 架，若不是执行重要任务，主战舰艇往往不配置舰载直升机。过去 20 年来，海自舰载直升机数量逐年减少，而主战舰艇拥有的直升机搭载能力却持续增强。1995 年，海自有舰载直升机 103 架，随后逐渐减少至 80 架。与舰载直升机数量日益减少相对应，1995 年舰艇搭载能力仅为 39 架直升机，到 2015 年增至 99 架。20 年间，主战舰艇持续增加了 60 架舰载直升机的搭载能力，这一趋势未来可能持续下去。到 2023 年，主战舰艇的直升机搭载能力将达到 119 架，其后，舰艇机库面积继续增加，最多可容纳 141 架直升机。

精于算计的日本人认为，如能有效增加舰载直升机数量，并提升舰艇搭载率，将会以相对较小的代价强化海自联合舰队的整体作战能力。舰艇的运用效能主要通过舰载直升机得以实现，虽然舰载直升机不可能完全替代舰艇的功能，不过，有效运用舰载直升机具备其他装备不可比拟的优势。

粗略而言，每增加一架舰载直升机，其威力甚至可与增加一艘主战舰艇等量齐观。以每艘舰艇搭载一艘直升机来估算，舰载直升机在起飞后执行任务期间，舰艇的综合作战能力得以拓展和倍增。如果每艘舰艇搭载的直升机数量达到机库容纳上限的 2 架，且 2 架直升机同时起飞执行任务，那么，1 艘舰艇和 2 架直升机发挥的效能相当于 3 艘舰艇的威力。眼下，增加舰载直升机数量还有很大的空间，即使不再增加主战舰艇数量，也可使水面舰队战斗力提升至少 50%。目前联合舰队的 47 艘主战舰艇，

老款舰载机 SH-60J

除去3艘直升机航母，还有44艘主战舰艇，其中35艘新型主战舰艇均有机库，拥有63架舰载直升机的收容能力。

然而如前所述，以联合舰队目前的维护保障水平，每艘舰艇只能维持一架舰载直升机的搭载运用能力。从这个角度而言，当前实际投入了35艘主战舰艇和35架舰载直升机，作战效能共计70个战斗力单位。如果充分利用舰艇闲置机库，将最多63架舰载直升机全部搭载于主战舰艇，作战效能可跃升至98个战斗力单位，提升了50%。舰艇从不搭载直升机到搭载1架直升机，对于作战能力的提升效果是最好的，不过水面舰队作战效能可能会随着直升机搭载数量的增加而逐次递减，从1架到2架、从2架到3架乃至第14架（直升机航母），舰艇搭载直升机的效益会不断降低。

多快好省的战斗力生成新模式

较之于昂贵的主战舰艇和固定翼巡逻机，舰载直升机花费少，性价比很高。首先，舰载直升机相对廉价。目前，一艘通用型驱逐舰平均采购价约700亿日元，一架固定翼巡逻机平均采购价200亿日元，而一架最新型且最高配置的SH-60K型舰载直升机采购价不过60亿日元。如若降低配置，还有进一步降价的空间。其次，舰载直升机的警戒巡逻能力远胜于主战舰艇。单从警戒范围看，舰载直升机的水平视距是主战舰艇的5倍，相对于舰艇半径20千米的水平视距，舰载直升机在距离海面750米的空中，其水平视距半径可达100千米。而且，舰载直升机还可根据高度的增加，增强雷达输出功率和频率，从这一点来看，舰载直升机的优势不可动摇。当然，与固定翼巡逻机的巡逻能力相比，舰载直升机仍处于劣势。固定翼巡逻机在6000米高空的理论水平视距为300千米，巡航速度也更为高速，然而，该型飞机的采购价格是舰载直升机的3倍。总的来说，除了巡逻能力和飞行速度，舰载直升机在其他方面的功能均优于固定翼巡逻机，前者可承担固定翼巡逻机能够遂行的所有任务，后者却不能承担舰载直升机胜任的救援、使用吊放声呐、人员物资投送等任务。

海自的研究表明，花费 3400 亿日元即可大幅增加舰载直升机数量，并实现高效搭载。在 47 艘主战舰艇中，35 艘拥有机库，其中机库闲置面积足可容纳 28 架舰载直升机。要将闲置机库完全利用，考虑到战时 50% 的有效保飞率，舰载直升机必须增加一倍，也就是要增加 56 架舰载直升机才能保证作战任务的有效遂行，若机型全部采购 SH-60，花费总额为 3400 亿日元。大量采购舰载直升机，可说是廉价战斗力生成的最好方式。

然而，如果以现行方式达到同等的作战效能，花费将高达 1.2 万亿日元。在舰载直升机数量增加并配置到位后，海自主战装备为主战舰艇 35 艘 + 舰载直升机 63 架，作战效能总计为 98 个战斗力单位。当前海自主战装备为主战舰艇 35 艘 + 舰载直升机 35 架，总计 70 个战斗力单位，还需要增加 28 个战斗力单位。按照现行战斗力配置，一艘主战舰艇搭载一架舰载直升机，必须增加 14 艘主战

SH-60K 离舰执行任务

舰艇和 14 架舰载直升机。考虑到战时有效保飞率 50%，舰载直升机数量应达到 28 架。以此推算，主战舰艇采购总额约 9800 亿日元，舰载直升机采购总额 1700 亿日元，总计 1.2 万亿日元。

即使将舰载直升机作战效能减半看待，视为 0.5 个战斗力单位，那么，舰载直升机增强计划（花费 3400 亿日元，增加 56 架舰载直升机）的优势依旧不可动摇。在这种情况下，现行作战效能约为 35 艘主战舰艇 +35 架舰载直升机，共 52.5 个战斗力单位。在舰艇满载直升机状态下，应为 35 艘主战舰艇 +63 架舰载直升机，总计约 66 个战斗力单位，尚需增加约 15 个战斗力单位。按照现行做法，需增购 7.5 艘主战舰艇和 7.5 架舰载直升机，考虑到战时有效保飞率 50%，增加的舰载直升机数量应达到 15 架。因此，根据原有战斗力增加模式，即使将舰载直升机作战能力视为主战舰艇的 50%，仍须增加采购经费 6000 亿日元。

不过，以上比较和计算都是在增加经费预算框架基础上进行的，难免陷于纸上谈兵。实际上，鉴于糟糕的经济和财政状况，今后海自的防卫预算规模很难有突破性增长。现实一点说，海自只有停止更新主战舰艇，才能使舰载直升机增强计划得以实现。要使 35 艘主战舰艇处于满载状态，约需增加 60 架舰载直升机，花费 3500 亿日元，这笔经费约可建造 5 艘主战舰艇。

目前，海自水面舰队主战舰艇 47 艘，舰载直升机 35 架，由于 3 艘初雪级和 1 艘旗风级驱逐舰近期将退役，如果停止对上述舰艇进行升级改造或新购舰艇，那么，节省下来的经费可基本满足增加舰载直升机的开支需求。根据当前防卫预算规模，可以承受 44 艘舰艇（3 艘直升机航母除外）+60 架舰载直升机的开支规模。在同一预算规模下，实施舰载直升机增强计划，可大幅提升作战能力。如将舰载直升机和主战舰艇视为同等战斗力单位，作战效能将从 82 个战斗力单位（47+35）增加到 104 个战斗力单位（44+60），增加 27%。即使将舰载直升机作战能力视为 0.5 个战斗力单位，水面舰队综合作战效能也会从 64.5 个战斗力单位增至 74 个战斗力单位，增加 15%。总之，如不尽快改善主战舰艇和舰载直升机之间比例失衡的状况，海自水面舰队综合作战效能低下的局面恐怕难以改观。

舰载机运用的野心

无论平时还是战时，舰载直升机都是遂行任务的多面手。战时，其不仅能反潜，在反舰、对空对海警戒、侦察、搜索方面也能发挥作用。平时，舰载直升机还可用于救灾、人道主义救援和轻型运输等。从这个意义上说，正因为搭载了直升机，主战舰艇的作战效果才得以大幅提升。

舰载直升机的灵活多样性主要体现在以下三个方面。第一，舰载直升机能够代行主战舰艇的职能。具体使用主要是：其一，战时舰载直升机作为补充力量，可搭载在辅助性舰船或特种军舰上。比如，海自一旦在“日南”级海洋观测船上配置 SH-60K 型舰载直升机，该船某种程度上就具备了低速驱逐舰的功能。由于舰载直升机具备很强的独立作战能力，其在飞行状态下的巡逻和反潜战能力，不亚于老式驱逐舰的水平。其二，舰载直升机还可搭载于商船，从而将后者升级为特种军舰。不难想见，战时主战舰艇数量必然捉襟见肘，难以对商船进行护航，而在商船上搭载直升机，可赋予商船不容小觑的自卫能力。其三，舰载直升机可配置于运输舰。战时陆自前出至西南诸岛必然需要大量物资投送，一旦将舰载直升机配置于运输舰，运输舰的战斗力就可得到不小的提升。

“反潜斗士”SH-60K

第二，可配置于陆上执行任务。舰载直升机不仅可用于攻击水面舰艇，也可作

“反潜斗士”SH-60K（三）

为陆地临时通信中枢，还可开展人员搜救工作。此外，舰载直升机无须像固定翼巡逻机那样，冬天必须停放在专用机库，或为其安装自动除雪装置。

第三，可单独赴海外执行任务。舰载直升机的小型轻量化使其可被收纳于重型运输机货舱，通过航空运输奔赴海外承担小规模海外维和任务。C-17 重型运输机货舱最高处达 5 米以上，SH-60 型舰载直升机折叠时高 4.1 米，可由 C-17 投送。C-2 重型运输机虽未公开过货舱图片，不过其主机翼后部的货舱高度超过 4.1 米，因此它也可搭载舰载直升机（折叠状态）。虽然舰载直升机单独赴海外执行任务尚无先例，但在执行小规模海外维和任务时，比起动用主战舰艇或固定翼巡逻机，其经济性和实用性还是比较可观。

把“副作用”降到最低

值得一说的是，可操作性强是舰载直升机的又一优势。舰载直升机数量增加，不需要人员相应增加，也无须开展附加的基础设施建设。

先说人力负担。第一，平均一架直升机配备 15 名人员即可进行作战训练和日常维护保养，其中乘员 3—4 人，维护人员 10 人左右。与此相对，主战舰艇和固定翼巡逻机的战斗力生成模式，依赖人员数量和基地规模。一艘主战舰艇所需人员高达 200 人，一架固定翼巡逻机所需人员为 30—40 人。海自在自卫队中本就人数最少，而司令部和通信指挥系统又有相当数额的人员。具体说，海自每5个编制中，一线部队仅分配2个员额，这导致一线部队人员不够。在防卫预算难以大幅增加的情况下，显然依靠增加编制员额提升战斗力的方式并不可取。而扩大舰载直升机规模，不会额外增加人员编制上的负担，在削减主战舰艇和固定翼巡逻机数量后，将大量富余的操作和维护人员充实到舰载直升机部队，可解决人力负担的问题。

第二，舰载直升机、主战舰艇和固定翼巡逻机的人员，具备任职岗位方面的兼容性。舰载直升机和固定翼飞机的维护人员，可进行转岗。比如，通过减少P-3C巡逻机数量，将原有维护人员转岗从事舰载直升机维护保养工作。同时，部分维护保障工作可委托民间机构进行。直升机在军用和民用方面的差异很小，SH-60系列机型的发动机和旋翼与民用S-76系列机型十分相近，虽然在航空电子和航空武器方面军用与民用并不兼容，但海自德岛教育航空群将飞机维修保养任务全权委托民营机构。事实证明，效果不错。

再看基础设施。从基础设施建设的角度而言，增加舰艇或固定翼飞机数量存在诸多不利因素。第一，舰艇因体积庞大，其数量的增加必然带来基础设施的

“反潜斗士”SH-60K

扩充。随着舰艇数量的增加，必须同步对原有设施进行升级改造或扩建，耗时耗力。以横须贺消磁所为例，该所设计阶段是为秋月级通用型驱逐舰消磁，然而，施工开始后，该所接到了为日向级直升机航母消磁的指令，为此不得不临时修改设计图、调整施工进度，将规模扩建至原有的 2 倍。第二，随着新型固定翼飞机的列装，基地改扩建导致陆上用地日趋紧张。近年来，体积更大的固定翼巡逻机 P–1 的引进，使得各航空基地不得不对现有机库及附带设施进行升级改造和扩容，导致大量现存基础设施正沦为不良资产。与此相对，增加舰载直升机数量不存在这些问题。由于主战舰艇的大量闲置机库足可容纳增加的舰载直升机，因而几乎不需要整备相关基础设施。即便在陆地，地面基地的现有机库，包括原先的固定翼飞机机库都可停放舰载直升机，加上舰载直升机发动机输出功率相对较小，也减少了对周边民居的噪声污染。

第五节
“天眼”密布

固定式超远程对空警戒雷达是搜索、监视与识别空中目标并确定其坐标和运动参数的雷达，它所提供的情报主要用于发布防空警报、引导歼击机截击敌方航空兵器和为防空反导武器系统指示目标，也用于保障飞行训练和飞行管制，是现代战争中获取空中目标情报的重要电子技术装备。

根据防卫省的预测，中国将在5—10年内列装200多架足以吊打各种战机的J-20隐形战斗机，而此款战机在雷达屏幕上显示的反射截面积之小，可能到了空自现行所有型号雷达都无法识别的程度，空自因此倍感“威胁”。事实上从自卫队诞生之日起，空自就不遗余力地推进着超远程对空雷达的研制与更新，拥有大量技术积累和丰富科研经验。

2012年2月，航空自卫队FPS-5型固定式超远程对空警戒雷达已全部投入使用，标志着空自防空反导探测网初步建成。即使如此，空自仍然鼓吹“现实威胁”的存在，渲染俄罗斯、中国等周边国家正在研发的新型T-50和歼-20隐形战机能够轻而易举突破空自防空网，而空自能够有效应对这个“威胁”的超远程警戒雷达的数量还严重不足，使其防空态势仍呈现隐患。为此，近几年来防卫省又专门

空自现役主力对空警戒雷达 FPS-5

划拨专项经费加强探测力量建设。2015 年末，配置在冲永良部岛的雷达更新为耗资 39 亿日元的 FPS–7，这是空自继 J/FPS–5 研发列装之后在防空警戒网络乃至反导网络建设方面的又一重大举动，下一步，空自将逐次推开 FPS–7 型雷达的更新部署，并同步启动下一代雷达型号的研制。

精进不已的雷达研制

空自在全日本有28个地点配置了各种型号的超远程固定式警戒管制雷达，执行全天候领空探测任务。目前使用的雷达主要有战后美国赠予的 J/FPS–20 搜索雷达与 J/FPS–6 测高雷达的组合体，日本国产的 J/FPS–2、FPS–3、FPS–4 和 FPS–5 三坐标雷达。其中 J/FPS–20 搜索雷达与 J/FPS–6 测高雷达，以及 J/FPS–2 将在今后因 J/FPS–7 的配备而逐渐被淘汰。如果 J/ FPS–7 的研发和更新顺利的话，空自的超远程警戒雷达体系将由 JFPS–3、4、5 和 FPS–7 共同构成。空自的国产雷达系列全都源于 FPS–1，它由防卫厅（当时）技术研究本部和三菱电机共同研发，先后部署于 7 处雷达站。之后空自又直接采购了日本电气研发生产的 FPS–2，先后部署在 11 处雷达站，FPS–1 和 FPS–2 形成了空自最初的航空警戒管制网络。

随着日本雷达技术的发展，1990 年代以后日本国土防空的主力军升级成了 FPS–3。根据航空幕僚监部提出的装备需求，技术研究本部和三菱电机签订合同，该公司于 1983 年正式着手研发。随着信息化军事变革的蓬勃推进，新一代战机在雷达上的反射截面积越来越小，空对地导弹的性能不断提升，还出现了反电磁波放射源导弹的能力，对付这些新型武器，势必要用尖端科技来全程支撑雷达的研发。魔高一尺，道高一丈。FPS–3 不仅拥有对付上述武器的能力，大力提升了探测追踪性能和电子战性能，而且还重点增强了雷达本身的抗毁伤能力和运行的可靠性、稳定性。它采用了远距离用和近距离用两种天线，拥有强于上一代雷达的探测追踪能力。为了应付反电磁波放射源导弹，模拟电磁波发射装置可以发出电磁波加以对应，而且，将信号处理设备置于地下，和天线进行分离设计，并大幅提升了抗毁伤能力。

龟壳状雷达天线直径达 18 米

FPS–3 于 1989 年完成研发，1991 年首次配置在经岬分屯基地，之后以一年一套 FPS–3 的频率先后部署了 7 处。其间由于日本经济泡沫的负面效应逐步凸显，不断恶化的财政状况自然影响到防卫费的额度，经费紧张导致买不起电子零部件，已经影响到了 FPS–3 的继续生产和列装部署。于是，研发更为廉价但不降低性能的新型雷达已是势在必行，新的需求导致了 FPS–4 的问世。FPS–4 并非由技术研究本部开发而是采用空自直接从东芝公司采购的形式获得。FPS–3 主要由天线、信号处理装置、显示器、模拟电磁波发射装置等核心设备构成，天线实现了高性能和低造价并举，两枚大型天线以“背靠背”的形式快速旋转，运用了当时最先进的数字处理技术来同时接收多个方向发射的电磁波。FPS–4 总共生产、配置了 6 套，逐步取代了 FPS–20 和 FPS–1，特别是原来的 7 套 FPS–1 全部换装成 FPS–3 和 FPS–4。

应该说，空自在 20 世纪 90 年代以后装备的 JFPS–3 和 JFPS–4 的性能已经处于当时国际领先水平，完全具备了探测反射截面积小、速率高的超音速隐形飞机的能力，不过日本却一刻没有停止对尖端科技的探索，希望研发出更先进的雷达系统。机会终于来了，1998 年 8 月，朝鲜试射的“大浦洞 1”型中程弹道导弹横穿日本列岛，震惊了日本社会。日本以鼓吹“朝鲜威胁”为契机，决定与美国共同开发导弹防御系统，抓紧研发新型固定式超远程对空警戒雷达自然成为构筑反导系统的当务之急。当年防卫厅技术研究本部决定从第二年起研发拥有探测追踪弹道导弹能力的新一代雷达。值得一提的是，当今日本反导系统的另一关键构成——防空驱逐舰和装备过程也是“托朝鲜的福”。该舰的研发始于东西冷战时期的20世纪80年代，装备了宙斯盾导弹防御系统，用途聚焦对苏防御，苏联解体后，自卫队失去了假想敌，日本民众开始质疑该型驱逐舰的存在价值。本来差点叫停的新锐“金刚”级防空驱逐舰的列装计划却因朝鲜发射导弹而得到救命稻草。

2003年12月，小泉纯一郎首相批准了构筑导弹防御系统计划，借日美同盟强化之机加速建设工作。2004年12月日本内阁通过的《2005年以后的防卫大纲》明确提出要发展应对弹道导弹的核心装备、打造基干部队，空自的警戒管制部队要建设7个警戒防卫群以遂行反导任务，“空自要改良FPS-3，赋予其探测追踪弹道导弹的能力，使之成为反导系统的基干雷达，弥补空自反导能力欠缺的

位于下甑岛的雷达高达33米、宽18米

固定式警戒雷达的混凝土支撑平台高达6米

不足”。于是 FPS-5 横空出世，它综合集成了日本雷达科研领域数十年研究成果，是名副其实的宽口径复合型尖端装备，具备战区弹道导弹、隐形航空器、远程高速空对地导弹和低空巡航导弹等全方位目标的探测追踪能力。虽然 FPS-5 的核心构成和 FPS-3、4 大同小异，但为了提高探测效能，它的天线设计成了高约 34 米的三角柱体庞然大物，每个侧面都覆盖着龟甲状的主动搜索天线，其中一座天线是直径 18 米的主警戒面，它不但能前期探测高速运动的弹道导弹，也能有效应对飞机和巡航导弹，另外两座天线是直径 13 米的辅助警戒面，主要用于探测巡航导弹。很难想象，如此巨型的构造物居然还能根据探测目标的类型和方位实时旋转。

研发过程相当顺利，技术研究本部第二研究所（现在的电子装备研究所）首先研制出了试验雷达，经过一系列模拟实验之后又加以技术改进，最终于 2006 年确定由三菱电机定型生产。第一套 FPS-5 于 2008 年部署到空自下甑岛基地，替换了原有的 FPS-2，此后，第二和第三套 FPS-5 先后于 2009 年和 2010 年部署到了空自佐渡基地，最终，2012 年 2 月第四套 FPS-5 与座岳基地的配置标志着该型雷达全部列装到位，完全具备了实战能力。几乎和 FPS-5 研发部署同步，为赋予反导能力而对 7 处 FPS-3 实施升级改造的工程也在扎实推进。2008 年，对配置在笠取山、背振山、加茂和大泷根的 4 套 FPS-3 完成了改造，2009 年又对在经岬、轮岛和当别三处的 FPS-3 进行了改造，使空自固定式对空警戒雷达体系从远程探测迈向了“超远程”，不仅得以胜任常态化的国土防空任务，还拥有了对弹道导弹的探测追踪能力，实现了质的飞跃。当然，日本反导系统的构成要素不仅仅包括固定式超远程对空雷达，还有刚才提到的海上自卫队宙斯盾驱逐舰、空自的自动警戒管制系统和“爱国者 -3”地对空制导导弹。日本的反导系统从 2004 年起正式开始建设，到 2011 年年中初具规模。根据自卫队的日程表，从 2011 年 7 月到 2013 年 3 月对反导网络进行全系统试验。目前，自卫队正有计划地在空自轮岛基地和能登半岛周边海域不间断地实施反导网络综合性能测试。

FPS-5 的“廉价版”FPS-7

FPS-5 作为日本国产三坐标雷达技术的集大成者，其探测水准称得上远近兼备、大小通吃，既然性能如此优越，短期之内应该没有研发新型雷达的必要，但实际上，当第四套 FPS-5 刚刚部署完毕的时候，FPS-7 的研发项目又上马了。这又是为什么呢？航空幕僚监部（相当于空军司令部）装备系统处处长田贯久志一等空佐（相当于空军大校）指出 FPS-5 的造价太高昂是提出下一代雷达研发计划的主要原因。为了实现强大的探测追踪能力，不得不把天线扩展到无以复加的规模以提高电磁波发射功率，与此相伴的，是势必导致支撑天线的平台建设变成浩大工程，造价直线上升，结果一套 FPS-5 的采购价高达 100 亿日元以上，连经费一直较为宽裕的空自也直呼玩不起如此烧钱的游戏。

所以对新一代雷达 FPS-7 最大的要求就是要“廉价化”，争取把每一套的总造价控制在 FPS-5 的四分之一，为此就必须舍弃 FPS-5 具有的探测弹道导弹的功能，主要用于探测含隐形飞机在内的航空目标和高速巡航导弹。同时，在 FPS-7 研发过程中，将采用最近 10 年间电子科技发展的前瞻成果，实现高性能、廉价化的目标。特别是在雷达发射研制方面，将吸收民用领域最先进的半导体集成技术，在大幅增强 FPS-7 电磁波发射功率的同时，大大

空自部署在京都附近山上的雷达基地

缩小天线和其他设备的规模，达到不输于FPS–5的航空器和巡航导弹探测性能。研发中的FPS–7的天线和FPS–3一样，将区分远程目标和近程目标分别设置。FPS–7的核心结构由远、近距离用天线、信号处理装置和显示器构成，其中近距离用天线采用球形设计，覆盖360度，进一步提升了探测效率。

与FPS–4相同，FPS–7的开发过程不是基于技术研究本部的研发而是纳入了空自直接采购计划，由空自自己招标确定研发企业，这样做的最大好处是能够充分利用民营企业在某些领域的技术优势。空自对这次采购非常重视，强调FPS–7本身所蕴含的技术水平应当带有警戒雷达未来发展的某种指向性，所以在选择竞标企业方面非常慎重。2011年正式对系统设计进行招标，当年7月装备设施本部对参加竞标的公司进行了公示，分别是东芝、日本电气和三菱电机三家大公司。空自对三家公司各自提交的投标书进行了详细讨论，重点不仅是评估三家公司的雷达制造生产报价，还要评估雷达投入使用后30年间产生的运营、维护费金额，以及未来升级改造的兼容性。经过深思熟虑之后，最终日本电气胜出，和空自签订了总额为2.67亿日元的《固定式警戒雷达FPS–7系统设计合同》，这个设计合同于2012年3月交付，之后转入研发和生产阶段。决定当年启动测试雷达的研发，预计到2016年完成后进行试运行，一切正常之后即投入使用。

在当前空自分布在全日本的28处雷达站中，部署老旧的J/FPS–20和J/FPS–6的还有4处，部署FPS–2的还有7处。空自计划以每年更新一处的频率，用FPS–7逐步取代上述两种“爷爷辈”的雷达。

概括而言，空自的固定式超远程雷达体系分为两大系列，一个系列是技术研究本部开发的，如FPS–1、FPS–3、FPS–5，另一个系列是空自直接向企业招标采购的，如FPS–2和FPS–4。两个系列交互并行而且相互取长补短，特别是FPS–3和FPS–4。FPS–4是在FPS–3的研发技术基础上的改良款，在拥有与FPS–3同等探测能力的基础上确保了经济性，而正在研发中的FPS–7也有望成为FPS–5的廉价版。当然FPS–7还将采用当今最先进的半导体集成技术，在降价的同时不“变质”。至于“未来型”的雷达也不仅仅是 FPS-4 的品种改良，它不但拥有弹道导弹、隐形飞机的全程探测能力，还实现了天线的小型化，提升了抗打击能力，当然这一切的实际性能如何留待研发之后才能有效评判。由此可以看出，和飞机、坦克等主战装备不同，固定式警戒雷达的代际更新非常快，而且在未来战场发挥的作用可能还会更加显著。

“多基地分布”作战构想

固定式警戒雷达由于不受气象条件的限制，可以对空进行全天候常态化的警戒监视，是一种不可或缺的对空警戒搜索装备，这方面的优越性始终为各国所重视，不过另一方面，固定式警戒雷达仍然存在隐忧。比如空自现役各种型号的雷达，包括 J/FPS-20 和 J/ FPS-6 这样的老款在内，虽然都具备探测隐形飞机和巡航导弹等反射截面积很小的飞行目标，但探测距离却日渐缩短，好比一个人随着年龄的增长视力逐渐退化，本来在 100 米开外的距离就能看清的物体，现在要走到距离 10 米的位置才能看清。空自意识到，雷达探测距离低下定会招致严重的后果。一旦存在这种缺陷，防空警戒识别网的预警时间将大大缩短，届时战机很可能没有足够的时间紧急升空并飞抵作战地域，在击落敌方目标之

空自下一代预警机 E-2D

施工中的固定式警戒雷达

前，己方的雷达站或航空基地或已毁于敌手。为了避免这种最坏情况的发生，自卫队早已未雨绸缪地从实战层面设想了一系列应对之策，即出动E-767或E-2C远程警戒机，以及警戒队持有的三坐标移动式雷达设备来弥补固定式警戒雷达探测性能的不足，同时运用海上展开的舰艇装备的舰载雷达乃至人造卫星等各种探测手段对敌目标进行复合式探测。在网上推演时，鉴于预警机不可能持续性地滞留空中且自身的防御能力极其脆弱，自卫队尤其强调预警机必须在能够确保其制空权的空域展开，同时护航的战斗机必须全程伴其左右。

不过，空自认为上述举措只是临时性的应急防御之举，为了使自身的防空警戒管制网不致门户洞开，空自一直在不遗余力地研究应对措施。空自提出，引进“多基地分布”的战术布局或可以成为行之有效的应对方式。多基地雷达分布模式是将电磁波发射机和接收机分开设置的雷达布局方式。一般隐形飞机都具有将雷达发出的电磁波反射到其他方向的功能，从而使雷达无法显示敌方隐形飞机的存在，无法发出预警。而多基地雷达弥补了这一劣势，由于发射和接收是在不同地点，当隐形飞机向其他方向反射电磁波，设置在另一地点的接收机可以收到敌机反射的电磁波，可以尽早探测到隐形飞机。日本早在FPS-5的研发阶段就在着手开展这方面的研究，将FPS-5测试雷达与相邻的雷达站通过某种方式相互联结，进行多基地雷达性能试验，试验取得了良好的效果，但不知出于何种原因，多基地雷达模式的最新研究成果没有反映到FPS-5的量产中，也没有反映到目前正在研发的FPS-7中。但无论如何，日本已经掌握了较为成熟的多基地雷达技术，可随时应用到新型雷达研发过程中。

孕育中的下一代“分散型雷达”

通过多基地雷达来反隐形飞机和巡航导弹毕竟只是一种短期措施，从长远来看，必须开发全新形态的固定式警戒雷达。如前所述，从现有技术的角度而言，要提升探测隐形飞机等反射截面积小的航空目标的性能，势必要增大天线的规模、提高电磁波发射功率。但是如果像“巨无霸”FPS–5 那样一味通过扩大各种装置设备的规模来提高探测性能的话，不仅会导致采购成本的成倍增加和建造工期不断延长，而且巨型结构势必会成为显眼的目标而遭到攻击，导致抗打击能力低下。

受航空幕僚监部之托，2011 年，防卫省技术研究本部就实施了名为“未来型超远程警戒雷达模式研究”的立项课题。该课题提出，“为了应对日益先进的隐形飞机和弹道导弹，应将多个天线分散配置，同时要确保优越的机动性能、抗毁伤性和经济性”。分散性雷达摒弃了现行大型天线不易隐蔽、耗电量大、无法移动等缺陷，而是采用“子天线”的结构，由多个传输天线分别发出信号、多个接收天线分别接收反射信号的方式架构而成。这种新颖的研制思想如果成为现实，那么分散性雷达将在大幅缩小体积的同时，具备不低于传统雷达的探测追踪性能。由于采用新技术，天线的数量和配置场所可以根据需要任意确定，大大增强了灵活性和隐蔽性。再加上缩小了雷达的体量，所以不必像现行雷达那样要为其建造大型支撑平台，降低了成本的同时提升了机动性能。根据防卫省的公开资料，2011 年到 2014 年新型雷达处于研发阶段，2015 年就将生产测试型号，如果一切顺利的话，空自可能在 2016 年实施分散性雷达技术应用的可行性论证，最快会在 2018 年投入现役以取代 FPS–4。

第六节
没有“萨德”，日本能否“导弹打导弹”

2017年3月6日，正值国人反对“萨德”入韩、抵制乐天白热化的当口，防卫装备厅在美国夏威夷太平洋导弹发射场低调开展了反导试验。据日本媒体报道，在美军发射一颗模拟远程弹道导弹4分钟后，一颗从“爱宕”级“宙斯盾”防空驱逐舰上发射的最新型“标准-3”导弹(SM-3)在大气层外成功拦截并命中假想目标。为了验证自卫队反导实战能力，模拟弹发射时间事先并未告知“宙斯盾”防空驱逐舰。

日本的反导拦截程序分为两个步骤，首先由“标准-3”导弹在大气层外拦截弹道导弹，一旦未能击中，就立即发射航空自卫队所属地对空导弹“爱国者-3”，在敌方导弹落地前将其击落。日本曾对“爱国者-3”导弹进行过多次试射，均成功拦截。

水平一般，世界第三

鉴于朝核问题愈演愈烈，朝鲜以远程导弹为载体的核武器甚至可能威胁到所有东亚国家，虽然没有“萨德”，但日本有自己的防空反导体系——航空自卫队空天预警作战指挥体系（英文缩写“JADGE”）。事实上，当今能称得上军事强国的都有类似的作战体系，它已成为世界各路诸侯争夺空天战略制高点、实施武力威慑和制衡的重要力量，它为防空反导、战略打击以及空间攻防行动的指挥决策提供情报，为各层次军事行动提供系统信息支援。

1970年9月6日，苏联堪察加半岛国土防空军代理副大队长别连科中尉擅自驾驶当时世界上最先进战机之一的米格25，突破空自防空体系强行在北海道

空自“爱国者”系列防空导弹发射车

港口城市函馆着陆。别连科叛逃事件极大地刺激了空自，如果他不是来寻求避难而是来攻击日本的话，后果不堪设想。空自没想到自己的防空网如此脆弱，这么轻易就被突破，看来连维持最低限度的自卫能力这个标准都不能满足，受到刺激后，日本国会迅速追加拨款，努力改造防空体系，并命防卫厅紧急从美国采购了 E-2C 预警机。

随着各种黑科技的日新月异，导弹性能越来越先进、射程越来越远，各国日益面临从大气层外战区反导砸下来的弹道导弹的威胁，于是各国的防空网开始从单纯的区域防空拓展到战区反导。早在 20 年前，朝鲜的弹道导弹就曾毫无征兆地任性横穿日本列岛上空，但日本的防空警报却没有任何反应，这个事件教育了日本，于是日本开始暗暗构筑一个美式反导系统。为了打造日本自身的空天预警作战指挥体系（JADGE），日本政府需要多地点、多种类、多层次地部署各类防空和反导设施。

在日本现行军力结构中，JADGE 空天预警作战指挥体系作为肩负“防空”和“反导”两大任务的作战平台，始终是空自着力打造的核心作战平台之一。从 2009 年起，空自正式启用第三代 JADGE，使分散的各种空天预警和打击力量通过信息手段有效链接成网络，形成整体作战能力。空自 JADGE 是支撑遂行防空作战和弹道导弹防御任务的综合性指挥管理系统，能够在全国范围内对任何数据进行实时计算处理。

成立于 1954 年 7 月的空自虽然在组织架构、编制体制、指挥管理等领域全面师法美国空军，但成立伊始便逐步开始了本土化之路。从 1960 年起，自卫队就着手构建国产化的航空预警管制体系（英文缩写 BADGE，以下使用简称），1969 年正式启动运行。当时空天预警作战指挥体系主要以人工操作方式实施，首先，防空监测人员在雷达站（SS）的雷达示波器上发现入侵战区的空中目标后，通过语音向防空指挥所（DC）报告监测到的目标情报，随后该所技术人员手动

自卫队防空驱逐舰随时出动拦截朝鲜导弹

标识出入侵目标的飞行轨迹并对目标进行敌我识别，为防空指挥系统提供尽可能多的预警时间，最后，防空指挥所组织防空火力对付敌方的袭击，通过语音向F86F、F86D战斗机下达出击指令。随着BADGE的建设发展，该系统的兼容性不断提升。一是F104J战斗机和地对空导弹逐渐纳入该系统，促进空自作战效能的提升。二是BADGE的运行方式逐步实现了从手动操作到自动管理的跃升，通过大型计算机实现目标监视、飞行轨迹显示、目标识别和火力分配、出击指令下达一系统流程的自动化处理，既防止了时间延误又避免了人为误差。

然而事与愿违，当真的面临实战或突发情况时，BADGE并不给力。前面提到的苏联空军飞行员别连科驾机叛逃日本就是生动一例。别连科关掉了机载雷达和其他电子仪器，让飞机处于无线电静默状态，同时把飞行高度从8000米猛降到1000米，成功避开了BADGE的监测。直到米格-25P突破日本领空，接近北海道港口城市函馆之后，空自才如梦方醒，紧急派出两批F-4EJ型“鬼怪”式战机拦截，但均被甩掉。

为适应情报和通信技术迅猛发展的步伐，加之第一代BADGE部分设备开始老旧化，1983年，第二代BADGE着手筹建并于1989年正式启用，其目标是在全国所有空域实现系统自动运行，并拓展强化预警指挥系统的功能。这个系统覆盖范围包括了西南诸岛在内的所有日本领空，系统的建设工程还囊括了航空总队司令部地下作战指挥中心的建设，其无论是在规模还是经费上都远超第一代，由于预算开支庞大，经费来源主要通过增发国债的方式筹措。与第一代相比，新系统除具备航空预警管理功能（ADGE）外，还赋予了作战指挥管理的新功能，力图实现作战计划拟制和战场情况显示的自动化操作，使得航空总队（COC）和航空方面队（SOC）作战指挥中心的作战指挥体系更为高效迅捷地运行。

从2002年起，日本电气股份有限公司着手承建第三代空天预警作战指挥体系。该体系主要遂行反导和防空两大任务，日本认为，对于导弹类目标特别是弹道导弹的防御，成败的关键在于能否提供足够的预警时间，这是与航空器防御最大的不同之处，因此必须建立反导与防空一体化的预警指挥系统。该系统强化了第二代 BADGE 的航空预警管制能力（ADGE），而原 BADGE 的作战指挥管理子系统从 JADGE 剥离并独立出去，而隶属于原 BADGE 的通信指挥系统也转型为独立的作战通信管理系统（TNCS）并抽离出了 JADGE。JADGE 的建设目标是着重对航空预警管制系统进行全方位深层次信息化升级改造，在性能追求方面旨在实现三大目标。

一方面，融弹道导弹和航空器拦截打击于一体。JADGE 是迄今为止世界上首个集天基和空基于一体，同时具备反导和防空能力的自动预警指挥系统。自 2003 年 5 月日本政府决定构建战区导弹防御系统以来，JADGE 将反导能力的生成新增为该系统重点打造的目标之一。考虑到反导作战须以分钟为单位进行应对，防卫省专门组建了聚焦反导任务的联合作战部队，航空总队司令兼任该联合部队最高长官，直接指挥日本全境的反导部队，为此，航空总队航空作战指挥部（AOCC）承担着反导和防空两项重大职责，而各大航空方面队仅承担防空任务。AOCC 在防空反导方面的任务有三，一是在尽可能远的警戒距离内，探测捕捉入侵战区的弹道导弹和航空器的信号与情报，通过全天候昼夜监视提供来袭报警，以便使可能受打击的武器装备和生命财产机动转移，并使反导和防空系统进入临战状态；二是对目标进行精确定位并识别目标的敌我性质，测定来袭目标的弹道参数或预判飞行指向和方位；三是监控目标的飞行轨迹，提

前任防卫大臣稻田朋美视察防空导弹部队

供较精确的着弹点预报，并基于现行武器系统自动实施拦截火力分配、破坏性评估、拦截可行性分析及为防空反导拦截武器的火力单元提供目标指示。

另一方面，有效促进航空总队作战能力整体跃升。与第一、第二代 BADGE 相比，JADGE 强大的目标分析处理能力有利于促进航空总队综合战斗力的高效发挥。现行航空总队作战指挥体制以北部、中部、西部和西南四个航空方面队为基础实施，为适应未来信息化条件下联合作战需求，空自力图通过调整编制体制以改变作战样式，实现战斗效能的跃升，届时原先各方面队地理上的“防区”概念或将消失，由航空总队对一线航空战斗部队实施扁平化指挥。与此形成鲜明对照的是，第二代 BADGE 是基于四大航空方面队作战指挥体制、以传统防空作战理论为前提构建的，往往在实际运作过程中导致功能重叠、条块分割等弊端，反过来，航空总队作战体系的发展也屡因该系统而作茧自缚。

导弹打导弹的梦想

日本始终认为，朝鲜、俄罗斯在远东部署的导弹均会对日本和驻日美军构成直接威胁或重大战略威慑，朝鲜导弹射程足以涵盖日本所有岛屿，所以日本才是朝鲜弹道导弹的重点打击目标。早在 1998 年，朝鲜发射的“人造卫星”（实际是射程 1500 千米的“大浦洞Ⅰ”型弹道导弹）横穿日本列岛后坠入太平洋，尽管发射失败，但日本仍对朝鲜的导弹能力甚感震惊。因为日本已经完全暴露在朝鲜的导弹威胁之下，但因当时的预警指挥体系情报收集处理能力低下，日本此前对朝鲜的导弹打击能力几乎一无所知。2005 年 5 月，朝鲜试射了一枚地对舰导弹，虽然事后证实是美国情报有误，并非弹道导弹，但还是让日本深感预警体系建设之不足，进一步强化了其发展 JADGE 的紧迫感。具有讽刺意味的是，在 JADGE 正式投入运行的 2009 年，朝鲜“大浦洞Ⅱ”型中程弹道导弹如期发射（射程 3500 千米），导弹在距地面近千千米的外太空飞越日本领空，已联入第三代 JADGE 的“爱国者”型导弹却根本没有做出反应升空拦截，只能“望箭兴叹”。

导弹类目标速度快，雷达反射截面积小，雷达发现距离近，要及时预警须发挥各型观探测装备和打击火力的整体效能。当前，JADGE 和其他反导系统和武器装备之间实现了无缝对接，主要有以下五类，第一，与美国卫星数据系统的联网，实现了日美间情报实时共享，借助美国强大的侦察情报网，日本可从美军手中获得自身无法侦察到的情报。这意味着在战争时期一旦日本的情报网遭到摧毁，日本还可从美军手中获取情报。第二，打造天基预警系统。日本长期以来都希望摆脱依赖美国等别国第二手情报的窘境，在 1998 年“导弹危机”之后，日本趁机摆脱对美国情报系统的过度依赖，独自发射了两颗间谍卫星。

经过 10 多年发展，日本已建成了天基卫星系统，它是由导弹预警卫星、通信卫星、侦察卫星构成的日本卫星监测网络，重点覆盖东亚和东北亚，包括台湾在内的中国、朝鲜半岛、俄罗斯和日本本土。该系统由两颗光学成像侦察卫星和两颗合成孔径雷达成像侦察卫星组成，4 颗卫星协同工作，每天可对地球任何地方至少拍摄一次，能识别直径为 1 米的地面物体。这些卫星已实现了

“爱宕”级 2 号舰“足柄”号

与 JADGE 的对接，能为拦截提供超视距制导，能精确引导地面雷达捕获来袭导弹和弹头，使地基预警雷达在来袭导弹进入起作用范围内才开机，减少反辐射导弹的威胁。第三，基地预警系统，日本已初步构建完善由固定式超远程预警雷达所构成的反导网络，该型雷达具备较强的弹道导弹观探测和追踪能力，包括 7 部 FPS-3UG 和 4 部 FPS-5（部署于佐渡、大凑等四个基地的 FPS-5 已于 2012 年与 JADGE 联网对接）；第四，遍布整个空自的“爱国者”地对空导弹打击系统；第五，海基探测打击系统，前面提过，到 2021 年，海自将部署完成 8 艘“宙斯盾”防空驱逐舰，监控范围达 20 万平方千米。其舰载 AN / SPY-1D 多功能相控阵雷达具有很强的探测能力，该型雷达对空警戒最大作用距离约为 500 千米，可锁定和自动跟踪 100 个目标，还可同时引导导弹攻击 12—18 个目标。

下一步，日本或将通过联网新一代装备强化三军联合反导能力。防卫省公布的“14 中期防（2014—2018 年）”明确提出了增强应对弹道导弹综合能力的对策措施，即着眼强化探测追踪能力，推进武器和系统的升级换代，提升 JADGE 整体运用性能，具体而言，它既是指随着各种反导新系统新装备的诞生，为实现与上述系统和装备的无缝对接而须持续增强 JADGE 的兼容性，也指 2016 年前即将实施的第二次换装。2018 年前，自卫队计划全新配备各型反导装备，包括搭载“宙斯盾”反导系统的“爱宕”级驱逐舰、专用于反导的新型“爱国者 3”地对空导弹、升级版超远程固定式预警雷达 FPS7 等尖端装备，JADGE 与上述装备所附属的系统进行对接势在必行，如果 JADGE 成功扩容，其在反导方面发挥的效能将进一步拓展。而在 2018 年以后，自卫队很有可能研发列装更为先进的反导系统，并与 JADGE 对接。从 2016 年起，自卫队将着眼未来反导需求，就新装备新系统的研发采购开展调研和模拟试验，届时 JADGE 的功能将进一步升级，其自身整体运行处理能力也将进一步增强。

目前空自在防卫省大院、自卫队朝霞基地和习志野基地等 7 处地方部署“爱国

者 –3”地对空拦截导弹。此外，搭载“SM-3”海基拦截导弹的海上自卫队宙斯盾舰，也可能再次被部署在日本周边海域。

防卫大臣稻田朋美登上“秋月”级通用型驱逐舰与官兵合影

除了“爱国者 –3”和“标准 –3”两种拦截导弹，日本政府还打算步韩国后尘，引进“萨德”反导系统。“萨德”系统全称是“末段高空区域防御系统”，可在大气层内外拦截来袭的短程和中程弹道导弹，是美国弹道导弹防御体系的重要组成部分。从军事技术角度来说，日本考虑引入“萨德”系统，主要是为了弥补国内JADGE的Bug。日本现行的反导拦截程序分为两个步骤，首先在海上靠“宙斯盾”驱逐舰发射“标准 –3”导弹，在大气层外拦截敌方弹道导弹，拦截高度超过100千米，一旦未能击中，就立即命令地面部署的“爱国者 –3”地对空导弹紧急拦截，在敌方导弹落地前将其击落。需要指出的是，“爱国者 –3”拦截高度低于20千米。

不难发现，在20千米到100千米之间出现了恐怖的拦截空当，引入“萨德”拦截系统正是为了防止第一次拦截可能出现的失误。虽然日本曾对“爱国者 –3”导弹进行过多次试射均成功拦截。但“萨德”的缺失实在无法让人放心，何况朝鲜的“劳动”型导弹在重返大气层后速度太快，每秒可达3—7千米，让“爱国者 –3”承受了太大压力。鉴于“萨德”通常负责在20—150千米高度拦截来袭导弹，日本希望借助这样的末段高层拦截系统，上接“宙斯盾”，下接“爱国者”，构成一个“三位一体”的反导网络。

届时，网络内的各型卫星、雷达、战机、对空导弹、“宙斯盾”驱逐舰、传感器等装备只要捕捉到目标信号，即可将情报实施传输至JADGE决策指挥系统，以及JADGE网络内任一陆海空装备或系统，决策指挥系统对目标做出敌我识别和威胁评估，根据数据自动编制拦截打击程序，并把程序送入联网JADGE的最佳装备，从而形成打击合力，使“导弹打导弹”成为现实。当然，这些先进的反导系统停放在仓库里是起不到任何作用的，需要在各种“实弹练兵”中擦亮弹头。

趋势：联网防空

除了重点研发运用反导技术，空自坚持“两条腿走路”，在防空方面同样花费大气力。目前各国都在紧锣密鼓地采购和列装能够应对未来信息化网络型战斗的先进战机，JADGE的重要性日益凸显，也意味着其防空预警能力即将面临严峻考验。目前JADGE因与各型系统和装备相连而基本具备遂行防空战的能力。第一，F-15等战机的情报通信终端（美制）与JADGE实时连接，共

具备较强空中拦截能力的F-15战机

空自第六航空团主要领导（前排中间为防卫大臣稻田朋美）合影

享情报，而 F-2 等老旧战机也正在接受信息化改造，计划于 2018 年前初步实现与 JADGE 对接。改造完成后，空自所有战机将能够于第一时间紧急起飞升空拦截可疑目标。在拦截可疑目标时，机载雷达不间断地向 JADGE 传送第一手数据资料，地面调度人员和飞行员一样，能够全面把握目标空域中敌我航空器的整体情况；第二，日本领土设置了 28 部防空预警雷达，可全天候观探测和追踪所有可疑航空器；第三，战术数据交换系统与 JADGE 的对接，使得 E-767 和 E-2 预警机得以向 JADGE 实时传输空中情报；第四，空自"爱国者"导弹和陆上自卫队 03 式中程地对空导弹通过相关网络与 JADGE 连接。而且，不仅是上述装备实现了与 JADGE 的互联互通，战机之间、E-767 预警机、"宙斯盾"防空驱逐舰、"爱国者"导弹和陆自地对空导弹等防空装备系统之间也因 JADGE 而实现了战术情报的共享。JADGE 间接增强了每款装备的战斗效能，能够有效组织防空火力对付敌方的袭击，其整合陆海空武器装备资源实施联合防空作战的能力进一步提升，防空作战的范围和职能得以拓展。“14 中期防（2014–2018 年）”同样提出了实施防空作战的目标构想。第一，着眼打造常态化监控机制，采购多架预警机。第二，为提升拦截敌机和巡航导弹的能力，尽快列装 F–35A 型战机、持续对 F–15 实施信息化升级改造，以及对 F–2 战机进行网络化改装。第三，继续对陆自中程 SAM 导弹和“爱国者 3”导弹进行升级。通过陆空联合部署形成一体化防空网络，提升防空作战整体效能。基于上述构想，自卫队将各种预警探测和拦截打击装备进行联网，先将一个区域内的预警探测设备进行集成，再逐步扩大，直到建成全国性的空天预警作战指挥体系。防空作战样式今非昔比，空中情报已不再局限于飞行员和地面调度人员通过语音实现共享，而是在连入 JADGE 的装备系统间实现实时共享。因此随着网络型战斗研究和训练的深入推进，JADGE 的主要功能正在发生从“下达作战指令”到“作战情报共享”的重大转型。

第五章 “联合运用体制”是个什么鬼

第一节
陆海空分歧难弥合

性格决定命运

日本战败投降后，帝国陆军被“永远开除军籍”，帝国海军却不但起死回生而且强劲复苏，如今业已成为自卫队的主导。对比战败后陆海军的不同境遇，真有“天上人间”之别，不能不让人感叹性格决定命运。

从日本建设明治国家直到战败的70多年时间里，日军一直有“长州的陆军”“萨摩的海军”的说法，也就是说，陆军主导权长期由长州地区（今山口县）出身的军人掌控，而海军则由萨摩藩（今鹿儿岛县）出身的军人掌控。著名作家司马辽太郎的话值得回味：“明治开国以来，山县有朋等长州军阀之所以将幕末以来的法国式陆军改造成德国式陆军，在于1870年俾斯麦率领的普鲁士军队赢得了普法战争的胜利，更为重要的是，长州人特有的认死理的性格和德意志人偏爱体系化理论的气质不谋而合；另一方面，西乡从道等萨摩军阀之所以以英国海军为师创建日本海军，是因为南国鹿儿岛人豁达爽朗、自由奔放的气质和诞生自由主义经验哲学的英国人的精神土壤能够完美地结合。”他一语道出了陆海军自建军伊始就折射出的

“快反化”“轻量化”是陆自作战指挥体系改革的关键词

截然不同的特质，直接对帝国陆海军战后的命运做出了宣判，直到今天，这种特质在陆、海、空自卫队中也没有消失。

“出云”号首航仪式

随着明治、大正、昭和的年号更迭，帝国陆海军本身也在不断变化，但是“长州的陆军”的精神主义和“萨摩的海军”的经验主义这一气质内核却始终作为陆海军的底色一以贯之，甚至二战的败亡也没有阻止这种DNA遗传因子在战后陆海空自卫队进行绵长的发酵。无论是战后重整军备的过程，还是自卫队诞生后的发展历程，都体现出了战前战后的传承性和割裂性并存的特点。繁华如烟，70年的时光已经逝去，如果单以军种而论，陆自和战前的陆军之间的传承性非常弱，与此形成鲜明对照的是，海自更多地继承了帝国海军的大量传统，比如海自的队歌就原封不动地继承了旧日本海军的《军舰进行曲》（由一位名叫濑户口藤吉的士官作于1897年），而空自由于在战后才诞生，所以它的独立性较为强烈。三者之间产生如此反差的背后，能够直接追溯到明治建军之初。

战败10年后创建的陆自虽然极力切割它和旧陆军的关系，但是要想完全摆脱旧陆军的负面影响实质上是做不到的。由于旧陆军推行军国主义给全体国民带来了无法弥合的伤害，老百姓在反思战争时，痛感“精神主义”的愚蠢无能，将一切怨恨和矛头直指陆军。所以，不管陆自本身是否愿意，它都必须接受帝国陆军的所有负面“遗产”。即使朝鲜战争爆发不得不组建防卫部队，日本陆上部队的组建也是在占领军强制性指令之下被动组建和发展的。帝国陆军在哪里跌倒，就在哪里躺下，直到今天，陆自的发展始终比海自和空自要弱势得多。

近几年来旧海军军人的档案不断解密，其中显示从美军占领初期开始，旧海军军人就积极活动，探讨海军重新武装的可行性，海自正是在前海军将领的不懈努力中诞生的，创建过程也得到了美远东海军的大力支持。由于亲美派大行其道，美国对海自的发展相对放心，其自主性、独立性远远超过了陆自。

空自的创设一方面与前陆军航空队军官探索航空部队重建的努力相关，与此同时，一贯主张以“陆”为中心来重新武装日本的美军开始转换政策思路，转而主张日本应建立独立空军，最后，岛国的“独立空军”从陆海军中分离出来。

有一个不可思议的现象，即自卫队中的极右势力几乎都出在空自，而不是继承帝国海军衣钵的海自。为什么会这样？因为空自创建时有相当部分前陆军航空队军官混迹其中，他们没有在警察预备队接受民主教育而是直接加入了空自，

2016 年 10 月 23 日，自卫队举行盛大的创建纪念日阅兵活动

陆自实施装备长途机动训练

部分秉承军国主义思想的人在空自“潜伏”了下来，一有风吹草动，空自的军国主义幽灵就时不时地沉渣泛起。第33任航空参谋长田母神俊雄上将在一篇论文中公开否认侵略史实，宣称日军“进入”中国和东南亚是“为了帮助当地人从白人的殖民统治下解放出来”。言论既出，舆论哗然，幕僚长都带头这么说，这个空自是不是已经成为右翼的温床了？

简而言之，陆自是在美军主导之下诞生的，海自则在旧海军人员主导下建立，而空自的创建是旧陆军航空人员与美空军当局密切合作的结果。在战败后，落魄的旧军人在“一穷二白”的条件下仍念念不忘“国军再建”（战前的鬼子在日本政府文件中称“国军”），由于机缘巧合，最终他们硬是把幻想打造成了现实，自卫队创建过程在今天看来仍匪夷所思。

陆自：行事周密，动脉硬化

从总体数量上来看，自卫队的“制服组”实有员额23.8万人，另外还有约2万名文职人员。作为日本国防执行机构的自卫队三个军种有着迥然不同的做派和性格。简言之，陆自可谓“行事周密，动脉硬化”，海自则“沣重传承，唯我独尊”，空自自认为“老子天下第一”。

首先，陆自背负着“原罪”。陆自的组织文化与帝国陆军之间缺乏传承性，它脱胎于警察预备队，而后者则是在和帝国陆军划清界限之后才组建的，所以和帝国陆军的嚣张风格相比有着天壤之别，陆自成立后一贯行事低调、小心翼翼。

其次，作战平台的数量和编制体制的特性相当程度决定了陆海空不同的作战特性。空自拥有200多架战斗机，航空总队司令官甚至能在指挥中心大屏幕上掌握正在领空执行任务的所有战机的动态。再来看海自作战平台，海自拥有主战舰艇47艘、潜艇约20艘、巡逻机约100架，这些作战平台也能由联合舰队司令宏观把握。这意味着海空自卫队的武器平台即为作战核心，以舰艇为例，每艘舰艇本身就自成一体，是集作战、情报、火力、补给于一身的海上中枢。海空自卫队人员在作战平台面前变得渺小，甚至可以说，海空自卫队是在为舰艇和战机配备人员。

但是和海空不同，陆自的武器装备平台并不构成作战核心，每名训练有素的官兵才是作战成败的决定性因素。陆上总队麾下有10多万名官兵，没有任何指挥官能把握所有官兵的动向。而且陆自作战平台种类繁多，坦克、装甲车、步兵战斗车、火炮、直升机，到单兵武器，应有尽有，每种装备都有特定的作战性能，为此陆自部队只有根据装备特性，在适当的时间段和作战区域集中不同兵种方可发挥出战斗效能。

从编制体制的角度看，位居陆自指挥链顶端的是陆上总队，其次是师团和旅团，1个师团的规模5000—7000人，1个旅团3000—5000人，之下的基层作战部队以联队为核心，光是步兵联队就有50个之多，联队下面还有大队、中队、小队等编制单位，所有单位都以集体行动为基本存在方式。为了实现一个目标，不能不进行周密的准备，制订万全的计划。但这种小心翼翼只要再往前走一小步，就变成了“动脉硬化”，要使庞大的组织执行一个意志，难免会忽视局部和各个部分的特殊性，一旦做出决定就很难变更。

陆自所属部队的情况是如此复杂，当最高指挥官面对如此众多的兵力和装备时显然无法靠一己之力掌控局面，这决定了陆自指挥体系只能是分权制（由于装备特性不同，海空自卫队实行集权式的力量运用）。

还有一个重要的事项，就是地面作战必须首先考虑到社会和国民的感受，这也是影响陆自行事作风的关键因素之一。陆军最大的特性就是作战指挥全流程与地域和社会有着密不可分的关系。与海空战不同，地面作战完全在领土上实施，平时的训练演习也大都在基地展开。如果要出动各种特大型车辆在公路上机动，势必要得到地方行政机构的合作，也需要与各种社会组织维持良好关系。演训计划的拟制和作战遂行上的复杂性正是陆军这个军种的固有属性。作战想定的拟制和充分的准备工作直接左右作战训练的成败，因此陆自的特点可用“行事周密、动脉硬化”来形容。

海自：注重传承，唯我独尊

不能说海自就是帝国海军的翻版,但海自的确继承了很多旧海军的遗传因子。海自的主要任务一方面是因应可能面临的海上侵略，另一方面，还要排除敌军舰船、飞机、潜艇的威胁，确保海上交通线的安全。目前4万多人的海自拥有联合舰队、航空集团、潜水舰队和训练舰队等几大机构。与对旧陆军进行彻底否定的陆自形成强烈反差，海自以旧海军的嫡传子孙自居，继承和保留了战前海军的很多用语和习惯。

比如，曾让中国、东南亚和西太平洋民众恐惧的帝国海军血红的旭日旗原封不动地成为联合舰队队旗四处招摇，海自队歌《军舰进行曲》也是战前的帝国海军军歌。学员从海自干部候补生学校毕业后必须接受一年的远洋航海训练，这个环节就是帝国海军传统的延续。首次举行远洋训练可以追溯到日俄战争胜利之后的1906年，中间除了战争和战败后短暂中止

海自是帝国海军的直接传承者

外，从来都没有停止过。战败前进行过 61 次，平均每年还不止一次，从海自诞生直到 2016 年度也已开展过 60 次。

海自的干部管理和考评制度虽然制定于战后，但帝国海军的“光荣传统”没有延续，最具代表性的就是海军兵学校的“吊床号制度”。一个班的学生睡一个大宿舍，至于谁睡在哪个位置完全由成绩决定。虽然他们睡的不是吊床而是床铺，但仍沿用“吊床号”的说法。不否认“吊床号”的出发点是为了公平竞争，但就因为这个制度，帝国海军最后沦为完全以论资排辈论英雄的僵化集团。可怕的是，这个“吊床号”不光在海兵阶段有效，而是跟着一辈子。今天的海自仍在延续这个制度。

海自还有一点区别于陆自和空自——以和美军拥有特殊的亲密关系而自豪。久而久之，海自开始自我膨胀，有什么事直接和美国海军和日本外务省协商，却不跟自己的上级防卫厅打招呼。最典型的例子是美国发动阿富汗战争后，在外务省的支持下海自居然无视防卫厅，直接和美国海军达成协议，派出舰艇在印度洋为多国部队加油。海自的活动舞台是广袤的大洋，它的活动较少受到国内的制约和监督，谁也不知道它在哪里、在干什么，其行动和陆自、空自相比更为自如。所以海自是“唯我独尊”的军种。

空自：老子天下第一

临机决断是空自的主要文化性格。空自平时的主要任务是警戒和监视日本领空，只要发现有不明国籍航空器逼近日本领空就会升空拦截，另外还要执行救灾、空运和国际维和等任务。空自和陆自、海自都不一样，日本战前的航空力量分散在陆海军各自的航空部门，所以它没有“帝国空军”之类的前世孽债。空自是在美国远东空军的指导和援助下于战后新成立的组织，它无缘继承旧军队的任何传统，也没有任何历史包袱。

空自现有人员 4.3 万余人，下辖各种部队，有的负责基地保障和维护，有的主管雷达监控，也有时刻待命迎击敌方导弹的防空部队。其中，有“空中武士”之称的战机飞行员无疑是空自所有兵种中最耀眼的明珠，这个精英群体的存在一下使空自的实力和层次提升了很多。他们是自卫队中处于最前线的一批人，无时无刻不处于战备状态。空自规定，一旦发现不明飞行物，飞行员必须在五分钟内紧急升空拦截，颇有些个人英雄主义的味道。执行这种高难度任务，要是没有高超的能力是玩不转的，所以飞行员有着“勇猛果敢”的美誉。不过物极必反，个人英雄主义也意味着人员之间缺乏协调和团队精神，人人都想出头，最终沦为“各自为战”的境地。以紧急起飞为例，飞行员必须在几秒钟之内做出判断和抉择，这也对空自的组织文化产生了影响，在处理事情上往往会导致非黑即白、非好即坏的机械化的倾向。

“统合”不易

1954 年组建的参联会（日本称“统合幕僚监部”）是一个协商性机构，负责拟定和调整自卫队作战、训练和后勤计划。可是在参联会运作过程中逐渐暴露出了一些问题。陆海空分别设有参谋部，防卫厅长官的命令必须分别通过陆海空参谋长才能下达，在处理日常重要事务的过程中，各军种参谋长几乎和参

位于画面中央的建筑为防卫省主楼

战前陆军参谋本部旧址

防卫大学举行毕业典礼

联会主席享有平等的发言权，常常为了谋求个人前程、抬高本军种地位、争夺经费等一己私利产生矛盾和分歧，有时还会吵得不可开交。在实施联合演习和训练时，参联会不得不临时拼凑指挥机关进行组织，缺乏一个坚强的领导机制，所以陆海空在执行任务时都是各自为战，相互之间掣肘的情况时有发生。

为使自卫队实施一体化运作，防卫厅于 2006 年废止了运行 52 年的参联会，新设名为“统合幕僚监部”的联合参谋部，在联合参谋长之下，设立了总务部（J1）、情报部（J2）、作战部（J3）、后勤部（J4）、防卫规划部（J5）和指挥通信系统部（J6）等 6 大部门。

防卫厅成立联合参谋部的初衷是想让部队的联合训练、演习都由这个机构统筹安排，这样一来，自卫队指挥体制的“审议—决策—命令—执行”四个环节得以打通，可实现指挥系统的一体化运作。除了有联合参谋部这个首脑机关外，其下还有陆海空联合成立的快速反应部队，它从陆海空自卫队抽调人员组成，主要任务是应对导弹威胁、大规模自然灾害、恐怖袭击和海外紧急救援，不过人员仅有1200人。

在联合参谋部成立前，并没有赋予任何一名高级干部跨军种指挥部队的权力，包括参联会主席和陆海空参谋长在内，他们虽是“制服组”级别最高的4个人，却没有指挥权，仅仅是担任防卫厅长官的幕僚，防卫厅长官可以越过他们直接对陆自各方面队总监、海自自卫舰队长官和空自航空总队长官发号施令。

从实际运作来看，联合参谋部的设置基本达到了目的，自卫队的建设得以在较为科学的设计规划之下展开，少走了弯路，不但增强了自卫队的行动效率，对救灾、作战等紧急情况也能够做出迅速高效的反应，提升了三大自卫队之间的联合作战能力，还促进了陆海空之间的干部交流和人才培养，对自卫队的长远发展是有利的。

其实只要研读日本近现代军事史，就会惊异地发现成立“总参谋部”一事并不是没有先例。早在19世纪80年代的伊藤博文内阁时期，日本曾经有过成立陆海军联合参谋本部的尝试，首任也是唯一一任参谋总长是陆军大将有栖川宫炽仁亲王，下设陆军部和海军部。但这个联合参谋本部可谓昙花一现，只存在两年就夭折了，主要原因还是在于陆海军之间根深蒂固的矛盾。特别是海军很不满意，因为参谋总长是陆军，在海军看来显得海军要归陆军管，低了陆军一等，于是“总参谋部”不到两年就解散了，陆海军回到了各自为政的状态。从当时世界各国的实践来看，还没有哪个国家成立过类似的部门，将陆海军撮合到一起的想法在当时是颇为先进的，甚至是十分超前的，实际上处于机械化建设初期的各国陆海军之间还不存在很强烈的联合作战需求，这也从客观上决定了联合参谋本部必然是一个短命的机构，既是“先驱”又是“先烈”。而在信息化的今天，升级版“联合参谋本部”的创建符合部队建设和作战的需要，是顺应自卫队发展内在逻辑的。

但是，“统合”说起来容易，做起来难。三个自卫队的诞生背景不同，文化性格各异，实际上没法做到真正融合。就是在关于多长时间召开一次例会这种芝麻绿豆大的事情上，三方的意见都会产生分歧。陆自主张每周开一次例会足矣，海自则要求每天都要开，空自认为，空中局势瞬息万变，应尽量多开会研究情况。因为从时间的尺度来看，这三个组织所用的计量单位有差异，所以对时间的感觉和行动的节奏也不一样。陆自以天数为单位（比如官兵每天徒步行军 30—40 千米）；海自以航速“节”为计算（普通舰艇时速约为 20 节，37 千米），对应的时间是“小时”；空自则更夸张，以“马赫”为单位，音速是 1 马赫，而战斗机都是超音速，通常时速为 2 马赫，其升空或拦截导弹的反应时间精确到“秒”。

从空间的角度看，航空作战具备空间上的广泛性，战机必须在日本全境机动，海自的作战海域也极其广大，与此形成鲜明对照的是，陆自作战区域具有一定范围，各方面队的防御范围以方面区为界线。时间上的反应迟缓和作战区域上的条块分割，导致陆自指挥管理体制相对僵化。陆海空的巨大差异从各自用的地图也能感知一二。陆自用的是市区街区地图，海自一般用世界地图，而空自用的是日本防空周边的防空识别图（ADIZ）。

联合参谋部一名高级干部指出，要把三个自卫队顺利“统合”起来实在是勉为其难，他认为“陆海空各有各的特点，要同时把三者整合起来是不切实际的，众口难调，与其这样，不如充分发挥每一方的优势和特色”。陆海空的军事协同问题是各国军队共同面临的世界性难题，要拿出适合所有军种的理念和做法谈何容易。

第二节
关于联合作战部队的猜想

组建真正意义上的联合部队是自卫队未来10年信息化军事变革的关键目标，也是安倍晋三的执政“理想”之一，虽然日本目前还没有任何文件或报告进行吹风或对此发表评论，不过这是自卫队建设发展必然要破解的矛盾，有一点是肯定的——防卫省高层正在紧锣密鼓地筹划。兵者，国之大事，关乎存亡之道，联合作战部队怎么组建的问题在哪国都不可能放在公众视野下讨论，为此只能从自卫队现有基础和发展需求的角度，用代入的方法对未来联合部队的构成做出分析甚至是猜想。

美军怎么搞联合

首先，作为同盟，防卫省必然会参考借鉴美军现行联合作战编制体制。伊拉克战争时期美军组织架构如图所示，在中央作战司令部司令（陆军上将）指挥下，还有统一指挥各军种部队的司令（军衔都是中将）。不过，各军种部队的编制构成并非一成不变，而是可根据具体作战任务进行调整。特别是陆军部队的第3集团军，其麾下不仅有驻扎于欧洲的第5军，战时也可将海军陆战队第1远征军（含英军第1装甲师）置于自身指挥体系之下。

不过海湾战争的实践表明，美军联合部队的指挥体系却并不顺畅。虽然每个军种都由一名最高长官统一指挥，但由于英军、法军和阿拉伯国家联军都是多国部队的组成部分，所以多国部队的指挥系统变得极其复杂。特别是阿拉伯国家联军无法容忍将自身置于基督教国家军队控制之下，宗教分歧意想不到地给作战指挥造成了很大困扰，美军在不得已的情况下，采取了美中央军总司令施

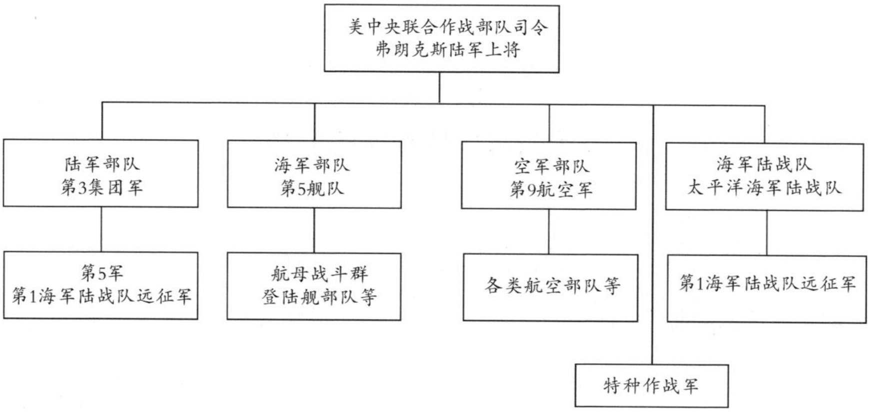

伊拉克战争时期美国中央联合司令部所属部队编成图

瓦茨科普夫陆军上将和阿拉伯联军代表哈立德中将联合指挥的形式共同实施作战指导，当然，实际上部队仍由美军主导。

当时的美军各军种司令分别是第3集团军司令（驻本土）、第5舰队司令（驻中东和近东）、第9航空军司令，此外还有很多支援部队。值得一提的是，负责地面作战的部队不仅有第3集团军（辖第7军、第18空降军），还有中央司令部下属的海军陆战队第1远征军、中央司令部特种作战部队，以及阿拉伯协同部队，但并没有设置统一指挥上述部队的最高指挥官的职位。最高指挥官的缺失会面临一个问题，意味着无法把握地面作战全局，会对指挥过程造成负面影响。

对此，海湾战争的案例可以生动说明。当时，美国中央司令部制定了收复被伊拉克侵占的科威特首都科威特城的作战计划，命令海军陆战队和阿拉伯国家联军担任主攻，司令部认为这一行动必将诱使伊拉克共和国卫队南下增援，而精锐装甲部队第7军则拟在一天之后从西侧向伊南部地区实施迂回攻击，绕过伊军的重点防区，直接进入伊拉克纵深地区，围歼共和国卫队。该计划同时还想定在海军陆战队发起攻击的同时，第18空降军也开始行动，发挥其机动性强的特点，长驱直入伊拉克纵深，一举切断科威特境内伊拉克军队的退路。然而在实际执行过程中，由于海军陆战队第 1 远征军的两个师过早轻松攻占了科威特城，使得伊拉克共和国卫队失去了南下增援的时机，为此，美国中央司令部不得不慌忙命令第 7 军 5 个师（外加英军一个装甲师）也提前发起攻击。（［日］河津幸英著，《伊拉克战争资料》）

从以上战例可以看出，联合司令部的任务是制订通盘作战方案，将 4 个军种（海军陆战队是美军的独立军种）巧妙地凝聚和联结在一起，而实际作战行动则由各军种司令统一指挥，否则很可能酿成指挥混乱、通信不畅等严重后果。虽然目前还无法搜集到有关界定美国联合司令和各军种司令作战指挥权责分工的文件资料，但是从海湾战争和伊拉克战争的实际不难看出联合司令部能在多大程度上指挥各军种作战。

海湾战争和伊拉克战争的共同点在于，在实施地面压制战时，一般海军会向地面目标发射巡航导弹或进行舰炮射击，空中打击一般由空军统一指挥，即使是从海军航母起飞的舰载机和海军陆战队飞机也置于空军司令统一领导之下，三方分别攻击不同性质的地面目标并相互协同。所谓的联合作战并不是指空军飞机和海军飞机共同实施作战行动那么简单，而是根据各军种自身特点，灵活地分担作战任务。比如在对地面部队实施空中支援时，往往由空军攻击机、陆军武装直升机和海军舰载武器各自打击目标，发挥各自优势，同时通过相互协作弥补自身不足，实施全方位

美军联合反恐训练

美陆军实施诸兵种两栖作战演习

多层次火力覆盖，从而达成最佳作战效果。再比如，海湾战争期间制订地面轰炸方案时，美国空军司令要求将轰炸战略目标设定为最优先选项，战术目标次之，对于空军的请求，多国部队司令部（即美国联合作战司令部）要求空军兼顾战术目标，要求至少摧毁伊拉克地面部队 50% 的战斗力，为此，空军司令部干脆制订了众所周知的名为“沙漠风暴”的霸气空中打击计划，一个不漏地摧毁所有战略和战术目标。（［日］河津幸英著，《海湾战争与伊拉克战争》）由此可见，联合部队司令须在综合考虑各类作战目标、各军种承担的任务、兵力投入的时间阶段、各军种间的协同步骤等因素基础上才能拟制综合作战计划，而具体作战行动则应在各军种司令指挥下实施。

自卫队编制体制的特点

要窥探未来自卫队联合部队的具体实力构成，必须把握自卫队军力现状特别是编制体制。一般而言，为了在特定地区顺利遂行作战行动，或妥善应对特定事态，各军种平时应打造和保有多支能够发挥综合战斗力的部队，并根据具体战场局势灵活增减部队。

在陆自中，有一部分部队是根据特定职能编成的（如防化部队），但主体是师团和旅团这样的具备综合战斗力的部队，它们平时隶属于五大方面队，担任地区警备任务，一旦“有事”，各师团旅团可随时向战斗地域集结，可以说，陆自的架构非常适合组建不同地域的兵种联合作战部队。

海自的作战主力根据不同职能编成，主要有护卫舰队（含运输舰队）、潜艇舰队、航空集团以及扫雷队群，由联合舰队司令统一指挥。这种部队编组方式在部队教育训练、人事管理方面具有很高的效率，在联合舰队遂行岛链防卫等单一任务时具备发挥综合战斗效能的潜力。但是除此之外海自还设有地区总监的职位，其统率的地区舰队在日本沿海五个防区担任警戒任务，这一编制结构与联合舰队在职能上存在功能重叠的现象（虽然地区舰队的战斗力非常有限）。从这一实际出发，要组建真正意义上的海上联合作战部队，还需对海自现行编制体制做出大幅调整。

空自的作战主力为航空总队，其麾下的航空方面队·混成团将日本领空划分为四个区域，每个方面队都拥有战斗机部队、防空部队和警戒部队，能够发挥综合战斗力。此外航空方面队之下还编有航空支援集团（负责搜救、运输）、航空教育集团（负责教育训练）、航空研发试验集团（负责装备研究）等以职能划分但没有固定防区的部队，虽然这些部队一定程度上与主战部队在功能上重合，不过却可以比较方便地融入以防区为单位组建的联合部队的编制中。

陆自新兵训练

2016 年 8 月 4 日，“鹰派”美女政治家稻田朋美就任防卫大臣

关于联合参谋部和陆海空参谋部的关系，防卫省在《2016 年度防卫白皮书》中就两者的职能区分做了说明，指出前者是“用户”，后者是“服务提供者”，为了真正发挥服务提供者的能力，三大参谋部应当被赋予研究制定作战构想的权限，以及制定与此相适应的编制、装备、教育训练发展计划的职能，唯有如此，才有可能在“有事”情况下遵照联合参谋部的作战方案提供精锐之师，发挥作战效能。

在联合作战指挥体系中，联合部队司令麾下的各军种司令拥有相应的指挥权，从这一常识出发，联合参谋部之下的陆海空自卫队各参谋部应当保有作战指挥、情报管理等职能。而现实却是三大参谋部的作战和情报部门在“作战一元化管理”的名义下被裁撤，参谋部本应发挥的功能大幅弱化。而与此同时，随着联合参谋部的权限的增大，其承担的业务也出现了爆炸性增长，大大加重了其负担。联合参谋部的前身参谋长联席会议曾设有第 4 室（负责兵员补充、后方基地）这一机构，可当前的联合参谋部却没有设置负责兵员和后方基地的专门机构，而是将该事务委托三大参谋部兼顾，这一点可以说是自卫队的缺陷。因为从国家层面而言，如果没有高素质、有保证的兵员和强大的后勤保障能力，则作战无法实施。从自卫队日常演习的内容来看，很少有作为投送对象的陆自和担任投送任务的海空自卫队之间进行联合训练的科目。

东日本大地震后联合作战（救灾）的得失

从作战行动的视角来看，联合救灾到底在多大程度上贯彻了联合作战的理念？恐怕相当有限。东日本大地震期间陆海空确实紧急组建了联合救灾部队，但是那次联合行动只能说是形式上而不是实质上的联合。

第一，联合救灾部队总指挥由陆自各方面队抽调的师团或旅团组成的陆上救灾部队指挥官（时任东北方面总监君冢荣治中将）担任，而根据联合作战思想和惯例，各军种指挥官一般不兼任联合作战部队指挥官。由于现行自卫队组织框架下物色不到具备联合作战指挥能力的将才，所以只能根据“谁势力大听谁的”这种惯性思维，选择陆上指挥官做老大。陆上部队在此次救灾过程中占了相当大的比重，从实际看，各方面队总监具备较强的指挥管理能力，克服了很多困难。

第二，海上和航空部队指挥官的选定存在一定问题。横须贺地区舰队总监被任命为海上救灾部队总指挥，该地区舰队平时担任沿海警戒任务（防区从三重

东日本地震救灾实际上以陆自为主导

县经岩手县直到太平洋沿岸海域），但因实力弱小，被赋予的指挥权限也很小。与此形成鲜明对照的是，航空总队司令官被任命为航空救灾部队总指挥，这是空自的关键职位，本应坐镇司令部负责领空安全，却被要求负责抗震救灾，这一任命与自卫队所谓战备的要求相背离。其实最适合投入救灾现场的部队应当是隶属航空支援集团负责空运和搜索救援的部队（运输航空队、航空救援团和航空安全管制群）。既然如此，为何不任命航空支援集团司令官担任航空救灾部队总指挥呢?

第三，联合救灾部队和后方支援力量之间的关系界定不清晰。据《2011 年度防卫白皮书》介绍，自卫队在出动陆海空救灾部队的同时，还另外抽调了相当数量的部队担负后方支援等辅助性任务，他们都在联合救灾部队的管理下执行任务，但在名义上却不属于联合部队。然而这就产生了一个问题，根据自卫队的规定，凡不是根据救灾出动命令派遣的部队，一律不被认定为参与救灾，功劳簿上没有他们的名字，他们参加的所有救灾支援行动都不写入任职履历和业绩表。既然如此，这些后方支援部队为什么还必须在形式上纳入救灾部队的指挥之下呢？要知道，海湾战争期间担负运输任务的美联合运输部队并不归中央作战司令部指挥。

未来联合部队什么样

那么日本未来将如何组建联合作战部队呢？对此自卫队的编制体制又将如何进行调整?

组建联合部队的通行做法是根据防区进行组建。当前美国拥有开创世界先例的地区联合作战司令部，包括北美、中东、非洲、欧洲、太平洋、南美等六大战区，还有特种作战司令部、战略核力量司令部、运输司令部等按照职能组建的联合作战部队。俄罗斯成立了西部、南部、中央和东部四个军区，每个军区都构成一支联合作战部队，还有战略火箭兵。不过，这些国家凡是不靠海的军区都没有海军的编制。在欧盟各国看来，它们遭受直接军事威胁的概率大幅降低，而赴海外执行作战任务却成为常态，为此部分西欧国家设立了用于海外派遣的常设联合作战司令部。从以上阐述不难看出，可以考虑根据不同职能或不同地区组建联合作战部队。

联合参谋长河野克俊

在筹划成立日本的联合作战部队时，防卫省应会充分考虑其本国国情和安全环境。日本国土狭长，面积居世界第60位，不过它四面环海，拥有面积位居世界第六的领海和专属经济区，并且与中国、俄罗斯、韩国、朝鲜这些国际纷争的策源地隔海相望。基于以上因素，日本在组建联合部队时或将考虑以下原则：一是根据不同地域组建联合部队，二是在“受威胁程度较高”的地区专门组建联合部队，三是组建承担导弹防御任务的特定联合部队。

根据第一个原则，联合集团可能在三个地域分别组建，分别是与中韩隔海相望的西南地区、与俄罗斯隔海相望的北部地区，以及涵盖首都圈的关西地区和本州中部地区。虽然也有人提出可以直接继承陆自方面队的五个防区，分别组建联合作战部队，但从日本国土规模和地域特点的角度来看，自卫队也许会将全国划分为三个防区，在每个防区组建一支联合部队。

果真如此的话，将陆自现有的五个方面队整合为三个具备可操作性，对于空自而言，可能将西南航空混成团纳入西部航空方面队编制之内，航空支援集团可通过直辖或拆分的方式编入不同地域的航空方面队。海自是个例外，它的现行编制并不适合根据不同海域组建联合部队，除非将各型驱逐舰、反潜机和潜艇混编组成区域方面舰队。不过如何协调各舰队司令与拥有不同防区的地方总监之间的关系，也是非常头疼的问题。

根据第二个原则，或组建“西南方面联合集团”，部署在九州到西南诸岛。该防区的范围不仅包括九州以西西南诸岛一线地区，考虑到朝鲜半岛可能对西日本的军事威胁，也可能将中国地区（系本州西部地区）、四国地区作为后援基地置于该集团势力范围之内。这个联合集团的陆上部队可能将现行编制架构内的西部方面队，以及中国、四国地区的两个旅团纳入其中。联合集团中的航空部队可能将包括西南航空混成团在内的西部航空方面队纳于指挥系统之下，这样一来，该集团陆上和航空部队的作战区域恰好保持一致。

根据第三个原则，日本可能成立“联合导弹防御集团”，该集团不仅应对朝鲜导弹威胁，也应对中国核武器威胁。用于导弹防御的联合部队此前曾组建过，由于导弹防御和防空作战密不可分，因而该部队司令比较适合由航空总队司令兼任。“联合导弹防御集团”还将囊括从海自抽调的3—4艘“宙斯盾”防空驱逐舰，如果此举成为现实，即使海自今后增加“宙斯盾”数量，联合舰队能够支配的“宙斯盾”防空驱逐舰数量还是会急剧缩减。

通过以上分析不难看出，日本在组建联合作战部队方面的选择空间并不大，大致有两个方案，A方案是：仅仅创设西南方面联合集团和联合导弹防御集团；B方案是：在不同地域组建联合集团的同时，创设联合导弹防御集团。

首先来看A方案。A方案相当于B方案的简化版，创设的联合作战部队只是B方案的一部分，其宗旨是尽可能地不变更现状，使不隶属于联合集团的部队和机关保持现状。不过这一方案会导致指挥官和司令部人员数量增加，至少要增设西南方面联合集团司令、两大联合集团的舰队司令以及联合导弹防御集团航空部队司令的职位，但目前自卫队找不到合适的后备人选。

再来看B方案。在自卫队未来联合作战部队“猜想”图中可以看到，岛国领土划分为北部、中部和西南三大防区。首先，三大自卫队中谁更适合担任西南方面联合集团司令呢？虽然陆自在该地区辽阔的海域保持着军事存在，但如果没有海自的巡逻警备和补给投送，陆上部队将无法动弹，防卫省可能会借鉴美国任命海军上将担任太平洋地区联合司令部总指挥的这一先例，任命海自将官担任这一职务。由于日本北部和中部没有如西南地区那样的广袤海域，这两个集团司令可能考虑由陆自将官担任。北部方面联合集团的关注重点在于北海道北部和东部地区的防御，中部方面联合集团主要任务在于防止和应对针对大都市的恐怖袭击，联合导弹防御集团司令职务则可能由空自将官担任。

联合部队成立后，相关司令部人员或以现有人员为基础进行调配。届时北部方面联合集团司令部或驻于原东北方面总监部（仙台），下属的北部陆上方面队司令部驻于基地（札幌）、北部方面舰队司令部驻海自大凑地方总监部、北部航空方面队司令部位于现基地（三泽）；中部方面联合集团（暂定名）司令部驻原东部方面总监部（朝霞），下属的中部陆上方面队司令部位于现基地（伊丹）、中部方面舰队司令部驻海自舞鹤地方总监部、中部航空方面队司令部位

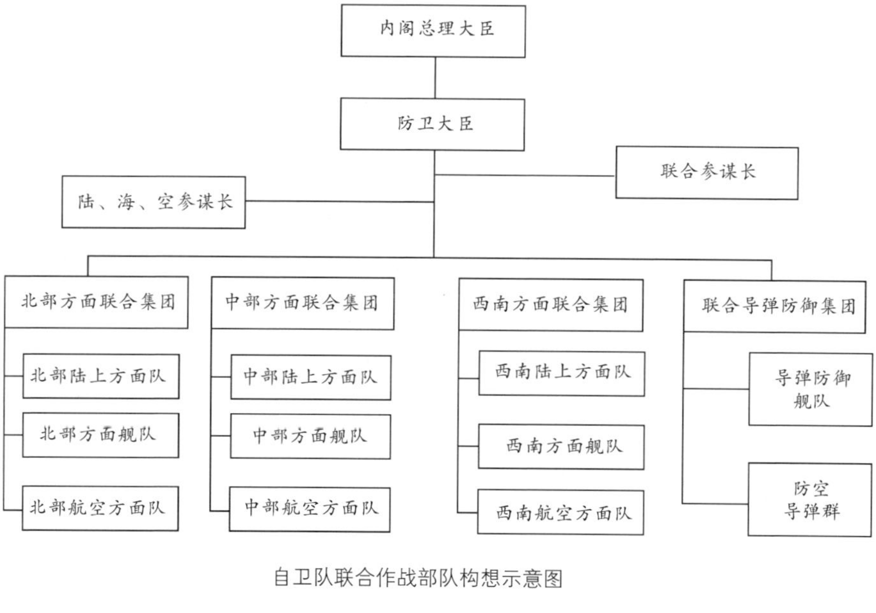

自卫队联合作战部队构想示意图

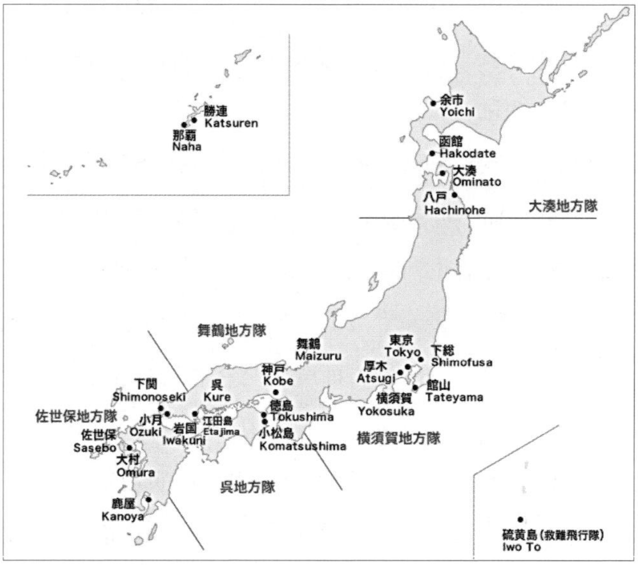

海自主要基地分布

于现基地（入间）；西南方面联合集团司令部应驻于海自吴地方总监部，下属的西部陆上方面队位于现健军基地，西南方面舰队司令部驻佐世保地方总监部、西部航空方面队司令部位于现春日基地；联合导弹防御集团司令部应驻于航空总队司令部（横田）、因防空导弹舰队规模较小，可与舞鹤或佐世保地方总监部共同基地。防空导弹群司令部可同时设置在入间和横田两地。

前面提到，将陆自和空自调整改造为联合部队相对比较容易，但海自的改编会更费周折。如果代入海自的立场，它可能改造成四支舰队，分别是北部、中部、西南三大区域集团下属的三支舰队（规模存在差异）和防空导弹舰队。

当然，这一切的前提是，联合参谋部名副其实地发挥战前帝国陆军参谋本部甚至是大本营的职能权限，但是如果这样的话，无论日本是否修改了“和平宪法”，它事实上已经变身日本“国防军”或“自卫军”。

第三节
西南诸岛“要塞化”

从2017年开始，自卫队逐步在其西南地区的宫古岛部署新型反舰导弹，通过封锁宫古水道阻止中国海军舰艇“自出自入”。无独有偶，当前出炉的新版《防卫白皮书》高调鼓吹近几年来军力建设“成果”——加快推进西南诸岛（位于我国东海方向，作者注）作战指挥体系建设和力量部署。事实上，四年多来，陆海空自卫队已经采取多种举措逐步在西南地区填补了军事空白，原本地处偏远的西南岛屿正在变成一个个扎眼的军事堡垒。

对于日本而言，西南地区何以如此重要？岛国的西南地区也称琉球群岛，位于东海的东部外围，南北总长1000多千米，像一条珍珠项链从日本九州南段一直延伸到中国台湾省，将东海和太平洋分割开来。琉球群岛从东北到西南分布着大隅诸岛、奄美诸岛、冲绳诸岛、大东诸岛、先岛诸岛，其中面积1208平方千米的冲绳岛是琉球群岛的核心。琉球群岛是东亚、东北亚地区东出太平洋的必经之地，要走向深蓝，这是必经之路（“辽宁”号航母经过的宫古水道即位于此地）。重要的地理位置赋予了该群岛极大的战略价值，它北瞰俄罗斯和朝鲜半岛，南临菲律宾群岛，成为东亚、东南亚国家争夺制海权的关键环节，人们所熟知的所谓“第一岛链”就是建立在琉球群岛的基础上。而对日本来说，琉球群岛被视为其“国门”，扼守着日本向南发展的大门，如果失去了对西南地区的控制权，日本就丢失了南部屏障。二战末期冲绳岛被美军“临门一脚”攻占，“大日本帝国”的穷途末路最终来临。

安倍晋三2012年底“梅开二度”重登首相宝座之后，不厌其烦地要求自卫队打造岛屿攻防能力，可以这么说，最近几年自卫队“强军壮武”的重点主要就是大幅加强其在琉球群岛的军事存在，其意图何在不言自明。

“力量丧失梯度”理论

日本作为一个岛国，拥有众多的岛屿，因此对于岛屿作战十分重视。日本把美国经济学家博尔丁提出的“力量丧失梯度”定律作为实施岛屿防卫作战的理论依据。该理论认为，即便在军事科技进步的今天，距离仍然会对作战的展开产生巨大影响，距离越长，所需成本就越高，所需时间也越多，会导致作战效果相应下降。该理论强调前沿基地对于克服距离障碍的重要作用，应从平时起就在预定交战地域预置不需要机动的军事力量，认为这是维持本土强度最有效的手段。该理论代表了日本军方的主流作战思想，日本据此认为前方展开部队在一线的静态存在依然具有重要的威慑力和事态处置能力。当前陆海空自卫队的实力分别在日本本土几乎均等配置。假如北方出现威胁而需要驻九州、本州的部队北上时，利用陆海空输送手段与交通机构并依靠本土内部机动，基本上可以满足需求。但西南岛屿防卫则不同，日本认为西南地区的地理现状正好与“力量丧失梯度”理论相符。尽管宫古岛、石垣岛、西表岛和与那国岛等先岛群岛上有约 10 万岛民居住，但是自卫队的实战部队现在主要部署在冲绳本岛。尤为紧要的是，先岛诸岛距九州约 1400 千米，距冲绳本岛 300—500 千米，距中

前防卫大臣稻田朋美观摩陆自演习

富士综合火力演习场面恢宏

国沿海地区反而更近，其中与那国岛至台湾之间仅128千米。因此，“有事”时将被迫在本地区恶劣的气象、海象条件下实施海空机动，同时疏导居民避难，实施领土防卫。

总之，“力量丧失梯度”理论为日本强化西南地区防卫力量提供了理论支撑。由于现实中日本与其邻国在西南地区存在资源和领土争议，存在爆发冲突的潜在可能。而一旦在先岛或先岛附近发生武装冲突时，要从九州或冲绳本岛投入军事力量，在情报搜集、指挥控制、海空优势确保以及持续性补给等方面将会极为困难。因此日本意图根据该理论，预先在先岛诸岛配置地面部队，这样不仅可以迅速应对不测事态，还可形成遏制中国海军活动的威慑力。

防卫重心南移的深层考量

日本政府在《国家安全保障战略》《防卫计划大纲》《防卫白皮书》等多份重要纲领性文件中公开表达了对中国海洋进出范围的扩大化和常态化的担忧，称有必要继续对中国军事动向保持“警戒”。其《国家安全保障战略》指出，虽然美国的战略重心有向亚太地区转移的趋势，但由于严峻的财政状况，美国亚太再平衡战略必将受到影响，为此日本仍需具备独立应对危机的能力。日本认为，由于俄罗斯经济军事实力的下降以及韩国军力相对自身的劣势，日本面临的“北方威胁”大为缓和；同时鉴于中国综合国力的增强，日本认为其周边安全形势依然严峻，尤其是西南方向蕴藏潜在安全威胁，因此，其防卫重心必须由东北转向西南，以应对未来可能发生的冲突。具体而言，日本主要出于以下四方面因素的考虑：

第一，强调其西南航线的安全蕴藏潜在威胁。西南航线途经的冲绳群岛—先岛群岛（日本称“西南诸岛”）是通往本土四岛最为便捷的通道，是日本的资源输入命脉，日本武装力量的关键职能之一即是确保西南航线的安全。而日本强调西南地区兵力空虚，一旦该航线被切断，日本将别无选择，不得不将海上通道东移2000—3000千米，采用东南航线输入战略资源。随着中国综合国力的不断提升和军事装备的更新换代，特别是中国海军的跨越式发展，突破“第一岛链”向远洋发展已成为常态，这些正常之举使日本认为其西南方向面临潜在威胁，并以此为借口，在其西南方向不断增强、优化和调整作战力量，强化军事存在。

第二，把朝鲜半岛的动荡视为直接的现实威胁。日本军事战略重心南移也有针对朝鲜半岛的意图，一方面，日韩关系虽然在美国的调和下有所缓和，但因历史、经贸等问题，特别是“独岛”主权之争，两国关系始终处于不稳定状态；另一方面，朝鲜近几年接连进行核试验、发射人造卫星和试射弹道导弹等动作经常使两国关系处于紧张状态。朝鲜半岛的军事对峙也使日本从未放松对来自半岛威胁的警惕。

第三，为美国实施“空海一体战”提供理想的前方基地。日本西南地区在美国“空海一体战”格局中处于战略要冲，美国2010年版《四年防务评估报告》指出，

陆自正在编练的两栖作战团将装备AAV-7两栖战斗车

要在“反进入”环境下威慑和打破敌人攻势，必须依赖盟国的基地以克服距离障碍。所以，日本南移防卫战略重心也有迎合美国实施“空海一体战”的考量，旨在为美军开设前方基地以改善“力量丧失梯度”。鉴于日本强化在西南一线岛屿的静态军事存在具有重要的威慑力，美国希望这些军事存在能与其进行“空海一体战”相整合而发挥协同配合效果。

第四，研判其北方的安全形势有所改观。“冷战”结束后，日本北海道地区遭受大规模军事入侵的概率不断减小，虽然日俄在南千岛群岛仍存在主权争端，且俄罗斯态度强硬，而日本对俄罗斯也始终心怀戒备，但总体而言日本的北方安全形势已有相当程度好转，这就为日本防卫重心的转移提供了现实可能和前提条件。

冲绳岛：“西南战区”的指挥塔

两栖作战旅编练步伐加速

前文提过两栖作战旅编制情况，目前，这支部队的编练已进入实质性阶段，尤其是正加快相关装备采购步伐。未来5年，陆自将集中采购12架MV-22“鱼鹰”倾转旋翼运输机和52辆AAV-7型两栖战斗车。虽然先期采购的10多辆AAV-7型两栖战斗车是旧款，但该型美制战斗车专为登陆战打造使用，是唯一的选择。MV-22“鱼鹰”不仅搭载人数多，由于是最新装备，使用起来非常便利。该型运输机的运用价值在于能与两栖作战部队密切配合，将人员装备快速投送至西南各岛屿。与此同时，陆自耗资41亿日元新建、改建营房等基地设施，耗资109亿日元兴建MV-22“鱼鹰”投送部队专用机场。此外，陆自还有针对性地开展集成训练，重点是通过两栖战斗车等装备的运用来检验实战效能，并研究两栖战斗车与MV-22“鱼鹰”联合作战的可行性。

加强岛屿防空能力

驻冲绳县那霸基地的陆自第15旅团是唯一的“离岛（远离海岸的岛屿）应

陆自 OH-6D 侦察直升机

对型”旅团，目前，其主力防空部队第6防空群（该群司令部驻冲绳岛南部的八重濑分基地）已扩编为第15防空团（陆自炮兵团的规模略大于炮兵群），扩编后的部队下辖4个大队（相当于营级单位），部署于西南地区多个重要岛屿。值得关注的是，扩编中的防空团不仅增加了中程地对空导弹部署数量和密度，而且导弹型号也实现了升级换代，首次采用了自行研制的新型03式中程多功能地对空导弹，取代了原先的旧式“霍克”型导弹，新型导弹以红外方式制导，大幅提升了命中率。同时，导弹发射装置具备较强兼容性，能安装于高速机动车等多种类型战斗车辆上，此举将大幅提升第15旅团的防空能力。此次编制调整，意味着日本西南地区的防空力量的职能从传统的地域防空升级为野战防空。

采购濒海战斗舰支援“夺岛”作战

从2017年起日本拟购入3艘最新锐的濒海战斗舰，以加强离岛沿海地带的防卫。防卫省要求该型舰艇在具备多样化任务应对能力的同时降低建造成本，能够同时遂行水面战、反潜战、扫雷战等任务。该型舰艇最高时速可达40节。为降低造价，濒海战斗舰仅装备主炮、舰对空导弹、近距反恐武器等。不过与其他护卫舰相比，新型护卫舰还将搭载SH60K型直升机和MQ8B型无人机，同时舰载对空和对舰雷达的天线装备，以及舰载电子干扰装置等装备将实现集成化和小型化。新型濒海战斗舰未来主要任务有二，一是因舰载装备火力较为贫弱，主要作为水面主战舰队的伴随舰艇，在防空驱逐舰外围实施警戒监视任务；二是在两栖作战旅实施“夺岛”作战时封锁沿海并进行对地火力支援。

“先岛防线”施工忙

靠近中国台湾的日本先岛群岛由宫古列岛和八重山列岛构成，其中与那国岛是位于日本最西端的偏远岛屿，面积仅28平方千米，只有1800多常住人口，不过该岛军事基地已于2016年4月启用，是迄今为止自卫队在冲绳岛以南唯一建成使用的基地，分为南北两块，南侧为主体部分，建有指挥大楼、兵营、训练场等，面向与那国岛港口——久部良港的基地北侧设置了众多各型天线。这些天线有些用于内部通信，有些用于情报收集，旨在日夜监控穿梭于先岛群岛各主要水道的“周边大国”舰艇编队和各型航空器的通信情况。早在2014年，这片区域还是植被茂密的山谷，而今已摇身一变成为自卫队构筑“西南防线”的关键支点之一。

虽然与那国岛偏居日本边陲，不过战略地位关键，是日本最西南侧的门户，距台湾花莲县只有110千米，距钓鱼岛170千米，从与那国机场起飞的战机只要6分钟即可飞临钓鱼岛。陆自新编的第303沿岸监视队构成了当前与那国岛基地的主体部队。“13大纲”要求自卫队“以西南岛屿为重点，强化周边海域警戒监视态势的构筑”。为落实安倍首相的“最高指示”，从2016年起陆自正式在先岛群岛的军事空白区域配置实战部队。2016年3月末，陆自首先在与那国岛这一日本最西端岛屿编制部署第303沿岸监视队，以密切监视和侦察穿梭于这一带的周边国家舰艇编队和航空器。

根据防卫省内部资料，第303沿岸监视队主体兵力配置于该岛西部的久部良高地，各型监控雷达设置于岛屿中央丘陵地带。考虑到固定式雷达等大型探测装备定期保养和升级换装时须关机，为确保上述设备关机期间仍保持全天候探测能力，该基地内还预留便于机动警戒队（手持便携式探测装备）执行任务的足够空间。

陆自在先岛群岛的兵员招募政策以“本土化”为指向，大量招募与那国岛

陆自“阿帕奇”AH-64D 武装直升机

自卫队队员实施机降作业

出生的当地年轻人，既满足了人员需求又缓解了当地就业问题，可谓一举两得。事实上，第303沿岸监视队官兵中有80%的士兵和士官都来自冲绳县所属的岛屿，而其中与那国岛土生土长的又占到了近一半。所以说，先岛“乡土部队”构成了“先岛防线”的中坚力量。

继与那国岛基地之后，自卫队下一个“要塞化”西南岛屿的目标是石垣岛，该岛早在17世纪以前就有人居住，位于该岛东部的宫良川是石垣岛最大的河流，为居民提供了农业灌溉所需的水源。2016年2月朝鲜试射导弹期间，空自“爱国者-3”防空导弹部队和陆自所属警备、救灾部队曾在石垣岛紧急展开。然而岛上并没有常设军事基地和相关设施，为人员装备的长期部署带来了困难。位于石垣岛中央地区的于茂登山是冲绳最高峰，自卫队计划在位于山麓和山脚的坡地上兴建军事基地。

根据陆上参谋部披露的信息，陆自拟在该岛靠近石垣市市区周边新建长宽均为600米的基地，含地面和地下射击训练场以及地下弹药库。该基地预定驻扎部队为以陆自第15旅团所属步兵联队为主体的“国境警备队”、地对舰导弹部队和地对空导弹部队。部队主要装备可用于岛屿攻防的16式机动战斗车，同时配备各型高性能雷达装备，用于对西南地区海底周边国家潜艇的活动进行有效监视，“以在战时阻止敌军靠近本岛”。

将先岛群岛“要塞化”的另一大动作是修建军用机场。目前分布在先岛群岛的石垣岛机场、下地岛机场、宫古岛机场都是民用机场，而且飞机跑道较少较窄，人员装备吞吐能力偏弱。下一步，自卫队拟修建改建西南诸岛的民用机场，使之能起降自卫队飞机。除冲绳地区外，尤其要新建位于冲绳西南先岛群岛的下地岛机场、多良间岛机场、石垣岛机场、与那国岛机场等多个军用机场，这些机场距离台湾只有150—400千米，是自卫队战时非常重要的前沿。

第四节
联合“夺岛”，纸老虎还是真老虎

自卫队员乘坐橡皮艇向离岛开进

近些年来，日本与中、韩、俄等周边国家的岛屿争端呈愈演愈烈之势，为此自卫队加快了对岛屿攻防的针对性训练。2013年10月，自卫队一口气派出1300人赴美国加州的圣克利门蒂岛和彭德尔顿海军陆战队基地实施联合“夺岛”演习，从此，该演习项目常态化。由美国主导的日美联合演习过去都是日本海陆空自卫队分别单独参与，人数也只有一二百人。而此次训练以“联合作战应对岛屿攻击”为目的，陆海空自卫队首次集体亮相，包括西部方面区直属步兵联队（两栖作战旅的前身）、第1空降旅等号称是“王牌”的部队。

自卫队所谋求的“夺岛”能力（即渡海登岛能力）是指前出至彼岸的登陆能力，其作战样式实际上是超越地平线的陆海空联合作战，由于需要周密的陆海空大规模军事协同，相关部队须严格按照时间节点做出无缝衔接，来不得一丝差错，因此这是唯有海军强国才可能遂行的军事行动。经过连续几年的“夺岛”演练，在美军手把手地“传帮带”示范指导下，日媒宣称自卫队渡海登岛作战能力“很强”。宣传归宣传，自卫队“夺岛”战斗力到底几斤几两，还得从其指挥体系和装备水平层次进行综合分析才可下结论。

优势不明显

首先，在渡海登岛能力建设方面，自卫队的确具备一定的优势条件。

制海空权能力

一般认为,制海空权是指己方舰艇具备在水面一定程度上排他性存在的能力，以及己方在一定空域内具备航空优势。制海空权之所以不可或缺，在于登陆部队和后续部队的自我防护能力十分脆弱。自卫队联合参谋部经过网上推演后认为，确保制海空权是实施登陆战的前提，否则登陆部队将成为敌军理想的攻击目标，即使战斗部队登陆，由于火力不足、人员规模较小，也极易导致混乱，而一旦敌海空军参加战斗，登陆部队或因遭受重大伤亡而瓦解。为此，联合参谋部要求在登陆部队和支援部队行动前，联合舰队和航空部队必须先行展开，夺取战场周围的制海空权。

1991 年，海自赴波斯湾扫雷

总体而言，目前海上和航空自卫队的综合作战能力不在英国之下，在西方国家中仅次于美军，在战时具备获取制海空权的能力。不过如果和势均力敌的国家交战，夺取制海空权的战斗可能呈胶着状态，任何一方都难以确保绝对制海空权，在此种形势下，日本有可能依靠日美同盟进行作战。

扫雷能力

扫雷是登陆战实施过程中的必要一环，须事先扫清布设在前往登陆舰船停泊地和登陆海岸必经之路的水雷等各类水中障碍物。海自扫雷能力相当出众，不仅可保障自身使用，还可补充和捍卫驻日美军的进攻能力。一方面，海自拥有世界上最大规模的扫雷部队，海自扫雷舰队列装了 25 艘专用扫雷舰艇、2 艘扫雷母舰，还有大量用于登陆战的无人扫雷装备和扫雷直升机，并配备了专业化扫雷部队。另一方面，海自具备一流的扫雷能力。一应俱全的扫雷装备能一边探测海底扫清水中障碍，一边在部队预定登陆海岸设立标志并引导部队登陆。扫雷直升机不仅能在海上伴随舰艇扫雷，在登陆海岸附近的浅海也能运用自如，而无人扫雷装备 SAM 可在登陆海滩附近的浅水区实施扫雷作业。

问题很突出

但是，除了其自认为在制海空权和扫雷方面具有一定优势外，笔者认为自卫队实施两栖作战过程中还存在诸多重大问题，至少有五大缺陷使其成为“跛脚鸭”。

两栖作战旅编成不够合理

两栖登陆战是火力运用最复杂、最频繁的阶段，必须高度重视作战效能建设。当前陆自正在佐世保基地编练两栖作战旅，已初具规模。该旅主要任务是实施抢滩登陆、进行火力支援、进行情报收集等，由 3 个营级规模的两栖战斗部队和 1 个战斗支援营构成，编制总兵力约 3000 人。其中第 1 营已编练成军，兵力 600 人，第 2、第 3 营兵力 700—900 人不等，正在组建和训练过程中。大部分队员都受过攻击特殊目标、海上潜入、舰艇驾驶、奇袭、扰乱后方等特殊训练，专门应对游击队及特殊部队等发起的岛屿进攻。目前该旅已拥有30多辆美制AAV-7型水陆两栖战斗车和5架“鱼鹰”倾转旋翼多功能机，正在研究演练两栖战斗车与“鱼鹰”实施联合作战的方式途径。

两栖作战旅的人员装备本身不可谓不精良，至2018年该旅最终形成战斗力后，其登陆作战能力不容小觑，不过其不足也很明显。

第一，编制规模过大。日本即将编制规模3000人的“两栖作战旅”，主战部队由3个基干团构成，主力装备为52辆美制AAV-7两栖战斗车（以下简称“AAV-7”），按计划，2017年底将编练成军。AAV-7全长7.9米，宽和高均为3.3米，自重21吨，车体用铝合金板整体焊接而成，采用全密封结构，具备良好的抗腐蚀性能和防弹性能，普通枪弹射击和炮弹破片都不在话下。AAV-7更像一艘小

海自远洋投送能力捉襟见肘

船，车体呈流线型，海上航行性能在同类车辆中处于世界领先水平，可在浪高 3 米左右的海况下航行，即使整体完全浸没于水中 15 秒也安然无恙。考虑到两栖作战旅仅是第一线登陆作战部队，但实际还须包括海上投送部队、海岸作业部队、医疗、给水部队等后方支援部队，总规模可能翻倍。自卫队军事专家矶部晃一、文谷数重等人一致认为，即使由 3 个战斗团构成的两栖登陆部队规模也已相当庞大，因为登陆部队规模由远洋投送能力所限定，海自实际能够承载的投送能力仅为 1 个主攻团（外加预备队半个团），人数在 1500 人左右。

第二，装备人员配比过高。滩头阵地的巩固并不需要专职两栖作战部队，只要由步兵驾乘重型气垫船、登陆艇、直升机登陆即可，而且无论是巩固滩头还是向纵深推进，使用 AAV-7 都显得缺乏必要性。就登陆主战装备 AAV-7 配备密度而言，两栖作战旅显然偏高。美海军陆战队兵力为 19 万，拥有 1300 辆 AAV-7，平均每 150 人配备 1 辆 AAV-7；台湾地区海军陆战队兵力 1 万人，拥有 52 辆 AAV-7，平均每 200 人一辆；而 3000 人的两栖作战旅则是每 60 人配备一辆 AAV-7。

两栖投送能力不足

在紧急部署时，海上自卫队运送陆上自卫队部队的能力将成为作战的关键，但是自卫队现有的远洋投送能力无法支撑起一场真正的登陆战，因为两栖作战旅所需的兵员装备投送量超过了海自现有投送能力的 3 倍。目前海自仅有 3 艘“大隅”级运输舰，尚不拥有两栖作战旅所属一个团的投送能力，而一

海自气垫登陆艇

“夺岛”部队登上滩头阵地

艘“大隅”级只能投送一个营，约330人及相应装备（不包含弹药、燃料等）。

第一，舰船装载总量不足。一是投送对象部队规模庞杂。登陆战过程中仅仅投送战斗人员和武器装备远远不够，还须考虑旅、团指挥部和附属通信部队，并将在海岸进行装卸作业的工兵和军医等战场支援部队、后勤运输部队计算在内。鉴于如此庞大的投送量和捉襟见肘的投送能力，“大隅”级登陆舰没有能力搭载成建制的战斗部队。只有“日向”级或“出云”级直升机航母加入投送行列，才具备一个作战团及附属部队的投送能力。二是战时空间利用率低。在遂行登陆战过程中，部队不得不采用效率低下的装载方式。装备物资须根据使用顺序在舱内合理放置，如第一波登陆中使用的AAV-7两栖战斗车和救生艇应放置在最靠外的位置，维修器材和载重卡车应紧靠两栖战斗车，一旦放置次序颠倒，则会极大影响登陆战成效，甚至坐失良机。由此看来，着眼登陆战顺利遂行，不得不牺牲登陆舰的装载空间和运输效能。三是重装备令船舱不堪重负。两栖作战旅这支准重装部队无疑大幅加重了登陆舰的负担。AAV-7占地面积大，每辆宽达3.27米，为提升其防护性能，还装了附加装甲。该车在“大隅”级登陆舰的车辆甲板上只能并排放置2辆，这势必挤占其他车辆和器材的装载空间。

如果算上登陆部队所携带的野炮和各型支援车辆，运输量会进一步增加，给海自运输能力带来巨大考验。

第二，登陆用舟艇数量不足。要顺利遂行登陆战，自卫队还面临登陆用舟艇类型和数量不足的难题。自卫队没有足够数量的登陆用舟艇，重型气垫登陆艇是自卫队登陆用舟艇的主要类型，但该型舟艇无法满足大规模登陆战之需。目前日本没有舰载型登陆艇，只有 8 艘普通登陆艇，平时在港湾作为支援船只使用。而“大隅”级能够搭载的登陆用舟艇只有 6 艘气垫登陆艇和 2 艘普通登陆艇，平均每艘登陆舰只配备不到 3 艘。自卫队部分军事专家强调，为弥补重型气垫登陆艇的劣势，应借鉴美英海军的经验，将每艘登陆舰配备的舟艇数量增至现行的 2—3 倍。考虑到实施一场营级规模登陆战的需要，重型气垫登陆艇数量应达到 12 艘，普通登陆艇应达到 20 — 24 艘。

登陆支援火力缺乏

在岛屿守军面前登陆，强大的直接协同支援火力不可或缺。即使搭乘 AAV-7，在第一拨部队到达海岸前的时间段内，部队攻防能力十分脆弱，到达目标海岸后，部队仍陷于敌密集火力覆盖之中，其间只能依赖舰队或航空部队火力支援。然而从现状而言，陆海空支援火力相当薄弱。

第一，海自并不具备强大的护航火力。一是舰炮数量不足。虽然海自联合舰队的 5 英寸舰炮在发射速度、炮弹初速、命中精度方面都超过了各型野战炮，但是装备此款舰炮的驱逐舰数量有限，在 47 艘远洋主力战舰中只有其中的 17 艘装备了总共 21 门 5 英寸火炮，而且其中 8 艘还是防空驱逐舰，难以集中精力承担对地火力支援任务，而其他通用型驱逐舰接近敌海岸还须担负反潜任务，能够直接用于支援登陆部队的火力不足。二是舰艇目标方位指示能力不足。由于海上和陆上部队通信系统不兼容，导致海自联合舰队与陆自登陆部队火力协同能力较弱。当水面舰艇收到登陆部队火力支援请求时，舰艇往往难以实施有效的火力支援，为此联合舰队不得不使用方位校准仪器在两个系统之间逐一手动调整射击方位，还要为各舰艇人工分配打击目标，确认后才能进行火力支援。三是海自航空部队支援能力捉襟见肘。海自航空集团的舰载直升机和反潜警戒直升机虽然可实施对地攻击任务，但飞机同时担负反潜作战、舰队防卫和水面搜索等多样化任务，战时为登陆部队提供火力支援也是勉为其难。

第二，空地协同支援能力有限。登陆战的顺利遂行在于全时空夺取和确保制海空权，航空自卫队主要作战目标在于实施防空作战、从空中对敌地面部队进行打击，以及接近敌水面舰队实施对舰攻击等。即使空自战机为两栖部队实施近距离航空支援，由于续航距离和载弹量等问题，战机只能进行一次性对地支援，很难开展持久滞空火力支援。

第三，陆自武装直升机数量不足。陆自自身装备的武装直升机是实施火力支援的称手兵器，在登陆前，直升机可伴随登陆部队实施全程保护，部队登陆后，直升机可对向纵深挺进的部队提供持续而可靠的火力支援，并与地面部队一起发挥协同火力，搜索并摧毁敌火力点。而且登陆战中直升机的任务是火力压制，因而不需要装备尖端的精密制导武器。然而最大的问题在于，陆自的武装直升机数量正在不断削减，这与两栖作战力量建设的指向背道而驰。

战地联合司令部缺位

两栖作战是专业化程度很高的联合作战，涵盖了地面战、海战、航空战和陆海接续部的两栖作战等多种作战样式，作为全系统全链条的两栖进攻战需要各阶段无缝对接和顺畅组合，只要有任一阶段出现失误，下一阶段就不可能推进实施。一旦缺乏能够拟制

自卫队工程部队

统一作战想定和实施一元化指挥的司令部，两栖作战的遂行可能化为泡影。然而在目前自卫队两栖作战能力建设结构中并未设置这一全权指挥作战的专职司令部，而两栖作战旅指挥部本身并不能有效行使遂行登陆战必备的专职司令部的职能。

自卫队认为该司令部应拥有如下权限。一是作战指挥权不受干扰。为周密部署和实施两栖作战，该联合司令部只有被赋予一元化指挥管理的权限，方可在从作战计划拟制阶段到战役实施阶段都不受任何其他机构或权力的干扰。二是司令部应选配精干人员。鉴于两栖作战具有联合作战的属性，该司令部理应是联合司令部，人员从陆海空相关机构中选拔，囊括精通各阶段陆海空作战和海岸作业的专业人员。

海岸作业部队缺失

海岸作业部队的缺失是自卫队两栖作战能力的另一重大缺陷。两栖作战要求大量物资装备持续投送至登陆海岸，为圆满遂行这一艰巨任务，并且把在登陆海岸发生混乱的可能性降低到最小限度，实现秩序井然的投送，拥有海岸作业和秩序管制能力的专职部队不可或缺，这是两栖作战能力建设的关键一环。

日美定期实施两栖登陆演习

编练中的两栖作战旅实施抢滩登陆训练

自卫队认为海岸作业部队主要职责有五项。第一，部队首先应确保运输通道通畅并设置物资卸载场地。自卫队强调不同性质的部队和装备应明确不同的集结地点和卸载场地，作业部队须在登陆艇到达的目标区域设置标记，并从该点起铺设直达海滩的装备投送通道。第二，在同一时间实施海岸管制。为使大量物资顺利地向海滩和内陆投送，应赋予作业部队一元化的海岸指挥管理权限，具体包括登陆艇到达区域的管理、海岸通路的引导、登陆秩序的维持等。第三，实施车辆回收和离岸援助。在陆地，抛锚或损坏的车辆会阻碍后续车辆通行，为此须用重型机械将之推离原地。第四，直接从事投送任务。饮用水、燃料均由具备载荷能力的海岸作业部队投送上陆后分配给一线部队。第五，执行其他海岸支援业务。海岸作业部队的职能任务还包括接应登陆舰艇、设置直升机停机场、进行车辆维修保养等。此外自卫队还强调，设置野战医院和对直升机机场的航空管制虽由医疗单位和航空部队实施，但在遂行过程中须接受海岸作业部队的一元化指挥管理。

在海岸作业的特殊环境和条件下，专业人才及其技能、经验、装备都不可或缺，但以上所有专业人才和装备陆自一概不具备。查询陆自1988年颁布的《工程部队作战指导要领》，涉及海岸作业的内容只字未提。当然不可否认，陆自具备较强的陌生地域施工和渡河架桥能力，然而渡河作业器材和技术无法用于海岸作业。比如，车辆装备上陆的通道由特制钢材铺就，但陆自工程部队的钢板无法满足大量重型装备在海岸通行的需求，承载力和钢板数量都严重不足。同时，陆自还缺乏开辟直升机机场的专业人才和器材。当前只有海自驻八户的机动工程队和硫黄岛管理队拥有上述各阶段的作业能力和相关装备，为此自卫队军力建设纲要《中期防卫力建设计划（2014—2018 年）》提出将以海自工程部队为雏形创建专职海岸作业部队。

除了以上缺陷，自卫队在以下两大领域也存在不少问题。一是登陆过程中的战场救护能力。由于自卫队登陆舰艇自带的救生艇数量少、速度较慢，一旦登陆舰艇中弹或触礁沉没，将有大量人员溺海，而在敌方火力覆盖下自卫队几乎没有战场救护能力。二是直升机夜间战场运用能力不足。因缺乏野外灯火管制器材，导致直升机部队夜间运用能力不足，自卫队拟直接采购巴西产的红外线可移动式航空指示灯等设备加以解决。

自卫队每年都会开展数次规模不等的“夺岛”演习，内容基本按照他们设想的套路进行：一旦有岛屿被中国占领，即重新把岛夺回去。首先派 P–3C 海上巡逻机去岛屿上空查看究竟，再加上自己和美国卫星的助阵，详尽侦察情报，并在情报支持下实施空自支援和舰艇炮火准备，用两栖战斗车和 CH–46 直升机投送人员装备实施登岛作战。

不知道是不是自卫队高级干部缺乏常识，“夺岛”作为哗众取宠的表演尚可理解，如果实战也是这么干，实在是九死一生。从战术角度来看，日本西南岛屿地区的典型特征要求围绕着岛屿进行制空权的争夺，即使两栖作战旅本身很好很强大，但如果把这 3000 人放到岛上之后，对方进行围困、封锁，再加上空中和海上精确火力打击的话，那么岛上人员的生存都是个大问题。所以对这个岛屿争夺最核心的是海空联合作战，如果把“夺岛”和“守岛”当成核心行动，就大错特错，只会让一线部队成为靶子和炮灰。

尾 声
21世纪的海上，“日之丸”驶向何方

别了，“吉田路线”

旧《安保法案》：“有事法制”还是“找事”法制？

虽然自卫队实际上和别国的军队毫无区别，不过在宪法法理上，日本至今还没有军队和军人，连作战这个字眼都不能出现。所以从理论上说，一旦有国家“入侵”，日本并没有一套调动自卫队出兵作战的应对机制，连军队都没有，怎么能出兵呢？而制定所谓的《安保法案》就是要解决这个问题，它是指在紧急状态下（比如战争），日本实施战争指令下达、兵力集结、作战指挥、国民动员、日美协同等一系列战争事务的法律手续和操作规程，迄今为止日本共制定过两次《安保法案》。

先来看旧《安保法案》。海湾战争后，肩负着应对朝鲜威胁、大规模突发灾害等任务的自卫队面临的法律地位不明、战争法案不完备等问题越来越突出。因此，为使自卫队能够更加弹性、灵活，在内外部压力之下，日本开始推动与自卫队相关的“有事法制”的立法工作，以突破过去在日美安保合作上的限制，使自卫队的角色和行动在和美国安保合作上能够具备正式的法理基础。

日本国会议事堂

“有事”这个词怎么理解？

它是一个日语词语，日本权威辞典《广辞苑》是这样解释的，“发生了战争、天灾及重大事变等非正常事态或紧急状况”都叫作“有事”，“有事”应该和“无事”或“平时”相对应。

“有事法制”不是某一项法律，而是一整套法律体系。首先日本根据《新日美防卫合作指针》的规定，在1999年通过了《周边事态法》。里面规定“只要是日本认为可能对自己构成安全威胁二等事态都是这个法案的适用范围”。

但是美国仍然感到不满，因为《周边事态法》尚存在以下几个问题：这个法规定，日本对美军军事行动的支援仅限于“我国周边地区”，“周边”一词的含义是什么没有明确；同时，由于受到“宪法第九条”的约束，对美军的支援只能限于“后方”，而且在支援方式、武器使用规定等方面受到较多约束；另外，民间企业及地方政府如果对协助自卫队的要求不响应，也不会受到任何制裁。

2001年，以响应美国全球反恐的名义，同时也是为了防范针对日本的恐怖袭击的需要，日本国会通过了《反恐特别措施法》。这些似乎都还不够，因为这个法案有时限规定，2009年到期。为了“在联合国的维和行动中发挥积极、主动的作用”，日本参议院在2003年6月通过了“有事三法案”，包括《武力攻击事态法案》《自卫队法修正案》和《安全保障会议设置法修正案》。有事三法案在重点建立起使自卫队行动顺利化的法案之外，对国民和地方政府对于自卫队及美军行动的协助等内容也有所涉及。

“有事三法案”虽然可以说是为日本的“有事法制体系”搭起了初步的框架，但被认为还是很不够的。在这样的背景下，日本国会又在2004年6月14日正式通过了“有事七法案”。它由《国民保护法案》《自卫队法修正案》《外国军用品等海上运输规制法案》《美军行动顺利化法案》《交通、通信利用法案》、《国际人道法违反处罚法案》《对待俘虏法案》等七个法案组成。“有事七法案”分为“周边有事”和“全球有事”两个阶段，对于物资的征用，包括土地的征用以及道路、桥梁、港口、电波等公共设施的使用都进行了详细的规定。而且

防卫大臣稻田朋美视察自卫队驻非洲吉布提军事基地

还对紧急应对事态下与紧急应对事态有关的方针的制定、执行以及经费开支等进行了规定，从而建立起了“有事”状态下对于国民和地方政府的动员及限制其权力的法律体系。同时“有事七法案”还扩大了首相的权限，首相可在危急时刻不经过国会同意直接派自卫队实施“军事”行动。

这是一套在紧急情况下为避免国家和社会出现动荡而采取一系列应对措施的法律体系，为打消民众的疑虑，小泉纯一郎一再强调“它不是自卫队临时替代政府实施社会管理的戒严令”。制定“有事法制”主要有两个目的，一是为了保证自卫队能更加顺利自如地和美军共同行动，二是一旦“有事”能够有效地维护社会秩序，2003年通过的“应对武力攻击事态相关三法案”就是出于这个目的。“制服组”认为，如果没有这些法律，万一遭受外来攻击，应战的自卫队坦克和各种战斗车辆就会因遵守交通规则而延误战机。阪神大地震时，自卫队因为受制于烦琐的出动程序，本来一小时就能到现场，结果用了半天，延误了很多人的生命。这一切都是因为自卫队没有在“有事”时被赋予临时交通管理的权限所致。如果没有这些法律，激战的时候也会因必须遵守《火药取缔法》而使弹药迅速耗光。而且“有事法制”不光在应对武力攻击时适用，也适用于发生重大天灾时。

“有事法制”为什么能够最终顺利通过呢？

历史上曾有过“三矢研究”，但它属于“见光死”，一经曝光就挂了，参与人员大部分以下岗告终。历史上也曾发生过统合幕僚会议议长栗栖弘臣的“超

在伊拉克执行任务的自卫队员

法规发言”，但话刚说完就被免职了，甚至身居首相高位的福田赳夫也提过要开展“有事法制”研究，但这个论调和当时社会氛围和大众心理格格不入，最后弄得福田不得不在郁闷中辞职。

但是，斗转星移几度秋，时代不一样了。特别是1998年朝鲜试射“大浦洞”导弹，使日本民众感受到了切实的安全威胁。据日本NHK电视台在2003年12月组织的有关安保的舆论调查表明，有91%的日本民众认为朝鲜半岛的局势对日本构成安全威胁。朝鲜导弹威胁、核威胁都促使日本制定“有事法制”舆论的形成。有了舆论的渲染，小泉首相趁势而上一举在国会通过了“有事法制”，利用时机解决了多年没有解决的问题。

可是，大多数日本人又很讨厌这个法案，这和法案的顺利通过似乎形成了矛盾。这又是为什么呢？

从日本国民的评价来看，“有事法制”还在国民可以容忍的范围之内，大部分人都不否认“有事法制”有它的合理性，不过也担心有被滥用的危险，民众最为担心的还是国家权力在所谓的“紧急事态”下可能以维护国家安全的名义去侵犯公民的权利，这样，民众的基本人权也将受到触动。比如，为了尽早认定“有事”状态、启动“有事法制”和对民间及地方自治体进行动员，《武力攻击事态法案》在“武力攻击事态”及“武力攻击可能事态”外又规定了所谓“武力攻击预测事态”，从而在时间链上涵盖了“有事”的整个过程。然而在“可能”和“预测”阶段，日本实际上并未受到武力攻击，但是根据《事态法案》却可以采取除行使武力外的其他措施，如征用各类民间设施、对自卫队发布“禁足令”、对地方政府和指定的公共机关发布强制的“对外措施”等。

按照日本政府“专守防卫”的宪法解释，“有事法制”的确有违反宪法的嫌疑，早在《周边事态法》中日本就已将自己“自卫”的范围扩大到了日本周边地区，这显然已经超出了自卫的范围。结果就是日本可能以自卫为名，以协助美国完成自己在日美安保体系中的义务为名，而向其他国家派遣军队、使用武力。直接说来，就是恢复自己进行战争的权利，而这是违背“宪法第九条”的，现在的大多数日本民众并不希望打仗。

根据“有事法制”，日本首相不仅兼任“安保会议”的议长，而且根据“有事法制”规定，首相应向“安保会议”就基本方针进行咨询并接受“安保会议”的意见。但是由于“安保会议”议长就是首相本人，从而使得“安保会议”成了首相“自问自答”的机构。

难怪《朝日新闻》对法案的通过表示了忧虑，该报社论称“这种一步紧似一步的对宪法扩大解释将有可能使战后日本形成的民主主义受损”；日本共产党书记长志位和夫也发表看法说，“‘有事法制’是一种全面协助美国作战的法制，实际上是找事法制，从任何角度来看都是违宪的”。

新《安保法案》：以“和平”名义行使武力的战争法

2014年7月1日是自卫队诞生60周年纪念日，不知是刻意为之还是纯属巧合，就在这一天，执政的日本自民党和公民党以内阁决议的形式变更了关于行使集体自卫权的宪法解释，宣布“有条件解禁集体自卫权”。当时日本媒体普遍认为这只是一个信号，集体自卫权并不会马上行使，必须在修改了多项法律后，

民众集会反对通过新《安保法案》

才可能真的派兵赴海外作战，而法律的通过将是一个艰难的过程。然而令大多数人始料未及的是，仅仅一年之后，国会众参两院即于 2015 年 7 月和 9 月先后通过了名为新“安保法案”的立法表决，它的核心内容主要围绕如何行使集体自卫权和扩大自卫队海外行动自由度而展开。安倍迈出的这一步无疑是战后历任首相想说而不敢说、想做而不敢做的。

新《安保法案》由《和平安全法制整备法案》，以及《国际和平支援法案》组成，前者包括《自卫队法》《武力攻击暨存亡危机事态法》《重要影响事态安全确保法》《联合国维和行动合作法》《船舶检查活动法》《美军行动关联措施法》《特定公共设施利用法》《海上运输规制法》《俘虏处理法》《国家安全保障会议设置法》10 部新修订的法案。其中《武力攻击暨存亡危机事态法》是在原《武力攻击事态法》基础上修改而成，增加行使集体自卫权的条件，明确即使本国未受攻击，但只要“友好国家”受到袭击，自卫队也可对他国行使武力。《重要影响事态安全确保法》是由原《周边事态法》修改而来，正式取消了自卫队对美军实施作战支援所受的地理限制。

《国际和平支援法案》是此次唯一新制定的法案，规定政府可在事先获得国会批准的前提下“向全球派兵”。从此，自卫队或将常态化派往海外执行作战、维和、后勤保障等多样化任务，这不禁让人想起战前日军“到处派兵”的历史。可以说，日本为修改“和平宪法”又迈出了坚实一步。

在参院通过《安保法案》当天的记者会上，安倍晋三首相一再强调通过该法案是“为了和平”：“为了守护国民生命与财产，有必要构建保卫和平生活的法律保障……和平不应由他国给予，除了我们自己，别无选择。”这个言论本身并没有太大的问题，但是法案通过后各大媒体对民众进行了问卷调查，发现赞成和反对者几乎各占一半，就是说这个法案并没有获得压倒多数的支持。

国民反对的原因主要是担心再次卷入战火，70 年前那场惨烈的战争在日本民众心中留下了深深的烙印，当时无论是平头百姓还是政治精英都表现出了强烈的反战态度，在战后的废墟上，很多人对未来感到迷茫，而宣称放弃战争和军备的“和平宪法”使他们找到了新的理想前景。但是此次国会通过新《安保法案》被各界解读为是重经济、轻武装的“吉田路线”这一战后和平主义国家战略即将寿终正寝的信号，引起广大日本民众深度忧虑。

而赞成派却认为，国际环境变了，国家和军事战略理应顺应时代潮流而改变，而且法案的出台是近 20 年来防卫政策调整的必然结果，也有相当多数的人认为

1960 年，日美修订《日美安全保障同盟条约》

不断走向海外的自卫队日益注重实战能力建设

在周边安全形势“日益恶化”的背景下，法案的通过是密切日美同盟，强化同盟整体战斗力的必要举措，而日美同盟遏制力的提升，反而有助于抑制大规模武装冲突，从而为日本争取和平。

当然，新《安保法案》的通过不一定就意味着日本军国主义沉渣泛起，而是其实现“正常军队”和“普通国家”的重要一步，从历史和现状来看，如果世界格局不发生大的变动，日本依然会向国家正常化的道路迈进，自卫队有可能升级为“国防军”或“自卫军”，而且这在一定程度上也是日美同盟微妙互动的结果。

在日本通过新《安保法案》加速推进国家正常化的情况下，中国应该考虑，需要什么样的日本？是需要一个替美国做“马前卒”的日本，还是希望一个更加独立、能够决定自己战略走向的日本？日本与其说是为了遏制中国，还不如说是为了挣脱美国束缚而力图成为正常国家，但日本又不敢直接对抗美国，只能以渲染“周边威胁”的方式推动修宪和国家正常化。

东亚回归历史常态

岛国的根性

日本文化不是一个“认理”的文化，而是一个“认力”的文化。它崇拜强者，不习惯与人平等相处，习惯于与强者结盟。翻开日本史不难发现，日本总是擅于在最适当的时机与世界上最强大的国家结盟，从而谋求自身的壮大，甚至最终超越强者。公元662年，日本侵犯唐朝盟国新罗的万余水师，和唐军将领刘仁轨、孙仁师率领的7000余人在白村江口（今韩国）遭遇，爆发了中日之间第一次战争，此战唐军大胜，日本400余艘战船被烧毁，水军基本被全歼。日本史籍《日本书纪》记录了日军的惨败："日本诸将与百济王率日本乱伍中军之卒，进打大唐坚阵之军，大唐便自左右夹船绕战，须臾之际，官军败绩，赴水溺死者众，舻舳不得回旋……朴市田来津战死，百济王丰璋与数人乘船逃去高丽。"第一次中日战争给了日本统治阶层很大震动，也使其深受教育。当时日本的实际当权者中大兄皇子不仅没有因这场战争与大唐疏远，反而选派留学僧赴华如饥似渴地学习唐代的政治、经济、文化、军事等几乎所有制度和做法，并全面山寨大唐，最终使一个落后的蕞尔小国发展成为实力不容小觑的国家，实现了国家第一次转型——大化改新。在远比自己强大的唐帝国面前，日本低下了谦恭的头，就像它战败后在山姆大叔面前低头一样。

发生在日本近代的明治维新也是如此。由于没有治国经验，新政权建立后不久即派出级别很高的岩仓使节团对欧美各先进国家进行全面考察。西方各国先进的工业文明令日本使者们"始惊、次醉、终狂"，在痛感日本已不适应这个世界的同时，庆幸自己终于找到了建设真正富强国家的正确道路。于是日本全面迅速地调整政策，与英、美、法、德各国建立友好关系，拜西方为师，一举走上了"富国强兵"的道路。

明治天皇的登基开启了日本历史的新纪元

震慑于大英帝国海军舰队的威武，日本于1902年与英国签订《日英同盟》，

2016 年富士综合火力演习现场

从此跻身世界强国之列。即使战败投降后全国国土被美军占领，即使天皇变成了花瓶、帝国陆海军变成了民兵，日本全社会仍对美国大兵报之以微笑，日本人的谦卑让美国人百思不得其解，最终日本的努力得到了回报，1952 年 4 月，日本恢复独立并与美国结盟，为其经济起飞与繁荣奠定了坚实基础。

日本人崇拜强者，以前崇拜唐宋，后来崇拜英国、法国、德国，最后是美国，所以，在“强者崇拜”依然根深蒂固的日本面前，没有强大的实力是远远不行的。

岛国的宿命

从前述日本军力建设内容来看，不管是指挥体系改革情况、人员受训水平还是装备精良程度，居安思危的“能战”国家日本正在为潜在的冲突做着精心准备，然而日本真的“能战”吗？在笔者看来，最好的办法是不要考虑如何进行战争的问题，因为日本无法一战。

很多人认定未来“中日必有一战”，认为中日之间的矛盾是结构性的，是“既生瑜、何生亮”的无解局面，而且日本的公司像军队，军队却像公司，早已军民一体化，在“为战争做准备”。实际上这个问题的解决很大程度取决于中国而不取决于日本。日本是华夏文明圈内派生出来的一个岛国，其对人类文明的贡献和影响远小于中国。

可惜日本历史上最辉煌的年代是上个世纪，而今日本的壮年早已逝去。随着时间的推移，东亚格局或将回到正轨——以中国为核心和平共处、互利共赢。自从秦始皇统一中国以来的2200多年的绝大部分时间里，中国一直都是东亚秩序的掌控者，日本长期作为中央王朝“天下体系”的一员而存在，这是事实，也是常态，不过到了19世纪，这种情况发生了变异。19世纪中期以来日本通过师法西方而成为亚洲乃至世界强国，成为东亚地缘政治的中心，自信心爆棚也导致其做出发动侵略战争而自取灭亡的愚蠢行为，而且战后日本没有就此沉沦，而是继续在经济的战场上攻城略地，短时间内综合国力跃居世界老二。

但是，近现代100多年来日本的惊人表现并不是东亚历史的常态，而是非常态。日本文化是强势文化，强势文化的特征就是崇拜更强势的文化。最近40年

中国开始弥补认识和科技的差距，选择了正确的发展道路，中国正在各个领域全面超越日本。虽然日本目前仍然在汽车制造、新材料、生物科技等方面保持局部优势，不过因为传统上日本对手艺人的极度尊重导致未及时吸收新技术（至少是原因之一），导致日本没有把住信息技术革命的脉搏，在通信产业、航空航天技术等多个领域呈现落后态势，即使是家电、高铁、船舶、机械制造等传统优势产业也逐渐式微并遭到中国的强劲挑战。事实上，当前中国正在互联网、汽车制造、电子、机械装备、化工、制药等多个高端产业领域全面赶超日本，未来 10 年我们将亲眼见证中国企业在所有领域越战越强，不断挤压日本乃至欧美的传统优势产业。也由于中国的人口、市场规模等天然优势，中国综合国力在今后 20 年吊打日本的总趋势不可能改变。

当中国的综合国力甩出日本几条街、原先日本的技术优势被消解的时候，日本很可能全面向中国低头，东亚政治格局可能再次回归常态。甚至可以说，军国主义是在近现代的“非常态”中形成的，导致日本误入歧途，中国超越日本后，日本不得不接受现实，东亚紧张局面将趋于缓和。当然，这将是一个漫长的过程，中日之间激烈碰撞是不可避免的。不过，虽然东瀛民族有着赌徒性格，但是当进行战争的胜算率为零时，赌徒也不会做无谓的牺牲。

现在已经是 2017 年，不是 1987 年，更不是 1897 年，中国已经不是当年的中国，日本也已不复是当年的日本。不管未来是和平抑或战争，岛国未来已成定局，它不以人的意志为转移，这一点日本人不可能认识不到。

像日本这样一个精明能干的民族，如果不犯方向性原则性的错误，有可能立于不败之地，但是没有人知道它是否能做到这一点。

主要参考文献

1. [日] 防卫省 . 平成 29 年度防卫概算要求 [EB/OD].http://www.mod.go.jp，2017–01–03

2. [日] 防卫省 . 平成 26 年度以降に係る防卫设画の大网について [EB/OD]. http://www.mod.go.jp，2016–03–17

3. 华丹 . 当前日本自卫队渡海登陆战能力分析 [J]. 外国军事学术，2015（10）：34–37

4. [日] 久江雅彦 . 日本の国防——米军化する自卫队 [M]. 东京 : 讲谈社现代新书，2012：122

5. [日] 防卫省 . 统合任务部队の発足 [EB /OL]http://www.mod.go.jp,2016–04–15

6. [日] 中谷元防卫大臣 . 即応予備自卫官招集を公表 [EB /OL]http://www.google.co.jp，2016–04–15

7. [日] 陆上自卫队西部幕僚监部 . 东北からの恩返し部队が到着！ [EB / OL]yahoo.co.jp，2016–04–17

8. [日] 芦川淳 . 陆自の命：机动化と连合运用 [J]. 军事研究，2015（5）：42–53

9. [日] 航空自卫队西部航空方面队 . 小田原基地が救济投入 [EB/OL]]http://www.mod.go.jp/asdf/sp, 2016–04–17

10. [日] 西日本新闻 . 南阿苏村で悬命の捜索「一刻も早く」[EB /OL]http://www.nishinippon.co.jp,2016–04–17

11. [日] 防卫省 . 灾害派遣の概要 [EB /OL]http://www.mod.go.jp，2016–04–19

12. [日] 防卫省 . 自卫对の対応 [EB /OL]http://www.mod.go.jp，2016–04–19

13. [日] 朝日新闻 . 航空自卫队 . 狙いは熊本、オスプレイが緊急に着陆 [EB/OL]]http://www.asahi.com，2016–04–18

14. [日] 垂直离着陆输送机は援助物資を南阿苏村に空输した [EB /OL]http://www.mod.go.jp，2016–04–19

15. [日] 西日本新闻 . 熊本空港は閉鎖されていた [EB /OL]http://www.nishinippon.co.jp，2016–04–18

16. [日] 宮脇俊幸 . 自动警戒管制システム [J]. 軍事研究，2014（5）：71–83

17. [日] 防卫省 . 平成 2 6 年度以降に系る防卫计画の大网について [EB/OD]. http://www.mod.go.jp，2013–12–17

18. [日] 防卫省 . 中期防卫力整備卫画（平成 2 6 年度 ~ 平成 3 0 年度）について [EB/OD]. http://www.mod.go.jp，2013–12–17

19. [日] 防卫省 . 平成 28 年版防卫白书 [EB/OL].http://www.mod.go.jp/j/publication/wp/index.html，2016–08–08

20. [日] 防卫省 . 平成 29 年版防卫白书 [EB/OL].http://www.mod.go.jp/j/publication/wp/index.html，2017–08–15

21. [日] 防卫省 . 中期防卫力整備卫画（平成 26 年度—平成 30 年度）[EB/OL].http://www.mod.jp，2013–12–18

22. [日] 统合幕僚监部 . 主要部隊などの所在地 [EB/OL].http://www.mod.jp，2016–04–15

23. [日] 防卫省 . 平成 26 年度以降に系る防卫计画の大网 [EB/OL].http://www.mod.jp，2013–12–18

24. [日] 田村尚也 .29 年度路自予算要求「岛嶼防卫战略」[J]. 军事研究，2016（11）：48–60

25. ［日］福好昌治.29年度海自予算要求「中国海军を睨み最大限要求」[J]. 军事研究，2016（11）：61–71

26. ［日］小林春彦.29年度予算要求「3自卫队の航空战力」[J]. 军事研究，2016（11）：72–83